U0617799

BLUE BOOK

智 库 成 果 出 版 与 传 播 平 台

印度尼西亚蓝皮书

BLUE BOOK OF INDONESIA

印度尼西亚经济社会发展报告
（2021~2022）

REPORT ON ECONOMIC AND SOCIAL DEVELOPMENT OF INDONESIA (2021-2022)

主　编／左志刚

社会科学文献出版社
SOCIAL SCIENCES ACADEMIC PRESS（CHINA）

图书在版编目（CIP）数据

印度尼西亚经济社会发展报告. 2021~2022 / 左志
刚主编. --北京：社会科学文献出版社，2023.3
（印度尼西亚蓝皮书）
ISBN 978-7-5228-1486-5

Ⅰ.①印… Ⅱ.①左… Ⅲ.①经济发展-研究报告-
印度尼西亚-2021-2022 Ⅳ.①F134.24

中国国家版本馆 CIP 数据核字（2023）第 040702 号

印度尼西亚蓝皮书
印度尼西亚经济社会发展报告（2021~2022）

主　　编 / 左志刚

出 版 人 / 王利民
组稿编辑 / 张晓莉
责任编辑 / 叶　娟　宋　祺
责任印制 / 王京美

出　　版 / 社会科学文献出版社·国别区域分社（010）59367078
　　　　　　地址：北京市北三环中路甲 29 号院华龙大厦　邮编：100029
　　　　　　网址：www.ssap.com.cn
发　　行 / 社会科学文献出版社（010）59367028
印　　装 / 天津千鹤文化传播有限公司

规　　格 / 开本：787mm×1092mm　1/16
　　　　　　印张：19.25　字数：285 千字
版　　次 / 2023 年 3 月第 1 版　2023 年 3 月第 1 次印刷
书　　号 / ISBN 978-7-5228-1486-5
定　　价 / 168.00 元

读者服务电话：4008918866

研究机构简介

　　本报告由广东外语外贸大学印度尼西亚研究中心组织编写，该中心是由教育部备案的国别研究中心，是由广东外语外贸大学牵头，联合其他研究机构力量共同建设的高校智库。

　　广东外语外贸大学是国际化特色鲜明的广东省高水平大学重点学科建设单位，学校高度重视区域与国别研究，牵头建设了海丝协同创新中心、广东国际战略研究院、太平洋岛国研究中心等一系列高级别智库群，是外交部政策研究基地、中国-东盟思想库网络广东基地、广东省软科学研究基地。同时，该校是全国最早培养印尼语专业人才的高校之一。

　　印度尼西亚研究中心集合了国内外印尼研究师资，融合了经管、语言、政治相关学科力量，聚焦于印尼政治、经济和社会发展动态，贯通宏微观分析，以服务"一带一路"倡议、推动中印尼两国经贸合作和人文交流为目标，强调为政府部门和相关企业提供具体实用的信息。中心定期出版印度尼西亚蓝皮书，在 2017 年推出国内首部印度尼西亚蓝皮书后，本书是国内第4 部关于印尼的蓝皮书。此外，中心对印尼重点产业和企业进行跟踪研究，为企业提供决策咨询服务。同时，中心发挥学校的经管学科和语言学科优势，为业界培养商科和小语种复合的专业人才。

　　中心网站：cis. gdufs. edu. cn。

Introduction of the Institute

This report is prepared by the Center for Indonesia Studies of Guangdong University of Foreign Studies (GDUFS). The Center for Indonesia Studies is a research center chartered by the Ministry of Education and a university think tank led by GDUFS and jointly built by other research institutes.

GDUFS is a key discipline construction unit of high-level universities in Guangdong province with distinctive international characteristics. The university attaches great importance to regional and national studies, takes the lead in building a series of high-level think tanks, such as the Collaborative Innovation Center for 21st-Century Maritime Silk Road, Guangdong Institute for International Strategies and Pacific Island Research Center. It is also the policy research base of the Ministry of Foreign Affairs, the base of China–ASEAN think tank network and the Soft Science Research base in Guangdong province. Meanwhile, the university is one of the first universities in China to cultivate Bahasa Indonesian professionals.

The Center for Indonesia Studies (CIS) has gathered domestic and foreign strength on Indonesia research, and integrated the discipline advantages of Economics, Management, Language and Politics, focusing on Indonesia's political, economic and social development studies. Through macro and micro analysis, it aims to serve the Belt and Road Initiative, promote bilateral economic and trade cooperation and cultural exchanges, and emphasizes on providing specific and practical information for government and relevant enterprises. Since launched in 2017, CIS has been publishing the Blue Book of Indonesia regularly. In addition to the Blue Book, CIS also conducts follow-up research on key industries and enterprises in Indonesia to provide consulting services for business and corporation. Furthermore, taking the interdisciplinary advantages, CIS commits to cultivate professional talents with combined knowledges of business, language and culture.

Website of CIS: cis. gdufs. edu. cn.

主编简介

左志刚　博士，教授，广东外语外贸大学区域国别研究院印度尼西亚研究中心主任，印尼与华商研究创新团队学术带头人。主要从事印尼研究、对外投资研究等，在《外国经济与管理》、《财经研究》、*The Journal of Innovation and Knowledge* 等刊物上发表论文 20 余篇，出版著作 3 部，主持国家社科基金项目、省部级重点项目等纵向科研项目 6 项，获省哲学社会科学奖、省教学成果奖等奖项。

摘　要

　　《印度尼西亚经济社会发展报告（2021～2022）》分为总报告、分报告、专题报告和附录，从经济、政治和社会多个维度全面分析了2020年以来印度尼西亚（以下简称印尼）取得的发展成就和面临的主要挑战，以及中国与印尼（以下简称中印尼）的合作交流情况等。

　　经济方面，2020年突如其来的新冠肺炎疫情使印尼经济遭受巨大打击，当年经济增长率为-2.07%，是1998年金融危机以来的最大降幅。从2021年第二季度开始，在疫情缓解、政府纾困措施持续发力、外部需求大幅增加等因素作用下，印尼经济呈现出良好的恢复势头，2021年国内生产总值实现了3.69%的增长，2022年第一季度经济继续反弹上升，宏观经济总体上呈现深"V"型反转。经济恢复增长的最大驱动力来自对外贸易的超常增长，2021年印尼出口增长达41.9%，创造出14年以来的最大贸易顺差。随着经济恢复，外国资本也恢复净流入，财政金融表现总体稳定，但外债规模有所上升，政府财政赤字增加明显。展望后续经济前景，受欧美经济下行影响，外部需求的不确定性增加，国际大宗商品价格持续高企使印尼经济面临的通胀输入压力加大，高失业率和高通胀率并存可能成为印尼经济的主要挑战，而经济发展的长期性挑战则包括逆工业化问题、能源结构优化和能源效率提升问题等，RCEP的落实以及基础设施建设的不断推进为解决这些长期性挑战提供了有利条件。

　　政治和政府治理方面，"前进内阁"以包容并蓄策略夯实执政政治基础，内阁成员组成较上届政府呈现更强的多元性，佐科政府还采取了一系列强化民族包容和国家安全的措施，包括加强反恐和反极端主义思想的力度，例如启动"打击恐怖主义和暴力极端主义信息和协作中心"数字平台，剿灭"东印尼圣战组织"，邀请伊斯兰教组织和长老共同参与反极端主义思想教育等。地方首脑换届选举得以在和谐氛围中举行，避免了以往出现过的族群冲突现象。在国防上，增加了国防预算，持续推进第三个国防基本力量建设五年计划。在政府治理和改革进程方面，佐科第二任期总体保持了既定改革目标的连贯性和一致性，"前进内阁"运行以来，虽然面临新冠肺炎疫情挑战，政府仍然持续推进改革，佐科总统提出的五大发展战略，即大力发展人力资源、加强基础设施建设、简化投资法律法规、改革官僚体系制度、实现经济结构转型，与第一任期的政策框架基本一致。近两年推出的最大一项改革法案是《创造就业法》，它是推动系统性经济制度改革的重要支柱，涉及政府行政许可、用工、征地、创新等11个方面，旨在打造更开放的营商环境，建立更廉洁高效的政府体系。在外交上，印尼政府秉持平衡务实的外交方针，对外关系发展以经济和公共卫生合作为重点，既与美国、日本、韩国、澳大利亚、法国等西方国家积极开展经贸往来、国防合作和政治对话，也不断推进"南南合作"，与主要发展中国家的战略伙伴关系得到加强。然而，印尼的平衡外交政策越来越多地受到以美国为首的西方国家"冷战"思维的干扰，美国频繁拉拢印尼等东盟国家搞"选边站队"，邀请印尼、马来西亚、新加坡等7个东盟国家加入政治色彩浓厚的印太经济框架等，甚至对印尼作为轮值主席国举办G20峰会的有关议题施压。

社会和民生发展方面，基础设施建设在困难中推进，取得重要成绩。2020年因疫情防控需要，印尼政府被迫将预算资金重点用于公共卫生领域，一些基建项目一度陷入停滞。2021年政府大力补上基建缺口，财政资金用于基建的部分首次超过400万亿印尼盾大关，预算较2020年增长48%，创历史新高。经过长期努力，印尼基础设施建设取得了显著成绩，2016~2021年共完成了128个国家战略优先（PSN）项目。印尼人力资源丰富，据2020年印尼第七次全国人口普查的数据，印尼人口总数达到2.702亿，且劳动适龄人口占比不断增加，目前已超过70%，处于人口红利期。但要充分发挥印尼人力资源的潜力，还需解决劳动人口分布不均衡、平均学历水平偏低、农业人口转移较慢、教育和科研事业投入不足等问题。新冠肺炎疫情冲击下失业问题和返贫问题的恶化也是印尼当前民生发展需要解决的关键问题。

即使面临疫情和逆全球化潮流的双重冲击，中印尼两国间的互利合作关系仍在进一步筑牢。2021 年中印尼进出口贸易总额突破 1000 亿美元，达到历史新高，中国作为印尼第一大贸易伙伴的地位更加凸显，而且双边贸易关系更加平衡，贸易差额缩小至 24.5 亿美元，贸易差额占贸易总额的比重由 2019 年的 23% 下降到 2.2%。对中国而言，印尼是我国对外贸易伙伴中贸易增速最快的国家，是我国在东盟的第四大贸易伙伴。另外，中国也是印尼的第二大外商直接投资来源国。同时，中印尼间的抗疫合作也是建设人类命运共同体的典范，中国除了向印尼提供大量抗疫物资援助外，还将研发的疫苗授权给印尼企业生产，并提供原材料和技术支持。中国还在减贫、农业农村发展等方面与印尼开展合作，向印尼提供资金、技术和经验帮助。在国际社会，中印尼两国都是多边主义的坚定支持者，在不同场合均呼吁加强多边互惠合作。

关键词： 印度尼西亚　经济　社会　发展形势

目 录 ⤵

Ⅰ 总报告

Ⅱ 分报告

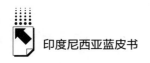
Ⅲ 专题报告

Ⅳ 附 录

皮书数据库阅读**使用指南**

总 报 告
General Report

B.1

2021~2022年印度尼西亚发展
形势与投资环境分析

课题组*

摘 要： 本报告对2020年以来印尼经济社会发展的主要动态进行了分析评估。首先，在宏观经济方面，印尼经济总体呈深"V"型波动，2021~2022年恢复势头向好，进出口双向出现超常增长，外国资本恢复净流入，财政金融总体稳定，经济增速恢复至疫情前水平，但亦面临高失业率和高通胀率并存、逆工业化、能源保供压力等问题的挑战，而且国际环境的剧烈变化加剧了经济复苏前景的不确定性。其次，在政治和政府治理方面，"前进内阁"以包容并蓄策略增强执政政治基础，采取强化民族包容和国家安全的措施，并同时改革政府机构，出台《创造就业法》，以推动系统性经济改革。外交上秉持平衡务实外交方针，但受到国际政局剧烈变动的挑战。最后，在社会和民生发展方面，基础设施建设

---

* 本报告在各分报告和专题报告基础上撰写，执笔人为左志刚。

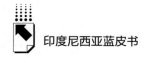
成绩显著，人口红利继续扩大，但面临各地劳动人口分布不均、平均学历水平偏低、农业人口转移较慢、教育和科技发展滞后、新冠肺炎疫情冲击下失业问题和返贫问题恶化等挑战。即使在疫情和逆全球化冲击的背景下，中印尼经贸合作关系仍在进一步深化，战略衔接性逐步增强，合作领域不断扩大，未来在基础设施建设、减贫、农业农村发展等民生领域还可进一步合作。

关键词： 印度尼西亚　经济动态　社会发展　政治形势

一　宏观经济呈"V"型波动，恢复势头总体向好

（一）疫情冲击下的经济收缩及恢复情况

1. 经济增速恢复到正常水平

佐科执政以来，印尼 GDP 实际增速基本都维持在 5% 左右，2020 年突如其来的新冠肺炎疫情对印尼经济造成了巨大冲击，2020 年第一季度 GDP 实际增速下降到 2.97%，第二季度更是出现 -5.32% 的急剧收缩，2020 年印尼的 GDP 现价降至 15438 万亿印尼盾，约相当于 1.06 万亿美元，以不变价计算较上年下降 2.07%，是 1998 年金融危机以来的最大降幅。负增长一直维持到 2021 年第一季度，在 2021 年第二季度，疫情的缓解和管控措施的放松，加上全球大宗商品价格上行，使印尼国内生产、消费和对外出口均出现大幅反弹，GDP 实际增速达到 7.07% 的高位，后续随疫情反复，GDP 增速也有所波动，至 2022 年 12 月，GDP 实际增速恢复到 5% 左右的水平，2021 年第四季度和 2022 年第一季度，GDP 实际增速分别为 5.02% 和 5.01%。总体上，2020~2021 年的宏观经济轨迹呈现深"V"型波动（详见图 1）。

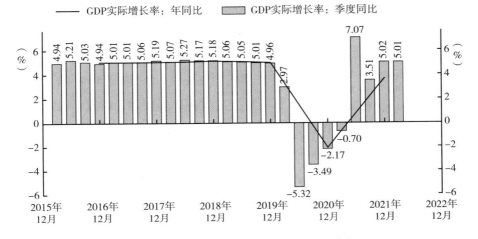

图1 印尼 GDP 实际增速（2015~2022 年）

资料来源：笔者据 WIND 数据计算。

2. 不同行业和区域的经济恢复有明显差异

从行业来讲，2021 年一些与出口相关度较高的产业的 GDP 出现大幅反弹，经济规模大幅超过疫情前水平，尤其是受国际大宗商品价格大幅攀升刺激的矿业。例如镍、铝等有色金属开采行业增长了 22.84%（较 2020 年）、47.72%（较 2019 年）；黑色金属加工行业增长了 11.5%（较 2020 年）、18.05%（较 2019 年）。传统的出口大户如家具业、皮革制品和制鞋业也有较大恢复。另一类增长较快的行业是与医疗卫生相关的行业，例如，与 2019 年相比，2021 年公共卫生和社会服务行业增长了 23.23%，化学与医药制品行业增长了 19.91%。信息与通信行业因防控隔离措施的新增需求也出现了较快增长，2021 年较 2019 年增长了 18.14%。相反，一些传统内销行业如农林牧渔业、建筑业、房地产、商务服务以及零售业恢复较慢，2021年仅有 2% 左右的实际增长率。

从区域来讲，由于各区域的经济结构不同，受疫情冲击和恢复程度也不相同。其中，巴厘省是受冲击最严重的省份，且恢复速度较慢。巴厘省以旅游业为支柱产业，酒店住宿、餐饮服务和景点服务所产生的 GDP 占该省

GDP 的 60%以上，其游客来源以国际游客为主，疫情发生后的封控措施使旅游业几乎陷入停摆状态，2020 年巴厘省 GDP 下降了 9.33%，2021 年下降了 2.47%，经济和民生保障压力非常大。近期巴厘省经济已出现恢复势头，印尼央行预计 2022 年巴厘省的经济增长能够使其 GDP 恢复至 5.4%~6.2%的水平，其主要理由是疫苗普及下封控措施在逐步减弱，以及 G20 峰会在巴厘省召开将带来更多国际游客。[①] 2021 年恢复较慢的省份还有一些原本经济基础薄弱的边远省份，西巴布亚 GDP 在 2021 年下降了 0.51%，西努沙登加拉、哥伦打洛、东加里曼丹、东努沙登加拉、西苏拉威西、北苏门答腊、楠榜、亚齐的 GDP 增速显著低于全国总体水平。2021 年恢复最快的是有色金属矿产资源丰富的省份，如北马鲁古、巴布亚、中苏拉威西等，全球大宗商品价格上涨带动了这些地区的矿业，2021 年出现了繁荣景象。

（二）实行宽松货币政策和财政政策，金融环境相对稳定

1.宽松货币政策及其走向

疫情发生后，印尼央行迅速实施宽松货币政策，累计进行了 6 次降息，基准利率已较近期高点 6%下降到 3.5%。同时，央行也加大了货币投放，广义货币（M2）在 2021 年底较上年同期增长了 14%，相当于当年 GDP 增速的 3.77 倍。宽松货币政策的流动性有利于帮助企业和个人在突如其来的风险面前提高财务应对能力，减少企业因丧失流动性而陷入破产境地这种情况的发生。

2022 年第一季度印尼央行提出货币政策要进行适当调整，将全力支持经济复苏和增长的宽松货币政策适当向稳健货币政策过渡，这主要是考虑到两方面因素，一方面是 2022 年初以来物价上涨幅度加快，需要控制货币投放速度，在适当收紧货币政策的情况下，使 2022 年第一季度末广义货币（M2）与 2021 年末基本持平。另一方面，在前期央行增加货币投放的背景

---

① "G20 Summit and Hope of Expedited Recovery in Bali," Antara News, June 23, 2022, https://indonesiatribune.com/2022/06/23/g20-summit-and-hope-of-expedited-recovery-in-bali.

下，商业银行放贷增速落后于货币增速，且两者差额不断扩大，说明增加的货币并未充分流向实体经济领域，持续实行宽松货币政策只能增加通胀压力。

2.扩张性财政政策与财政赤字

为支持经济复苏，印尼采取了宽松财政政策，扩大债务融资和政府支出，并在2021年将国家财力更多地用于基建，以及对地方的专项转移支付等方面。2021年财政用于基建的预算支出达到417万亿印尼盾，占国家支出的15.5%，较上年提高了4.7个百分点。政府债务融资为27万亿印尼盾，占国家财政收入的1.6%。从国际对比看，印尼政府债务融资规模处于相对较低水平，但纵向观察，印尼在疫情前政府债务融资占国家财政收入的规模常年维持在0.3%~0.8%的水平，因而提高至1.6%已是较大力度的政策转向。

由于经济下行压力，国家税源萎缩，政府为助企纾困也出台了一些临时性税费减免政策，使国家预算收入减少，例如2020年国家财政收入总体下降了16%，而政府用于公共卫生、基础设施建设和居民补贴的支出增加，两方面因素共同作用下，印尼财政赤字率明显上升，中央财政的季度赤字率由疫情前低于3%的水平大幅扩张到2020年第三季度的10.89%，到2021年第四季度，赤字率虽有回落，但仍然高达7.38%。

3.宏观金融总体稳定

在印尼的金融体系中，银行业占据绝对主体地位。银行业在经历2020年风险上升的状况之后，2021年整体上风险状况有所改善。印尼金融服务管理局（OJK）统计数据显示，截至2021年末，银行业风险加权资产余额为6116万亿印尼盾，银行资本为1569万亿印尼盾，资本充足率为25.67%，较2020年末的23.81%有所提高。2021年银行业不良贷款率和可疑贷款率已回落至3%和19.48%，但仍高于2019年的2.53%和9.93%，尤其是制造业的不良贷款率超过5%，需要重点关注。外债规模上升，但总体处于可控水平。截至2022年3月末，印尼外债余额为4116亿美元，较前期已略有回落，国际储备资产为1391亿美元，可用于进口支付和官方债务偿还的月数

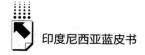

为 6.9 个月，高于国际上一般要求的 3 个月的水平。

从微观层面看，宽松的流动性政策也支持了企业财务状况改善，尤其是对于出口企业而言。印尼央行调查数据显示，企业总体上的流动比率（流动资产与流动负债的对比）从 2021 年第二季度的 1.30 上升到 2021 年第四季度的 1.39，现金比率也从 2021 年第二季度的 0.39 提高到 2021 年第四季度的 0.46，资产负债率 2021 年下半年也多数稳定在 70% 左右，说明企业财务风险下降。

（三）对外贸易顺差创新高，外国资本恢复净流入

印尼对外贸易额在 2020 年因疫情冲击而有所下滑，尤其上半年的出口下降明显，2020 年下半年开始恢复，全年出口额为 1631.92 亿美元，较 2019 年下降了 2.7%。2021 年和 2022 年的出口延续了反弹势头，2021 年全年出口额达到 2315.23 亿美元，较 2020 年增长 41.9%，相当于 GDP 的 19.5%。进口方面，2020 年全年进口额为 1415.69 亿美元，较 2019 年下降 17.3%，2021 年反弹至 1961.9 亿美元，大幅增长 38.6%（详见图 2）。2021 年进出口金额合计达到 4277 亿美元，创历史新高，外贸依存度达到了 36.1%，较往年有明显提升。贸易差额也由 2019 年的逆差 36 亿美元，转变为 2021 年的顺差 353.3 亿美元，

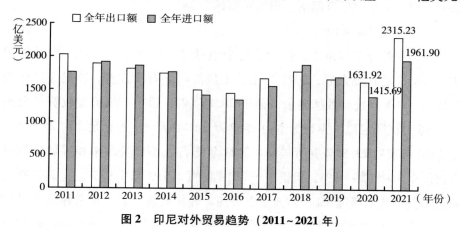

图 2　印尼对外贸易趋势（2011~2021 年）

资料来源：BPS。

是自 2008 年以来的最高水平。按油气与非油气产品分类，2021 年油气产品的进出口增长幅度均明显高于非油气产品。油气产品出口在 2021 年增长了 48.8%，进口增长了 79.1%，这主要是油气价格飙升和经济反弹导致能源需求上升。

另外，外国投资者对印尼市场的投资信心也在恢复。2020 年第一季度曾出现外商直接投资余额较上季度净减少 325.4 亿美元，外商证券投资余额净减少 621.2 亿美元，2020 年第三季度和 2021 年第一季度也出现了净流出。但总体上，2021 年外商资本对印尼的投资表现为净流入，全年净流入为 282 亿美元，其中直接投资净流入为 184 亿美元，证券投资净流入为 98 亿美元。2022 年年初仍维持平稳上升态势，第一季度直接投资净流入为 55 亿美元，证券投资净流入为 32 亿美元。

二　经济发展仍面临一系列挑战

（一）失业和通胀的双重压力

受疫情冲击，印尼 2020 年全国登记失业人口达到 977 万人，调查失业率上升至 7.07% 的历史高位，吞噬了佐科政府多年来降低失业率所取得的成果。2021 年失业情况虽有所缓解，但仍显著高于疫情前水平，2 月和 8 月的调查失业率为 6.26% 和 6.49%，其中廖内群岛省、西爪哇、万丹、雅加达特区等省份的调查失业率显著高于全国平均水平，分别为 9.91%、9.82%、8.89%、7.06%。

另外，印尼物价持续走高，2021 年全年 CPI 总体涨幅为 1.87%，2022 年通胀明显加速，第一季度 CPI 涨幅为 1.2%，5~6 月通胀率同比升至 3.6% 和 4.4%，食品价格、医疗卫生服务价格、能源价格上涨尤为明显。2022 年 3 月，印尼国家石油公司 Pertamina 将 92 号汽油价格提高了近 40%，食用油和调料价格也大幅上涨，印尼政府不得不采取禁止棕榈油出口的措施。物价的较快上涨使政府运用宽松货币政策刺激经济增长、拉动就业的可

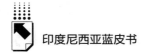

能性降低，政府将需要更多依靠扩张财政支出、增加对外出口等政策来拉动经济，但这又面临政府财力和海外需求等方面的限制。

（二）贸易结构和产业结构尚待优化

1. 贸易品种结构仍具有初级阶段特征

印尼对外商品贸易在品种结构方面，一定程度上仍有初级阶段特征，这种特征多出现在一国经济工业化的早期阶段，即出口以农产品、矿产和原材料为主，进口则以机械设备和工业制成品为主。2021年，燃料及相关产品、动植物油脂、工业制成品在印尼出口商品中占据的份额较大，以金额计占到了全部出口的51.7%。而在进口方面，机械和运输设备类的进口金额占全部进口的29.1%，其后是工业制成品和化学品，占比分别达到16.7%和16.6%，三类合计占到全部进口份额的62.4%。印尼当前贸易结构与其近三十年的逆工业化现象直接相关，是印尼工业发展滞后和国际竞争力不足的反映，也体现了佐科政府提出的"印尼制造4.0"（Making Indonesia 4.0）战略目标的重大意义和现实挑战。

2. 亟待振兴工业以扭转逆工业化现象

印尼曾在20世纪70~80年代出现工业化高潮，制造业产值占GDP比重曾达41%，但20世纪80年代后期制造业产值份额开始下降，到2000年降至28%，2021年再下降至21%。印尼经济结构呈现出的这种未充分工业化即进入去工业化过程的现象被称为逆工业化现象，它是印尼国内经济政策和国际经济环境双重影响的结果。早期印尼工业发展主要靠国有资本驱动，20世纪80年代后期国际能源价格下跌，印尼政府因财力不足而减少了对国内冶金、机械和装备制造等基础工业的投资，并且产业政策开始由进口替代向出口导向转变，主要承接日本、韩国等劳动密集型产业的转移，着重发展纺织服装、皮革制鞋等产业，以解决就业和创汇问题。印尼人口众多，政府解决民众就业问题的压力较大，印尼产业政策在较长时间内以解决就业问题为首要目标，再加上全球产业链分工深化，市场力量驱使印尼产业锁定在资源密集型和劳动密集型行业，制约了本土工业的发展壮大。

逆工业化现象对印尼经济发展和国际贸易均产生了深刻不利影响，使经济活动的附加值提升困难。佐科政府在 2018 年旗帜鲜明地提出了"印尼制造 4.0"战略，希望提升印尼经济竞争力、工业增加值和产业的科技含量，五个优先发展产业中有三个为技术密集型产业，两个为劳动密集型产业，分别是汽车、电子、化工、纺织和食品饮料。同时，政府对工业发展所需的交通、能源基础设施进行了大力投入，并强制要求有色金属原矿须在本土加工到一定程度后才可以对外出口。这些举措有利于遏制制造业继续下滑的态势，但彻底扭转还需时日，近五年印尼制造业增速仍然低于 GDP 整体增速，制造业在 GDP 中的占比仍在小幅下滑，说明当前逆工业化势头还未得到扭转。

3. RCEP 将有助于推动印尼贸易扩张和产业升级

2022 年 1 月《区域全面经济伙伴关系协定》（RCEP）已对中国、新加坡、日本等 10 国正式生效，印尼仍处在国会批准阶段。RCEP 构建了全球最大的自由贸易区，经济体量、贸易总额和人口数量均占全球约 1/3，这在全球保护主义抬头的背景下有着特别重要的意义。RCEP 的生效将主要带来三个方面的变化：一是关税下调，促进域内贸易增长；二是实行"原产地累积规则"，推动区域内的产业链分工合作；三是投资和服务贸易便利化，促进区域内的投资和金融合作，以及技术服务和协作创新。

对印尼而言，RCEP 的实施将有利于其贸易规模扩张和贸易结构升级。首先，可以提高印尼农产品在 RCEP 成员国市场的价格竞争力，扩大其出口规模。目前农产品关税在国际贸易中关税削减速度最慢，以中国和印尼两国为例，中国 2020 年算术平均最惠关税税率为 7.5%，其中农产品为 13.8%，非农产品为 6.5%；印尼 2019 年的算术平均最惠关税税率为 8.1%，其中农产品为 8.7%，非农产品为 8%。按照 RCEP 协议，成员国将大力削减农产品关税，因而可以显著促进印尼对中国、越南、日本等市场的农产品出口力度。2021 年印尼出口货物中约 30% 来自农业相关领域，并且印尼政府将农产品加工业作为支柱产业之一，因此，RCEP 无疑将给印尼农业发展提供强劲动力。其次，有利于印尼利用全球产业链资源提升本国工业竞争力。目前印尼工业中间品进口近一半来自非 RCEP 国家，而出口则超过一半流向 RCEP 国家，依据以往原产地规则，从非 RCEP 国家进口的原材料和零部件在加工后销售给 RCEP 国家不能享受成员国间的关税优惠，但"原产地累积规则"规定只要加工活动发生于 15 个成员国，且累计增值超过 40% 即可享受相应关税优惠，这将极大地便利印尼利用其他国家具有优势的工业原材料和中间品在本国加工后对 RCEP 国家出口，对印尼更好地融入全球产业分工、更好地发展本国制造业、增加出口工业品比重和附加值具有重要意义。

（三）国际局势突变增加了印尼经济前景的不确定性

2022 年，印尼经济开局良好，第一季度 GDP 实际增速为 5.01%。然而，乌克兰危机突然升级，欧洲出现能源紧张，全球供应链恢复面临新挑战，国际能源和大宗商品价格飙升，地缘政治风险加大，国际局势的这些突变因素叠加疫情影响，使处于复苏中的印尼经济面临考验。

一方面，美、欧、日、韩等国家对俄不断加码的制裁和俄罗斯的反制措施会对国际贸易形成外溢影响，对印尼而言，这种外溢影响主要表现在粮食进口出现困难，钢铁产业中间品等物资进口也受到冲击。印尼与乌克兰之间的经贸往来总体规模较小，但是谷物进口的 23.5%（2020 年）来自乌克兰，钢铁产业中间品铸锭进口的 11.2%（2020 年）来自乌克兰。另一方面，国际大宗商品价格飙升、发达经济体经济下行对印尼经济形成了输入型通胀压力，并减少了外部需求，将吞噬近一年来的经济复苏成果。2022 年 2 月底以来，国际粮食价格方面，小麦上涨了 35%，较 2020 年低点已上涨超过160%，玉米由 6.25 美元/蒲式耳涨至 8.56 美元/蒲式耳，葵花籽由 659 美元/吨涨至 900 美元/吨；能源价格方面，布伦特原油由 103 美元/桶上涨到 5 月底的 120 美元/桶，西德克萨斯轻质原油由 96 美元/桶上涨到 114 美元/桶，OPEC 原油则由 98 美元/桶上涨到 116 美元/桶。受此影响，印尼 5 月、6 月的通胀率同比分别达到 3.6% 和 4.4%，通胀形势不断恶化。国际货币基金组织（IMF）在 4 月份将欧盟区经济增长预期下调了 1.1 个百分点，将美国经济增长预期下调了 0.3 个百分点。受这些国家经济下行拖累，印尼 2022 年 5

月的出口增速已由上月的 47.76% 下滑到 27.03%，是 2021 年 3 月以来的最低月度增速，印尼央行也将本国 2022 年经济增长预期下调了 0.2 个百分点。

三 政局平衡，国家治理改革持续推进

（一）"前进内阁"包容并蓄，国家安全进一步加强

1. 政党政治格局

2019 年 10 月，佐科第二任期开始后，命名所组成的政府内阁为"前进内阁"，该内阁在成员上较上届政府有更强的多元性，以谋求更广泛的支持和更强的政治团结。首先，佐科选择伊斯兰学者理事会（MUI）总主席马鲁夫为副总统，因其能够在穆斯林群体中实现左右平衡，既捍卫印尼的伊斯兰教特色，又对极端宗教团体加以防范，有助于营造进步、温和、宽容的社会氛围；其次，在部长席位分配上增强多党代表性，在 9 个拥有国会席位的政党中，除了繁荣公正党（PKS）、国民使命党（PAN）和民主党（Partai Demokrat）之外，其余 6 个政党都在内阁中有部长席位的任职，其中民主斗争党（PDIP）有 4 位部长（法律人权部长、社会部长、提高国家机构效率与行政改革部长、内阁秘书），国民民主党（NasDem）有 3 位部长（农业部长、环境与林业部长、信息与通信部长），专业集团党（Partai Golongan Karya）有 2 位部长（经济统筹部长、工业部长），大印尼运动党（Gerindra）有 2 位部长（国防部长、海洋渔业部长），民族觉醒党（PKB）有 2 位部长（贸易部长、劳工部长），建设团结党（PPP）有 1 位部长（国家发展规划部长），同时，佐科政府还增加了副部长人数，以容纳更多政治人物。现有内阁不仅包含了执政联盟党派成员，也包含了一些反对党领袖，营造出团结和解的政府形象，扩大了佐科执政的政治基础。2021 年 8 月 25 日晚，印尼 7 大政党领袖齐聚总统府，并发表共同声明支持佐科。"前进内阁"运行以来，虽然面临新冠肺炎疫情的挑战，但总体上仍保持了施政纲领的连续一贯性，佐科总统提出的五大发展战略，即大力发展人力资源、加

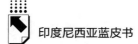
强基础设施建设、简化投资法律法规、改革官僚体系制度、实现经济结构转型，与其第一任期的政策框架基本一致。

印尼的政治稳定在地方选举中亦得到体现。2020年的地方首长换届选举因疫情推迟到12月9日，选举在和谐氛围中举行，杜绝了以往出现过的族群冲突现象。选举组织过程中，监委会、警方和总检察院组成综合执法中心，专门打击选举中利用身份政治进行的违法行为，为选举创造了安全和谐的氛围。此轮地方选举，公众参与率达75.83%，创造了参与率新高。

2. 强化民族包容和国家安全的举措

印尼族群众多，宗教氛围浓厚，如何构建统一的民族认同，打造包容的社会环境一直是印尼政府面临的重要任务。印尼政府在价值观上长期倡导建国五项基本原则（简称Pancasila），维护1945年宪法精神，以此作为维护国家统一的精神力量。然而，自巴厘岛恐袭事件发生以来，恐怖主义和极端主义行为成为印尼社会的现实威胁，为此，政府加强了反恐力度，也在宗教和社会事务中加大了反对极端主义的教育，采取了一系列促进社会包容的举措。2021年1月，印尼政府推出了2020~2024年预防和打击导致恐怖主义倾向的暴力极端主义国家行动计划（RAN PE），启动了"打击恐怖主义和暴力极端主义信息和协作中心"（I-KHub）数字平台以加强各方反恐协作；反恐行动也取得了一系列新成果，例如，2020年12月，潜逃18年的"伊斯兰祈祷团"头目祖卡纳恩（Zulkarnaen）被捕；2021年9月，军警联合特遣队剿灭了"东印尼圣战组织"。在消除极端主义方面，印尼警察部门的网络监管也卓有成效，例如，2022年2月向1042个在网络传播种族、宗教、族群之间仇恨言论的社交媒体账户发出警告。① 印尼政府对伊斯兰激进组织的约束也日渐严格，例如"伊斯兰捍卫者阵线"（FPI）因不愿修改其以"建立伊斯兰国"的组织宗旨于2020年12月被政府解散。另外，为消除极端主义的温床，政府邀请伊斯兰教士和长老共同维护社会治安秩序，防止极

---

① Paulus Yesaya Jati，"1.042 Akun Medsos Akan Diberi Peringatan karena Sebar Ujaran Kebencian，" February 10，2022，https：//www.bernas.id.

端主义在清真寺和习经院里侵蚀穆斯林青年的思想，比如伊斯兰教士联合会（NU）总主席雅赫亚明确支持警方拘押散播激进主义思想的万隆习经院教师巴哈尔（Bahar bin Smith），表示对一切倾向于不宽容、发布虚假信息的不法行径都必须坚决采取行动。

在国防方面，印尼逐年提高了国防预算规模，目前已进入国防建设"最低基本实力"（MEF）计划的第三个五年计划，计划包括军备采购、部队列装、技术转移、自主生产四个方面的建设内容。2020~2021年，印尼从美国、法国、韩国采购了一批战机、无人机及教练机，从意大利采购了8艘护卫舰，印尼北海造船厂（PT Lundin）和陆军兵工厂（Pindad）则加强了巡逻艇、军舰和战车的自主生产，与韩国合作完成了第一艘国产潜艇的建造。2021年4月印尼海军"南伽拉"402号（Nanggala-402）潜艇在参加演习过程中失事，这一事件进一步刺激印尼当局加强国防工业建设，佐科2021年9月签署了第85号令，要求大幅度提升国防实力，加快发展国防工业。为此，2022年印尼国防预算达133.9万亿印尼盾，较2021年的118.2万亿印尼盾提高了13.3%。

（二）推动治理改革，改善营商环境

1. 精简政府机构，提高政府效能

2020年以来，印尼政府为提高政府效能进行了多方面的改革。一是对政府机构进行调整，把投资统筹机构（BKPM）升级为投资部，以强化投资促进职能；把科研部与文教部合并为文教科研部，以加强科教领域的统一领导；此外，解散了全国老年人委员会（Komnas Lansia）、国家体育标准化与鉴定委员会、泥炭地修复机构（BRG）等国家机构。二是削减公务员梯队，只保留第一、第二梯队，把第三、第四、第五梯队的人员转移到职能部门，并逐步取消永久雇员、名誉雇员等固定类型的雇员。三是完善公务员招募流程，建立绩效管理体系，规定公务员申报个人财产、在普选时保持中立等义务，以打造爱国、专业、廉洁的公务员队伍。

此外，政府部门还加强了信息技术手段的应用以提高工作效率。例如，

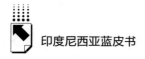

建成了面向公众的网上一站式营业许可证服务系统（OSS），以便利经营者申领相关营业证照，既能够精简服务流程，又能实现有效监管，杜绝贪污腐败。政府内部则建设了 SPBE 信息系统以协调各部门政务，提升政府各部门之间的远程协作水平和工作效率。

国有企业改革是印尼政府改革的延伸。为加强国企竞争力，改良内部结构，国有企业国务部制订了 2020～2024 年国企战略路线图，提出五个维度的发展战略，并努力简化管理架构。一方面，国有企业国务部通过设立国企控股公司使管理框架更清晰，例如，根据 2021 年第 113 号政府条例成立了丹纳勒沙（Danareksa）集团，对 21 家跨行业国企进行控制。另一方面，通过并购减少国企数量。2021 年 3 月，印尼政府把 142 家国企合并为 41 家。

然而，反腐领域的机构改革却在一定程度上削弱了肃贪委的权威和独立性。2019 年 9 月，印尼国会通过第 32 号法律修正案，将肃贪委从独立机构转变为行政机构，且国会要在肃贪委中设立监督委员会。该法案引发民众反对，认为其反腐职能在很大程度上遭到了削弱。2019 年 12 月，5 位 2019～2023 届肃贪委领导和 5 位监委会成员宣誓就职。

2. 推出综合性改革法案《创造就业法》

针对印尼现行法律法规存在的许多交叉重叠、司法程序复杂冗长、国家机构效率低下等不利于投资和经济发展的制度因素问题，佐科政府一直在致力于推动综合性的制度改革。2020 年 10 月 5 日国会通过的《创造就业法》（UU Cipta Kerja）和 12 月 2 日佐科签署的有关《创造就业法》的 2020 年第 11 号法令就是这样一套综合改革方案，是印尼结构性改革的制度支柱。《创造就业法》包含 11 个模块，涉及简化行政许可、投资条件、用工、赋权、保护中小微企业、营商便利性、创意经济和科研创新、政府行政、征地、政府投资建设项目、经济特区等，旨在简化商事管理，促进投资和就业，加强问责和反腐机制。

由于法案涉及提高用工灵活性、改善外资用工困境的相关规定，该项法案在通过前后均引起了较大的社会反应，包括由工人群众运动组织（Gebrak）、全国大学生执委会（BEM SI）等领导的数次示威和骚乱。劳工组织认为,《创造就业法》削弱了劳动者权益保护,民主党和公正福利党公开拒绝承认该法案,工会联盟（KSPI）始终表示不满,在全国各大城市发动示威和罢工,有的甚至演变为暴乱。并且,多个劳工组织向宪法法院提起诉讼,要求对《创造就业法》进行司法复审。2021年11月,宪法法院裁定2020年关于《创造就业法》的第11号法令在特定条件下违宪,责令国会在两年内进行修订,否则该法令将不再具有法律效力。

四 开展积极平衡外交,突出经济和发展议题

(一)积极平衡的外交策略

民主改革以来,印尼政府主要奉行积极平衡的外交路线,采用务实的外交政策,以谋求和平与发展为主旨,避免在大国间"选边站队"。在印尼的对外关系中,印尼除与中国、东盟国家、印度等亚洲国家发展战略伙伴关系外,也与西方国家保持较频繁的互动。西方国家中,美国是其重要的经贸和军事合作伙伴,美国也将印尼视为其印太战略框架的重要一环。从美国的战略视角看,印尼与中国、印度、澳大利亚等区域大国相邻,对美日印澳四方机制的效果存在影响。同时,作为东盟领导国家,印尼的政策动向对东盟各国具有示范作用,因此,美国重视与印尼的关系。美国总统拜登与印尼总统佐科于2021年11月在联合国气候变化大会期间有过双边会谈,美国前国务卿蓬佩奥和现国务卿布林肯曾出访印尼,美国防部长还邀请印尼国防部长普拉博沃访问美国等,一系列动作旨在积极拉拢印尼。2022年5月美国还主导了美国-东盟峰会,邀请印尼等国赴美参会。从印尼的战略视角看,既要重视对美关系,积极开展与美国的经贸和军事合作,但也要坚持独立自主外交方针,不在大国之间"选边站队"。这种精神在一系列事件中得到体现,例如美国官员多次同印尼外长和防长接触,提出美军P-8"海神"反潜侦察机在印尼境内降落和加油的要求,遭到印尼拒绝;乌克兰危机爆发后,美国要求作为2022年G20峰会主办国的印尼将俄罗斯排除出邀请名单,但印

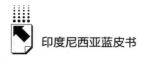

尼坚持对普京发出邀请，作为平衡，印尼也将乌克兰纳入邀请名单之中。

近两年，印尼还与日本、韩国、澳大利亚、法国等国扩展了双边关系。2021年3月，印尼与日本举行第二次外长加防长的"2+2"会谈，双方就加强安全与防务合作达成共识，签署了"防务装备及技术转移协定"，这是时隔六年后两国再度举行这一会谈，在东盟国家中日本仅与印尼构建了该机制。根据协定，日本可直接向印尼出口包括军舰、坦克在内的大型军用装备。2020年是印尼与澳大利亚建交70周年，佐科出访澳大利亚，签署了2020~2024年战略伙伴关系协定行动计划和有关交通运输安全合作的意向书。2021年8月，两国举行了军队高级别会议，签署了3项合作谅解备忘录，在打击恐怖主义、新兴网络技术合作以及防务合作方面做出安排。2021年6月，印尼国防部长在巴黎与法国国防部长签署了印度尼西亚-法国国防合作协议，合作重点包括国防工业技术、维和部队合作等。

在多边场合，印尼也开展积极平衡的外交活动。在2019年6月的第34届曼谷东盟峰会上，印尼提出了"东盟印太展望"，以区别于美国的印太战略框架。"东盟印太展望"致力于将东南亚国家整合起来，建构由自身主导的区域秩序，其意图在于避免在大国博弈之中"选边站队"，而是将各个大国包容进以东盟为主导的多边地区秩序中，最大限度地保留自身在地区事务中的主导权。在随后的第35届东盟峰会上，印尼进一步提出了关于推动在东盟印太框架下加紧合作建设的具体事项，在第37届东盟峰会通过的《东盟认同叙事》，进一步强调对"东盟认同"理念的构建。在应对2021年2月发生的缅甸政局变动过程中，印尼外长蕾特诺开展穿梭外交，促成4月在雅加达召开的缅甸危机特别峰会，会议达成了五点共识。然而，印尼的积极平衡外交策略越来越多地受到美国等西方国家"冷战"思维的干扰。乌克兰危机爆发后，美国不仅在欧洲发起对俄围堵，还频繁拉拢亚洲国家，首先是邀请东盟中的8个国家赴美国参加美国-东盟峰会，随后拜登出访韩日，召开美日印澳四边机制会议，并抛出政治色彩强于经济实质的"印太经济框架"，印尼、马来西亚、新加坡等7个东盟国家进入了创始成员国名单。美国"拉小圈子"的行为无疑会给印尼的平衡务实外交方针制造麻烦。

（二）以经济与卫生合作外交为重点

2021年的印尼外交政策重点，一是建立国家卫生独立性和安全性，通过双边和多边合作增强疫苗供应和防疫能力；二是拓展经贸合作，支持经济复苏和绿色发展。

在卫生外交方面，疫苗合作是重点。在双边途径上，印尼政府分别获得中国科兴（Sinovac）疫苗、中国国药集团（Sinopharm）疫苗、中国康希诺克威莎（Convidecia）疫苗、加拿大与美国合作研制的诺华（Novavax）疫苗、德国和美国合作研制的辉瑞（Pfizer）疫苗、瑞士和英国合作研制的阿斯利康（AstraZeneca）疫苗、美国莫德纳（Moderna）疫苗、俄罗斯卫星五号（Sputnik V）疫苗、美国强生杨森（Janssen）疫苗等疫苗供应，并与中国科兴开展合作生产。在多边途径上，印尼加入了由全球疫苗免疫联盟（GAVI）、世卫组织（WHO）和流行病防范创新联盟（CEPI）创建的"新冠肺炎疫苗实施计划"（COVAX），印尼属于中低收入经济体，能够通过其中的预先市场承诺（AMC）机制免费获得疫苗。印尼作为2020～2021年东盟卫生部门合作机制主席国，牵头并推动了东盟疫情防控合作，通过了东盟关于区域健康风险防御力机制的各种协议。在联合国层面，印尼发起了多项与健康、新冠肺炎疫情有关的倡议，如"全球团结抗击新冠计划"（Global Solidarity to Fight COVID-19）等。

在经济外交方面，在防控疫情的前提下促进经济复苏是基本出发点，印尼为此参与了一系列国际合作。第一，印尼与阿联酋、韩国、中国、新加坡和东盟签署"旅行走廊安排"（TCA），恢复安全的跨境旅行，鼓励在防控疫情的前提下重新激活经济。在联合国世界旅游组织（UNWTO）的支持下，为向外国游客重新开放印尼旅游业做准备。第二，扩大市场准入，促进和保护投资。印尼政府签署了《区域全面经济伙伴关系协定》、印度尼西亚-欧盟全面经济伙伴关系协定、印度尼西亚-韩国全面经济伙伴关系协定；

加强与非洲、南亚、中亚及太平洋国家的特惠贸易协定（PTA）、自由贸易协定（FTA）及全面经济伙伴关系协定（CEPA）的谈判；探索与欧亚经济联盟（EAEU）的自由贸易协定；同时，印尼还举办了第 2 届印度尼西亚-拉丁美洲和加勒比地区（INALAC）经济论坛、印度尼西亚-中东能源论坛、清真产业峰会、世界可可大会等国际商贸促进大会。

（三）国际地缘政治格局异动带来外交挑战

乌克兰危机爆发后，美欧等西方国家加大了与俄罗斯的对抗力度，美国甚至视此次危机为加强其全球领导力的契机，在亚太地区动作频频，军事上"秀肌肉"，政治上"拉小圈子"，经济上搞所谓"印太经济框架"。新的政治经济博弈使印尼的外交和国际合作面临新的挑战，重点包括两个方面。

1. 削弱 APEC 茂物目标继续推进的动力

印尼是亚太经合组织（APEC）的创始成员之一，也是东南亚国家中唯一的二十国集团（G20）成员，是 2022 年 G20 轮值主席国。印尼长期将两大国际组织作为进行国际对话、拓展经贸合作的平台，并曾做出重要贡献，茂物目标的提出和践行就是其重要贡献之一。1994 年 APEC 领导人峰会在印尼茂物市召开，此次峰会的共同宣言提出推动发达经济体和发展中经济体共同推动贸易自由和投资开放的目标，后简称为茂物目标。茂物目标是推动亚太经济体之间产业合作、市场开放的重要共识，为地区经济发展做出了显著贡献。在随后的二十多年中，APEC 领导人峰会多次对茂物目标的进展情况进行评估，2020 年的评估报告指出，1994~2019 年，成员经济体间贸易增长了 5 倍，年均增速为 6.7%，成员经济体间算术平均关税由 13.9%下降到 5.2%，进口免税产品比例由 25.7%增长至 61.6%。另外，报告也指出农产品关税依然很高、非关税保护措施更普遍、对数字经济的限制有所增加等问题，[①] APEC 成

---

① APEC, "The Final Review of APEC's Progress towards the Bogor Goals," https：//www.apec.org/About-Us/About-APEC/Achievements-and-Benefits/2020-Bogor-Goals.

员多次呼吁要致力解决这些问题，使茂物目标继续推进。

然而，2022年5月23日，拜登访问日本并宣布正式启动印太经济框架（IPEF），该框架是美国印太战略的重要组成部分，是特朗普政府退出TPP后美国力图重返亚太地区谋求经济影响力的关键举措，但它带有浓重的政治色彩，意欲从经济层面削弱中国在该地区的影响力。这种以割裂和对抗为目的的行动给亚太地区合作制造了消极因素，对茂物目标的继续推进形成不利影响。

首先，茂物目标的继续推进需要成员国之间更紧密的合作，以降低非关税壁垒，提高开放水平，而美国将APEC 21个成员经济体中的12个国家再加上印度另立IPEF，实质上是在APEC成员组织内拉"小圈子"，不可避免地影响APEC组织功能的发挥和茂物目标的继续推进。其次，美国的行动会干扰域内国家为从疫情中恢复所做的努力。从疫情冲击中恢复经济需要尽快恢复国际合作、使全球产业链畅通。为此，印尼为2022年G20峰会设定了"携手复苏，强劲复苏"的主题，但西方国家欲将峰会作为政治博弈的工具，它们要求主办国将俄罗斯移出邀请名单，并在4月的G20央行与财长会议中对俄方代表做出了对立性行动，在很大程度上降低了与会成员对经济合作议题的关注，要达成新的经济合作共识、推进茂物目标变得更加困难。再次，美国的行为将干扰中国促进亚太合作发展的相关倡议。中国是亚太地区经济增长的重要引擎，也是推动区域经济合作、投资和贸易开放、应对气候变化的关键力量，是倡导命运共同体理念、推进茂物目标实现的突出贡献者。美国的提出的IPEF，并不包含削减关税、开放市场的内容，而是把注意力放在所谓规则方面，规则谈判的内容将主要涉及电子商务、劳工、环境方面，显示出美国意图通过"输出"规则而不是提供投资或市场来谋求对亚太经济的领导力；同时，IPEF针对芯片、动力电池、关键矿物和生物医疗产业，提出供应链韧性和安全议题，其实质是试图把控全球关键产业资源，压制中国产业的崛起。这一意图在美国和日本积极邀请中国台湾企业台积电赴其国内建厂，胁迫台积电等芯片大厂交出库存和客户资料等事件中已有体现。因此，美国推行IPEF的可能结果是导致亚太区域出现更多非关

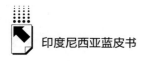

壁垒，扰乱芯片、新能源等产业基于市场规则形成的全球产业链分工。2020年吉隆坡 APEC 峰会宣言曾提出的坚持推进茂物目标、减少数字经济跨境合作限制、减少非关税壁垒等目标可能发生动摇，印尼的经济外交困难将不可避免地增加。

2. 领导东盟采取一致行动的难度增加

印尼是东盟最大经济体，也是东盟秘书处所在地。东盟作为区域合作机制，自 1967 年成立以来，致力于推动地区政治稳定和经济合作，是地区治理的重要机制和国际合作的重要平台。但东盟成员国内部在国际事务、对外关系中也存在广泛的分歧，例如，东盟国家对 2021 年的缅甸问题就存在不同表态；东盟各国对与美国的军事合作也持不同态度，印尼长期以来努力扮演地区协调者和合作推动者的角色。2022 年 2 月乌克兰危机爆发后，美国等西方国家采取加大对抗而不是寻求谈判和平解决冲突的策略，并在各种场合希望东盟国家选边站队，这在一定程度上会加剧东盟国家内部的意见分歧。目前，东盟国家在乌克兰危机的立场上虽然总体较为中立，但具体态度仍有差别。例如，2022 年 3 月 2 日联合国大会审议谴责俄罗斯的相关提案时，东盟 10 个成员国中，越南和老挝投弃权票，其余 8 个国家投下了赞成票；5 月 12~13 日的美国-东盟特别峰会，8 个成员国出席，菲律宾和缅甸未参加。如果美国持续把东南亚作为树立亚太影响力的场所，继续在乌克兰危机等相关议题上对东盟国家施压，将干扰印尼推动地区团结的外交努力，印尼团结东盟国家在国际事务中采取统一立场的难度将增大。

五 基础设施建设取得进展，人口红利仍需加大开发

（一）基础设施建设在困难中推进，民生条件有所改善

佐科政府高度重视基础设施建设工作，2016~2022 年，政府每年用于基建的投入在 270 万亿~410 万亿印尼盾（相当于 180 亿~276 亿美元），占当年财政支出的 14%~19%。但印尼政府规划的基础设施建设项目本身存在较

大的资金缺口，需要社会融资解决，例如，2020 年印尼国家战略优先（PSN）项目需要筹资总计 5607 万亿印尼盾，财政资金只能负担其中的 11%，国有企业或地方所有企业负担了 20%，剩下的 69% 需由民间资本解决。在全球经济前景转为负面、本国经济出现下行的背景下，社会融资更加困难，2020 年实际只完成了 PSN 项目投资 123.1 万亿印尼盾。疫情发生后，政府被迫转移更多资金至公共卫生领域，以集中精力应对疫情，加大了基建的资金缺口，一些基础设施建设项目一度陷入停滞。此外，基建项目推进还面临征地等困难。因历史原因，印尼土地确权工作至今进展缓慢，再加上土地管理制度尚未完全理顺，导致基建项目征地过程中容易发生管理权限冲突和利益纠葛，有些征地谈判协商工作旷日持久。2021 年，政府加大了对基建项目的财政资金投入，基建预算达到 417.4 万亿印尼盾，较上年增长 48%，创下历史新高，实际支出 402.8 万亿印尼盾，预算执行率达到 96.5%。2021 年是印尼财政基建支出首次突破 400 万亿印尼盾大关的一年，反映出印尼政府推动基础设施建设，同时拉动经济从疫情中复苏的迫切愿望。

从基建项目完成情况来看，2016~2021 年共有 128 个 PSN 项目建设完成，投资金额达 716.2 万亿印尼盾，其中，2018 年完成 32 个项目建设，投资金额为 207.4 万亿印尼盾；2019 年完成 30 个项目建设，投资金额为 165.3 万亿印尼盾；2020 年完成 12 个项目建设，投资金额为 123.1 万亿印尼盾；2021 年完成 24 个项目建设，投资金额为 125.9 万亿印尼盾。[①] 这 128 个 PSN 项目对改善经济社会发展基础条件有重要意义，例如其中 3 个供水项目惠及的人群达 200 多万。[②] 2019~2020 年，PSN 项目在改善电力供应、网络通信、住房保障、交通等方面均做出了贡献（详见图 3），并直接和间接地创造了 1100 多万个就业岗位。

[①] Maesaroh, "Sebanyak 24 Infrastruktur Strategis Selesai Tahun Ini," Cek Daftarnya, Katadata, December 30, 2021, https://katadata.co.id/maesaroh/berita.

[②] Dimas Waraditya Nugraha, "Pembangunan Proyek Strategis Nasional Bantu Serap 11 Juta Tenaga Kerja," Kompas.id, December 15, 2021, https://www.kompas.id/baca/ekonomi.

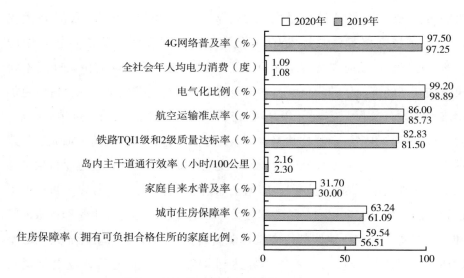

图3　印尼民生基础设施条件改善情况（2019~2020年）

（二）人口红利处于高峰时期，劳动力素质和就业情况不容乐观

依据2020年印尼第七次全国人口普查的数据，印尼人口总数达2.702亿，是世界第4人口大国，并预计到2045年将突破3亿人口大关。从年龄结构看，印尼的人口发展呈现"两头小中间大"的趋势，劳动适龄人口比重较高且呈不断扩大的趋势，社会抚养比较低。劳动适龄人口（15~64岁）由第二次人口普查期间的53.39%增长到2020年的70.72%，社会抚养比自2012年开始一直低于50%，2015年为49.2%，2020年下降至41%，这将为经济发展提供丰富的人力资源，且劳动人口总体承担的社会抚养负担较轻，具有典型的经济发展人口"红利"特征。从纵向来看，考虑到印尼人口增速在逐步降低，由20世纪80年代的2%以上的年增速下降到目前1.25%的年增速，预计到21世纪中叶可能进入人口增长拐点，因此，未来几年的人口年龄结构可能是印尼经济发展最有利的人口"红利"时期。

印尼人口地域分布较为不平衡，爪哇岛和苏门答腊岛集中了全国77.8%的人口，同时经济产出也集中于人口大岛。2021年爪哇岛GDP占印尼 GDP 总量的 57.89%，苏门答腊岛占 21.70%。西爪哇、东爪哇和中爪哇依次是人口最多的三大省份，而雅加达、西爪哇、万丹是人口密度最大的三个省份。印尼城市人口占比已超过 56%，预计到 2050 年，城镇化水平将提高到 67%。

年轻且丰富的劳动力资源为经济社会发展提供了有力支撑，也意味着印尼市场增长潜力巨大。然而印尼人口"红利"的真正实现还面临一个关键制约，即劳动力素质问题。从就业人口的学历层次看，目前小学及以下学历的人口是就业人口的主体，2017 年占比为 42.12%，2021 年有所改善，但仍高达 37.41%，是就业人口中人数最多的群体。2021 年初中学历就业人口占比为 18.54%，因此，两者合计即初中及以下学历就业人口在 2021 年占比高达 55.95%。从就业人口的行业分布看，2021 年 29.79% 的就业人口从事的是农林牧渔业，批发零售和修理服务业的就业人口比例是 19.33%，制造业只吸纳了 13.69% 的就业人口，这种就业结构说明近半数劳动者从事的是门槛较低的第一产业和商贸服务业工作。与国际对比，印尼人工的劳动生产率相对落后，2019 年印尼就业人口的平均经济产值为 2.46 万美元，低于东盟国家平均 2.53 万美元的水平，更低于泰国 3.28 万美元、马来西亚 5.69 万美元的水平。2020 年 10 月印尼国会通过《创造就业法》，这项综合改革法案不仅针对印尼制度中不利于营商的相关弊端，更瞄准了印尼投资中的用工困境。这些困境包括用工机制僵化、劳动力技能升迁和行业转移困难、合格技工人才严重不足等问题。在前述就业市场结构特征情况下，法案试图给予投资者更多用工灵活性的做法自然会引起现有底层就业群体的不满，因而遭到一些工会群体的反对。

六　教育和科技发展存在瓶颈

（一）教育普及率提升，但教育投入和师资力量存在明显不足

佐科政府将发展教育作为提升人力资本、支撑印尼经济崛起的优先事

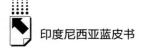

项，近几年来，印尼教育事业取得了一定的进步，主要体现在教育普及率提高、人均受教育年限增长。2018~2021年，15岁及以上人口平均受教育年限从8.58年增加到8.97年，其中，城市人口平均受教育年限为9.91年，农村人口平均受教育年限为7.70年；男性平均受教育年限为9.23年，女性平均受教育年限为8.7年。2021年，印尼小学学生人数达到2485万，初中学生人数为1009万，高中及中职学生人数为1023万，大学学生人数为885万。2019年以来，印尼基础教育阶段毛入学率保持高位，小学基本做到应学尽学，初中平均毛入学率在90%以上，高中及中职平均毛入学率保持在80%以上，高校平均毛入学率在31%以上，各阶段教育普及率已基本实现"2020~2024年印尼国家中期建设规划"设定的目标。

在取得成就的同时，印尼教育事业仍然面临严峻挑战。首先是教育投入不足。2019年教育支出约为318亿美元，占GDP比重仅为2.84%，显著低于邻国马来西亚、越南以及泰国的4.16%、4.06%和2.96%。2021年，印尼教育支出占GDP比重有所提升，达到3.1%，但在IMD国际竞争力排名的64个经济体中居第55位，年生均教育支出为454美元，排名第61位，仍然较为落后。其次是师资数量不足、素质有待提高。印尼各级学校现有教师超过333万人，总体保持上升态势，但其中四成左右为非专任教师，教辅人员中非专任人员的比例更高。非专任教师的具体占比为小学阶段45.4%，初中阶段36.89%，高中阶段36.45%，中职阶段35.73%；非专任教辅人员的占比在上述各阶段分别为81.83%、59.51%、61.51%、69.39%。由于非专任教师和教辅人员的工资问题一般由学校自行解决，工资待遇远不及专任教师，他们为生计通常需要从事兼职工作，教学质量难以保障。在教师学历方面，高校教师学历以硕士为主，2021年占比为73.33%，博士学历教师占比仅为16.67%。另外，印尼政府在基础教育阶段和中职全面推行"全日制"学制未获成功，目前仍有96.06%的学校实行的是"半日制"教学安排。在教学硬件方面，2020~2021学年，教室状况良好平均比例仅为约50%。疫情期间，印尼各地开展了不同程度的线上教学，但调查显示尚有22.58%的学生缺乏上网条件。

教育投入和师资的不足制约了印尼教育质量的提高。据2021年IMD发布的全球竞争力报告，在参与排名的 64 个经济体中，印尼教育质量排第 58 位，低于泰国（第 56 位）、蒙古国（第 54 位）和马来西亚（第 39 位）。在经济合作与发展组织（OECD）所做的学生能力测试（PISA）中，印尼在 2006~2018 年连续 5 次参评，阅读、科学、数学三个科目的达标比例都没有超过 50%，平均得分在 12 年间未有明显提高。毕业生就业情况也不太理想，2017~2019 年中职、大专及本科毕业生 1 年内的就业率均低于 70%。

（二）科技创新要素相对不足

在 2021 年全球创新指数排名中，印尼在东南亚国家中排在新加坡、马来西亚、泰国、越南、菲律宾和文莱之后，居倒数第 4。制约印尼创新能力发展的主要因素包括多个方面：一是研发投入不足，研发投入的绝对数和占 GDP 的比重均明显低于发达国家和新兴经济体，2019 年全社会研发投入约为 113.8 亿美元，占 GDP 比重仅为 0.31%，相当于邻国马来西亚的 1/4。二是科研人员较少，印尼的专职科研人员仅为 7.5 万人（2018 年），每百万人中只有 280 位科研人员，相比之下，中国和美国每百万人中分别有科研人员 1307 人和 4412 人（2020 年），日本和韩国每百万人中科研人员的人数高达 5331 人和 7980 人。

佐科政府为推动科技发展，对政府机构进行了调整。2021 年 4 月，政府将原科技与高等教育部中的科技管理职能部门与印尼科学院、国家核电局、国家航空航天局以及其他政府部门名下的研究机构合并，成立国家研究创新署（BRIN），由印尼民主斗争党主席梅加瓦蒂担任 BRIN 的顾问委员会主席。将政府各科研部门集中并成立新机构，旨在集中科研资源，在关键科技领域有所作为，但这将是一个较长的过程，因为政府科研资源总体上无论是人才还是资金都存在明显不足。据统计，印尼原科教部、科学院以及技术研究应用局三个单位中，科研人员拥有博士学位的只占 14.08%（2020 年）。另外，印尼高校中，选择科学技术、工学和数学专业领域的学生占比仅为 19.42%，因而高校为科技发展培养后备人才的能力也明显不足。

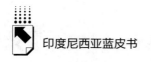

七　中印尼经贸关系继续深化，可持续
发展合作议题大有可为

（一）经贸相互依存度提高

1. 中国作为印尼第一大贸易伙伴的地位更加牢固

2021 年，印尼出口至中国大陆的货物价值达到 537.8 亿美元，占印尼全部出口的 23.2%，较 2020 年提高了近 4 个百分点，较 2019 年提高了 6.5 个百分点；进口自中国大陆的商品价值为 562.3 亿美元，占其全部商品进口金额的 28.7%，较 2020 年提高了 0.7 个百分点，较 2019 年提高了 2.5 个百分点。中印尼进出口贸易总额不仅首次突破了 1000 亿美元，达到了历史新高，而且贸易关系更加平衡，贸易差额缩小至 24.5 亿美元，贸易差额占贸易总额的比重由 2019 年的 23% 下降到 2.2%。对中国而言，印尼是我国对外贸易伙伴中贸易增速最快的国家，而且 2021 年中国在东南亚的贸易伙伴中，印尼贸易金额首次超过新加坡，成为我国在东盟的第四大贸易伙伴。

2. 中国对印尼的直接投资在疫情冲击下基本维持稳定

中国大陆、中国香港地区和中国台湾地区在 2020 年、2021 年合计对印尼投资分别为 88.3 亿美元、80.8 亿美元，保持第二大投资来源国地位，接近新加坡的 97.8 亿美元、93.9 亿美元。一系列具有投资示范作用的项目不断推进，例如雅万高铁进入了施工高峰期，有望在 2023 年 6 月实现运营；中国电力建设集团参与投资建设明古鲁燃煤电厂、德信钢铁等；上海电力公司在巴厘岛投资 13 亿美元兴建燃气发电厂等。尤其具有标志性意义的是，2020 年 9 月 30 日，印尼银行与中国人民银行签署了《关于建立促进经常账户交易和直接投资本币结算合作框架的谅解备忘录》，一致同意推动使用本币进行双边贸易和直接投资结算，推动人民币和印尼盾之间的直接兑换和银行间交易。2021 年 9 月 6 日，中国与印尼双边本币结算机制（LCS）正式启动，标志着中印尼经贸关系进入一个新阶段，将极大地便利经贸合作，节省资金流动成本，提高结算效率，并减少美元币值波动等第三方金融要素的干扰。

（二）战略合作加深，可持续发展议题大有可为

1. 深入推进全面战略伙伴关系

中国一贯从战略高度看待中印尼关系，将两国关系置于中国周边外交的优先位置，致力于推动全面战略伙伴关系，以及中国"一带一路"倡议与印尼"全球海洋支点"构想的对接。2021年伊始，中国国务委员兼外长王毅访问印尼，双方签署了《关于中国和印尼"两国双园"项目合作备忘录》，双方同意共同培育5G、人工智能、大数据、云计算等数字经济新增长点，深化旅游、职业教育、科技创新合作，扩大印尼优质产品对华出口和中方对印尼投资，探讨建立更紧密的全面经济合作伙伴关系。2021年6月，王毅外长同印尼卢胡特部长在贵阳共同主持中印尼高级别对话合作机制首次会议。双方就铸牢命运与共的战略团结、深化新冠疫苗和卫生健康合作、推动共建"一带一路"提质升级、开拓海上合作广阔空间，以及丰富人文交流时代内涵等内容达成五点重要共识。在国际社会，中印尼两国都是多边主义的坚定支持者，在不同场合均呼吁加强多边互惠合作。在2019年11月第22次东盟-中国领导人会议上，佐科指出东盟-中国合作伙伴关系已经成为推动地区和平与稳定的"火车头"，东盟应在"东盟印太展望"框架下与中国开展合作，聚焦于互联互通和基础设施建设，助推印太地区成为经济增长新中心。

在安全防务领域，2019年12月和2020年9月，中国国防部长魏凤和与印尼国防部长普拉博沃先后互访，2021年4月，印尼载有53人的潜艇"南伽拉"402号在巴厘岛北部海域失事沉入海底。印尼向多国请求支援无果后，向中国正式发出援助请求。中国海军远洋救生船863船、远洋救助拖船南拖195船，与中科院"探索二号"科考船一同前往救援，这是中国军队与印尼军队共同开展的一次重大人道主义救援行动。2021年5月，两国还在雅加达附近海域举行了海军联合军演。

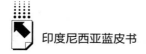

2. 民生领域合作前景广阔

在民生和可持续发展议题上，印尼目前面临减贫、农业农村发展、基层社区建设和包容性发展等方面的压力，而中国四十余年的改革开放经验，以及脱贫攻坚等民生发展方面取得的巨大成就，都可以为印尼可持续发展议题提供有益借鉴。例如，在贫困治理问题上，目前按照印尼国家贫困线标准，2021年贫困发生率为10.14%，较2007年超过16%的贫困发生率而言已有显著下降，相对于2019年9.41%的水平则出现回升，表明疫情冲击下，失业人口增多，出现返贫现象。目前印尼贫困人口为2754万人，其中极端贫困人口约为1086万人，成为印尼经济社会发展的重大挑战之一。中国已通过各种机制为印尼减贫工作提供支持，早在2014年，中国就提议实施"东亚减贫合作倡议"，并提供1亿元人民币，开展乡村减贫推进计划，建立东亚减贫合作示范点。中国还通过亚投行机制开展对印尼的减贫合作。中国对印尼基础设施建设的支持、产业投资等也间接地支持了印尼的减贫工作，例如雅万高铁项目为印尼创造了大量就业岗位，也为沿线城镇的经济发展带来重要机遇；中国电力建设集团参与投资建设的明古鲁燃煤电厂项目累计为当地提供了超过2000个就业岗位[①]，还能缓解明古鲁省长期以来的电力短缺问题，改善贫困地区民众生活状况。此外，中国还通过中国-东盟社会发展与减贫论坛、"东盟+3村官交流项目"等机制，为印尼提供减贫经验与人才培训。

在农业农村发展领域，自2001年两国签署农业合作备忘录以来，中国对印尼现代农业的支持力度不断扩大，主要涉及杂交水稻合作项目、玉米和花生育种合作项目，以及农业产业园合作建设，取得了骄人成绩。例如，2010~2013年，杂交水稻技术合作项目通过选育和推广品质优秀、更适合当地土壤和气候条件的杂交水稻新品种，粮食大幅增产，在2015年，中国杂交水稻技术就已推广至印尼13个省份，产量高出本地品种一倍有余。

---

① 《中企投建印尼明古鲁燃煤电站首台机组并网发电》，中华人民共和国驻印度尼西亚大使馆经商参处，2019年12月18日，http://id.mofcom.gov.cn/article/dzhz/201912/20191202923455.shtml。

2018 年，"优异玉米新品种选育合作研究与示范项目"取得数项关键成果，在 2019~2020 年通过审定，其中 7 号品种平均亩产量为 793.34 公斤，产量增加 7.31%，并具有高抗病性。中印尼聚龙农业产业合作区也成为包括油棕种植、精深加工、收购、仓储物流在内的海外农业产业示范性园区。

分 报 告

Topical Reports

B.2
2021~2022年印度尼西亚经济形势

左志刚*

摘　要： 本报告从宏观经济整体态势、外经贸形势、产业经济动向和区域发展格局四个方面分析了2021~2022年印尼经济发展状况。报告指出新冠肺炎疫情冲击使印尼经济呈现深"V"型波动，目前势头向好，但不同区域和不同行业经济回暖存在差异。受国际大宗商品价格飙升影响，北马鲁古等有色金属资源大省经济回升较快，产业方面也体现为出口导向产业增幅较大，传统内销行业恢复缓慢。近期印尼经济面临的主要挑战是高物价和高失业率并存问题，政府为刺激经济实施了宽松货币政策和财政政策，财政赤字扩大。另外，强劲的出口复苏虽使印尼对外贸易创14年来最大顺差，但出口结构仍需向高价值的工业制造领域拓展，产业政策上也须扭转逆工业化现象。RCEP落地将为印尼工业发展和出口结构升级提供有利环境，而国际政局突变则会增加印尼经济复

---

* 左志刚，博士，广东外语外贸大学教授，印度尼西亚研究中心主任。

苏前景的不确定性。

关键词： 印度尼西亚　宏观经济　外经贸　产业发展　区域发展

一　宏观经济整体态势

（一）总体经济大幅波动，区域和产业复苏差异明显

1. 国民经济受疫情冲击出现深"V"型波动，目前呈现良好恢复态势

疫情前，印尼国民经济年均增速维持在5%左右的水平，2019年受出口增长乏力、工业增长缓慢等因素影响，较2018年和2017年已有轻微下滑，但仍维持在5.02%的水平。2020年突然发生的新冠肺炎疫情对印尼经济造成了巨大冲击，疫情下人员和货物跨境流动受阻，国内消费受抑，供应链不畅阻碍生产正常进行，致使2020年印尼国内生产总值（GDP）较上年下降2.07%，是1998年金融危机以来的最大降幅。2020年印尼GDP按现价计算为15438万亿印尼盾，约相当于1.06万亿美元，以2010年的不变价计算则为10723万亿印尼盾。

2021年，印尼政府在防控疫情的同时也积极恢复经济，加上全球大宗商品价格持续走高，强劲刺激了印尼出口部门，也拉动了国内生产，因而印尼国民经济在2021年出现"V"型反转，经济恢复增长，GDP实际增长率为3.69%，以现价计为16971万亿印尼盾（详见图1），约合1.18万亿美元。与疫情前的2019年相比，GDP的实际增长率为1.55%。但一些指标也提示印尼经济恢复的基础仍不稳定，例如经济活动中的人流、物流指标显示，印尼2021年货物运输总量已恢复到2019年的水平，但客运人数仍然维持在低位，只有2019年水平的35%左右。

2022年，宏观经济在第一季度持续向好，实际增速为5.01%，但进入第二季度，地缘政治冲突导致外部环境不稳定性加剧，印尼经济受到

图1　印尼GDP增长情况（2014~2021年）

资料来源：BPS。

波及。

2. 各产业波动程度与恢复速度存在显著差异

在2020年，受疫情冲击最严重的行业主要涉及四大类别（详见表1）。一是交通运输和物流服务行业。最为突出的是航空运输和铁路运输业，全年业务量和经济增加值收缩一半左右，国内水运部门也有所下降。二是消费领域的酒店住宿、餐饮服务、汽车和摩托车的零售和修理服务。住宿业的经济增加值下降24.49%，餐饮业下降6.88%，机动车销售及修理作为大宗消费品，其经济总量在2020年下降了14.11%，但其他类别商品的批发零售总体只下降了1.37%。三是能源生产领域。因消费终端的下降，2020年能源行业经济增加值出现明显下降，天然气供应下降了11.94%，煤炭加工和油气炼化，石油、天然气和地热开采等也出现下降。四是一些消费品生产行业，例如纺织品及服装业、皮革制品和制鞋行业、烟草加工业、橡胶和塑料制品行业等。

2021年印尼经济整体呈现恢复态势，其中最为明显的为两大类别（详见表2）：一类是出口导向的产业，2021年印尼出口部门总体增长了约30%，尤其是受国际大宗商品价格大幅攀升刺激的矿产品加大了开采力度和

表 1　2020 年印尼收缩最严重的行业

单位：%

行业	第一季度	第二季度	第三季度	第四季度	全年
航空运输	-13.35	-80.26	-63.90	-53.81	-53.06
铁路运输	-6.95	-63.75	-51.11	-45.56	-42.34
住宿业	-4.57	-44.22	-28.06	-21.38	-24.49
运输设备业	4.64	-34.29	-29.98	-18.98	-19.86
仓储与邮递服务	-0.64	-38.49	-17.57	-13.12	-17.61
机动车销售及修理	1.07	-29.75	-18.05	-9.73	-14.11
国内水运	1.16	-26.66	-13.51	-12.28	-13.00
天然气供应	1.55	-18.82	-17.52	-12.05	-11.94
机械及设备业	-9.33	-13.42	-10.76	-7.38	-10.17
非金属矿产加工业	-5.30	-9.13	-9.11	-12.52	-9.13
纺织品及服装业	-1.24	-14.23	-9.32	-10.49	-8.88
皮革制品和制鞋行业	-0.36	-8.55	-19.75	-6.07	-8.76
餐饮业	3.49	-16.81	-8.04	-5.98	-6.88
煤炭加工和油气炼化	2.58	-10.20	-7.44	-11.96	-6.81
石油、天然气和地热开采	-2.99	-7.07	-7.14	-6.81	-6.00
烟草加工业	3.49	-10.84	-5.19	-10.77	-5.78
橡胶和塑料制品行业	-0.82	-11.98	-9.61	0.24	-5.61
金属制品、电子和电气设备	-3.52	-9.29	-6.86	-2.11	-5.46
商务服务	5.39	-12.09	-7.61	-7.02	-5.44
煤炭和褐煤开采	0.13	-8.32	-7.75	-5.87	-5.43
公路运输	5.15	-17.65	-5.03	-3.50	-5.34
国内生产总值	2.97	-5.32	-3.49	-2.17	-2.07

注：表中数据为以 2010 年不变价格计算的行业 GDP 实际增速。
资料来源：BPS。

出口规模，例如镍、铝等有色金属开采行业较 2020 年增长了 22.84%，较 2019 年增长了 47.72%，黑色金属加工行业较 2020 年增长了 11.5%，较 2019 年增加了 18.05%。传统的出口大户如家具业、皮革制品和制鞋业也有较大恢复，机械设备制造行业也有明显恢复。另一类是服务于疫情防控和医疗卫生服务的行业，或者受疫情刺激而新增的消费需求领域。前者如公共卫生和社会服务行业较 2019 年增长了 23.23%，化学与医药制品行业较 2019 年增长了19.91%，后者如信息与通信行业较2019年增长了18.14%。酒店住宿和机动车销售及修理虽在2021年有所恢复，但还未达到2019年的水平，其他一些传统行业如农林牧渔业、建筑业、房地产、商务服务以及零售业仍然恢复较慢，2021年仅有2%左右的实际增长率。

表2　2021年印尼恢复较快的行业

单位：%

行业	第一季度	第二季度	第三季度	第四季度	全年增速	
					对比2020	对比2019
有色金属开采	24.48	18.08	24.73	24.39	22.84	47.72
运输设备业	-10.93	45.70	27.84	22.61	17.82	-5.58
机动车销售及修理	-5.48	37.86	14.89	9.21	12.10	-3.72
黑色金属加工	7.71	18.03	9.52	11.31	11.50	18.05
机械设备制造	3.22	16.35	16.25	11.05	11.43	0.09
公共卫生和社会服务	3.39	11.69	14.06	12.16	10.46	23.23
化学与医药制品	11.46	9.15	9.71	8.28	9.61	19.91
家具业	8.04	7.18	7.02	10.37	8.16	4.53
皮革制品和制鞋业	1.74	3.26	18.12	9.35	7.75	-1.69
信息与通信	8.72	6.90	5.54	6.21	6.81	18.14
煤炭和褐煤开采	-7.05	13.27	14.95	6.63	6.60	0.81
国内生产总值	-0.70	7.07	3.51	5.02	3.69	1.55

注：表中数据为以2010年不变价格计算的实际增速。
资料来源：BPS。

3. 各区域经济波动程度和恢复情况差异

由于各区域的经济结构不同，受疫情冲击的程度也有显著差异。如表3所示，巴厘省是受冲击最严重的省份，且恢复情况较差。该省以旅游业为支柱产业，酒店住宿、餐饮服务和景点服务为该省贡献了超过60%的GDP，且其游客来源以国际游客为主，在突发疫情情况下，对海外游客的封控措施使到访游客数量断崖式下降。因而该省2020年GDP下降了9.33%，在2021年下降了2.47%，面临较大的经济和民生保障压力。在2021年恢复较慢的省份中，还有一些原本经济基础较弱的边远省份，如西巴布亚的GDP在

表3 印尼各省GDP增长率（2019~2021年）

单位：%

	2019	2020	2021
巴厘省	5.6	-9.33	-2.47
廖内群岛省	4.83	-3.8	3.43
万丹省	5.26	-3.39	4.44
东加里曼丹省	4.7	-2.87	2.48
日惹特别自治区	6.59	-2.68	5.53
中爪哇省	5.36	-2.65	3.32
西爪哇省	5.02	-2.52	3.74
西苏拉威西省	5.56	-2.4	2.56
雅加达特区	5.82	-2.39	3.56
东爪哇省	5.53	-2.33	3.57
邦加-勿里洞省	3.32	-2.3	5.05
西加里曼丹省	5.09	-1.82	4.78
南加里曼丹省	4.09	-1.82	3.48
楠榜省	5.26	-1.67	2.79
西苏门答腊省	5.01	-1.62	3.29
中加里曼丹省	6.12	-1.41	3.4
廖内省	2.81	-1.13	3.36
北加里曼丹省	6.89	-1.09	3.98
北苏门答腊省	5.22	-1.07	2.61
北苏拉威西省	5.65	-0.99	4.16
马鲁古省	5.41	-0.92	3.04
东努沙登加拉省	5.25	-0.84	2.51
西巴布亚省	2.66	-0.76	-0.51
南苏拉威西省	6.91	-0.71	4.65
东南苏拉威西省	6.5	-0.65	4.1
西努沙登加拉省	3.9	-0.62	2.3
占碑省	4.35	-0.44	3.66
亚齐特别自治区	4.14	-0.37	2.79
南苏门答腊省	5.69	-0.11	3.58
明古鲁省	4.94	-0.02	3.24
哥伦打洛省	6.4	-0.02	2.41
巴布亚省	-15.74	2.39	15.11
中苏拉威西省	8.83	4.86	11.7
北马鲁古省	6.25	5.35	16.4

资料来源：BPS。

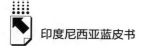

2021年仍然下降了0.51%，西努沙登加拉、哥伦打洛、东加里曼丹、东努沙登加拉、西苏拉威西、北苏门答腊、楠榜、亚齐在2021年GDP增长率均在3%以下，显著低于全国总体水平。2021年恢复最快的省份为北马鲁古、巴布亚、中苏拉威西，三者都是镍、金等有色金属矿产资源非常丰富的省份，其经济快速恢复与这些地区矿业景气程度大幅提升有很大关系。

（二）就业和消费承压

1. 高失业率和物价持续上涨对居民消费形成较大压力

近两年，印尼劳动力市场出现明显不利变化。受经济下滑影响，2020年，全国登记失业人口达到977万人，调查失业率上升至历史高位，达到7.07%（详见图2右轴指标），使多年来失业率稳定及逐步降低的趋势出现逆转。2021年，失业情况有所缓解，2月和8月的调查失业率为6.26%和6.49%，仍显著高于疫情前的水平。2021年8月，廖内群岛省、西爪哇省、万丹省、雅加达特区等地的调查失业率明显高于全国平均水平，分别为9.91%、9.82%、8.89%、7.06%。

另外，与劳动力市场不景气相伴的是物价持续走高（详见图2左轴指标），2020年全年CPI总体涨幅为1.68%，2021年为1.87%，2022年第一季度的涨幅已达1.2%，第二季度CPI进一步加速上涨。其中，食品价格、医疗卫生服务价格、能源价格上涨尤为明显。2022年3月，国家石油公司Pertamina提高92号汽油销售价格近40%。辣椒、食用油等价格上涨也超过人们预期，例如，印尼人经常食用的一种食物"Kerupuk"的每份价格5月起由原价1000印尼盾升至2000印尼盾，原因是食用油和调料价格大幅上涨。2022年4月，由于食用油价格的飙升，印尼政府不得不采取禁止棕榈油出口的措施，以保障国内供应和抑制国内食用油价格上涨。由于印尼是世界上最大的棕榈油出口国，占世界出口的比重超过50%，该举措无疑对其他国家的食品加工行业形成冲击。

物价上涨一定程度上抑制了居民消费，不同收入群体受到的影响存在显著差别，低收入群体受到的冲击更大，加剧贫富不均问题，因此通胀对印尼

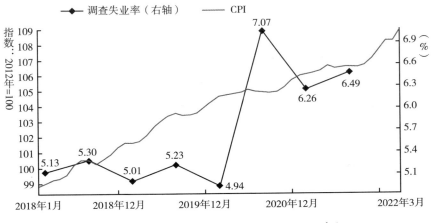

图2 印尼 CPI 和调查失业率（2018~2022 年）

资料来源：BPS。

政府的减贫努力是一项重要不利因素。印尼统计局计算的基尼系数显示，2020 年 3 月的基尼系数为 0.381，2021 年 3 月则上升至 0.384。

2. 国际能源价格不断创新高，经济面临巨大通胀压力

在疫情冲击和地缘政治冲突双重压力下，国际能源价格不断创新高，2022 年 5 月初，布伦特原油现货价达到每桶 108.25 美元，美国 WTI 原油达到每桶 105.17 美元，是 2015 年以来的最高水平。印尼虽然是产油国，但国内供应缺口较大，是石油的净进口国，2021 年进口原油达到 1377.7 万吨。除原油之外，天然气和煤炭价格也不断走高，印尼天然气和煤炭资源丰富，是净出口国，但出口价格上升也导致国内保供压力增大，国内用气和用煤价格跟随上涨。国际能源价格上涨成为印尼经济面临输入型通胀的主要压力来源，它直接推动企业生产成本增加和居民能源消费价格上涨，企业生产成本增加则进一步传导至各种消费品价格上。

印尼政府为抑制物价过快上涨，采取了增加能源补贴等方面的措施，在经济没有完全恢复的情况下，无疑给印尼财政形成了巨大压力。以 2022 年 1 月为例，能源补贴达到 7.1 亿美元，比 2021 年 1 月的 1.6 亿美元大幅增加。这在很大程度了吞噬了佐科政府调整能源政策、削减能源补贴、将有限

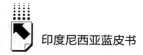

的财政资金更多地用于经济发展方面的改革努力。能源补贴一方面是通过终端消费价格补贴的形式进行，例如对 90 号汽油的价格补贴；另一方面是通过对上游企业生产隐性补贴的形式进行，主要补贴对象是国家石油公司Pertamina 和国家电力公司（PLN）。2022 年印尼政府面临放开能源价格和增加补贴的两难选择。2022 年的国家预算补贴金额是基于平均每桶原油价格63 美元的假设所做的计算，据印尼能矿部估算，原油价格每增加 1 美元/桶，油气相关补贴将需要增加约 2.9 亿美元，原油达到每桶 100 美元时，政府需要额外提供 115 亿美元用于支付能源补贴。这对于印尼仅千余亿美元的国家财政收入来讲是难以承受的负担；为此，政府可能允许适当放开能源消费的市场价格，但显然这将进一步推动物价上涨，经济层面和社会层面的压力都不容小觑。

印尼政府还采取了提高 1 个百分点的增值税率的政策以增加国家财政收入，但这同样会加剧物价上涨压力。

（三）进出口贸易强劲复苏

1. 进出口短暂下滑后强劲复苏

多年以来，印尼政府鼓励扩大出口，以拉动经济增长和改善就业。2019年出口总额达到 1676.83 亿美元，相当于当年 GDP 的 14.9%。2020 年疫情的冲击使其出口暂时受阻，上半年出口下降明显，下半年则开始恢复，全年出口总额为 1631.92 亿美元，较 2019 年下降 2.7%。2021 年延续了上年出口增长势头，并一直持续到 2022 年。2021 年全年出口总额较 2020 年增长41.9%，达到 2315.23 亿美元，相当于 GDP 的 19.5%，加上全年进口总额的 1961.9 亿美元，印尼经济的外贸依存度达到了 36.1%，较往年有明显提升，详见图 3。

2. 创14年来最大贸易顺差

由于对外贸易依存度较高，贸易赤字对印尼经济的负面影响不容忽视。2020 年下半年以来的贸易复苏，乃至到 2021 年、2022 年的强劲增长，使印尼摆脱了多年以来的贸易平衡性较弱问题，例如 2018 年印尼贸易赤字约为

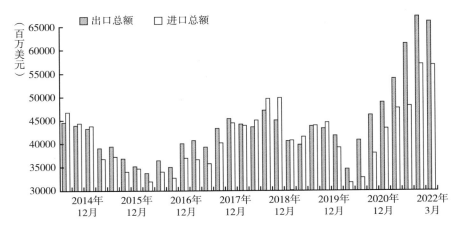

图3　印尼进出口总额季度趋势（2014~2022年）

资料来源：BPS。

87亿美元，2019年赤字约为36亿美元，2020年则实现贸易顺差216亿美元，2021年的贸易顺差攀升到353.3亿美元，是自2008年以来的最高水平，详见图4。

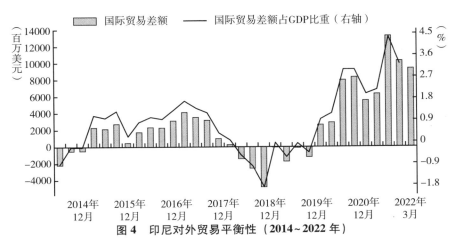

图4　印尼对外贸易平衡性（2014~2022年）

资料来源：BPS。

（四）金融总体稳定，财政压力较大

1. 外债规模和国际储备稳定

2020 年以来，印尼外债规模总体有所上升，在 2021 年第三季度达到高点，外债余额合计为 4245 亿美元，同比增长率为 3.7%，较上季度提高了 1.7 个百分点。其中，私人领域（指政府以外的其他债务人主体）外债余额为 2099 亿美元，私人领域外债主要来自金融保险行业的对外融资，以及电力、燃气、矿业等资源领域和制造业大型企业的对外债券发行和银行贷款，这些领域占据全部私人外债余额的 77%；政府和金融当局外债余额为 2146 亿美元，政府外债增加主要是由于新发行了 5 亿欧元可持续发展（SDGs）债券和在 IMF 中的特别提款权增加。2022 年 3 月末，印尼外债余额为 4116 亿美元，已有所回落，主要是因为政府债券到期，国际储备资产为 1391 亿美元（详见图 5），相当于可支付进口和官方债务偿还的月数为 6.9 个月，高于国际上要求的 3 个月的水平。

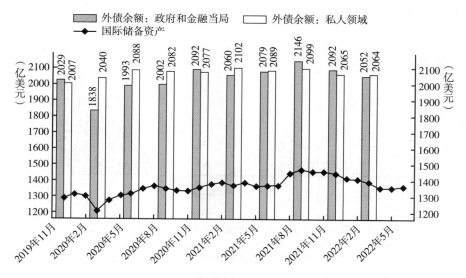

图 5　印尼外债余额和国际储备资产规模变动（2019～2022 年）

资料来源：BI。

2.维持宽松货币政策，但刺激效果有限

目前印尼央行设定的基准利率已达到 20 年以来的新低，自 2021 年 2 月 18 日以来一直维持在 3.5% 的水平。疫情发生后，印尼央行累计进行了 6 次降息，再加上 2019 年的 4 次降息，其基准利率已较近期高点 6% 下降至 3.5%（详见图 6）。基准利率的调低带动了贷款利率下行，目前市场的流动资金贷款利率已由疫情前的 10% 左右下降至 8.6% 左右，降幅低于基准利率。另外，银行大幅降低了储蓄存款利率，3 个月期的存款利率已由疫情前的 6.3% 左右的水平降至 3.02% 的水平，甚至低于央行的基准利率。同时，央行也加大了货币投放，广义货币（M2）在 2021 年底达到 7870 万亿印尼盾，较上年同期增长了 14%，2022 年第一季度则基本维持在该规模上。针对物价不断上扬势头，印尼央行表示 2022 年将逐步调整政策方向，转为以维持稳定为主，但在宏观审慎监管、数字支付、深化金融改革和为中小企业提供支持四个方面仍将以服务经济增长为主。

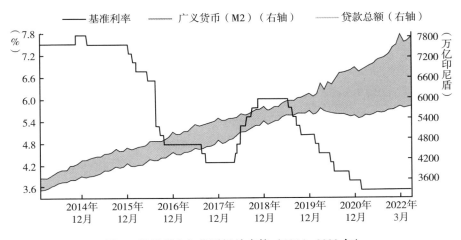

图 6 印尼利率与货币投放走势（2014~2022 年）

资料来源：BI。

政府调低利率、增加货币投放的基本考虑是应对疫情和全球经济波动产生的负面冲击，为工商企业和个人提供流动性支持。然而从货币投放和实际

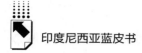
贷款规模的对比可以看出，2020 年以来，货币余额的增长高于贷款余额的增长，两者差额明显扩大，尤其是对私营部门的贷款仍低于疫情前的水平，说明增加的货币投放有相当大的部分并没有流入实际的经营活动中，宽松货币政策助企纾困的目的受到严重制约。同时，这也将导致新增货币直接转化为物价上涨的压力。考虑到当前全球石油、天然气、煤炭、粮食、有色金属等基本生产资料和生活物资价格持续上涨带来的输入通胀压力，印尼当局以货币政策刺激经济的政策空间已非常有限。

3. 国家财政面临较大赤字压力

为支持经济复苏，印尼政府实施了宽松财政政策，包括加大基建投入力度、加大对地方的专项转移支付、扩大政府债务融资等。2021 年，财政用于基建的预算支出达到 417 万亿印尼盾，占国家支出的 15.5%，该占比较上年提高了 4.7 个百分点；政府债务融资为 27 万亿印尼盾，占国家财政收入的 1.6%，而疫情前常年维持在 0.3%~0.8%。在经济承压情况下，国家财源萎缩，但支出增加，导致财政赤字率上升，如图 7 所示，印尼中央财政的季度赤字率由疫情前小于 3% 的水平大幅提高到 2020 年第三季度的 10.89%，在 2021 年第四季度，赤字率仍高达 7.38%。

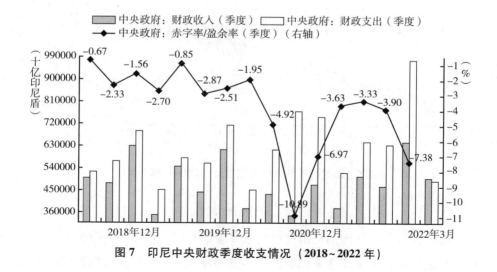

图 7　印尼中央财政季度收支情况（2018~2022 年）

二　外经贸形势分析

（一）贸易复苏的同时，贸易品种结构仍需优化

如前文所述，自2020年下半年以来，印尼出口贸易开始恢复，在2021年和2022年延续上升势头，出现超常增长，实现了较高的贸易顺差。然而，从贸易品结构上看，印尼对外贸易仍然具有初级阶段的特征，对外贸易品种结构表现为出口以农产品和原材料为主，进口以机械设备和工业制成品为主的特征，这种特征一般出现在工业早期阶段国家。对比表4和表5，可以看出印尼对外贸易的品种结构在一定程度上体现了这类特征，其中，出口以燃料及相关产品、动植物油脂、工业制成品为主，2021年上述几类商品的初级产品出口金额占到全部出口的51.7%，占据出口的主体地位；进口方面，

表4　印尼出口商品基本结构（2019～2021年）

单位：百万美元，%

贸易品类别	2019		2020		2021	
	金额	占比	金额	占比	金额	占比
食品和活体动物	13225.1	7.9	14565.1	8.9	16943.3	7.3
饮料和烟草	1332.1	0.8	1243.6	0.8	1253.1	0.5
原材料（食品除外）	14895.6	8.9	14034.4	8.6	20504.7	8.9
燃料及相关产品	34103.4	20.3	25501.8	15.6	45110.3	19.5
动植物油脂	16780.4	10.0	19709.5	12.1	30794.1	13.3
化学品	13078.6	7.8	12659.4	7.8	18718.2	8.1
工业制成品	26409.4	15.7	28591.2	17.5	43821.8	18.9
机械和运输设备	23243.7	13.9	21415.7	13.1	26980.8	11.7
其他各类工业品	20984.1	12.5	19804.9	12.1	25775.8	11.1
其他未归类项	3630.6	2.2	5666.3	3.5	1620.4	0.7
合　计	167683.0	100.0	163191.8	100.0	231522.5	100.0

注：贸易品按ISTC一级代码分类。

资料来源：笔者据BPS数据整理。

以机械和运输设备等生产资料为主,2021 年机械和运输设备类的进口金额占全部进口的 29.1%,是进口金额最多的品类,其次是工业制成品和化学品。

表5　印尼进口商品基本结构(2019~2021年)

单位:百万美元,%

贸易品类别	2019		2020		2021	
	金额	占比	金额	占比	金额	占比
食品和活体动物	15494.9	9.0	15443.7	10.9	19584.2	10.0
饮料和烟草	822.2	0.5	762.2	0.5	857.2	0.4
原材料(食品除外)	9059.2	5.3	7298.0	5.2	11289.2	5.8
燃料及相关产品	23477.5	13.7	15778.4	11.1	28838.2	14.7
动植物油脂	217.9	0.1	191.8	0.1	300.4	0.2
化学品	24144.0	14.1	21491.4	15.2	32624.4	16.6
工业制成品	29998.6	17.5	22768.0	16.1	32673.4	16.7
机械和运输设备	55882.7	32.6	46743.1	33.0	56996.3	29.1
其他各类工业品	10407.9	6.1	9189.4	6.5	10344.1	5.3
其他未归类项	1770.8	1.0	1902.7	1.3	2682.7	1.4
合　计	171275.7	100.0	141568.8	100.0	196190.0	100.0

注:贸易品按 ISTC 一级代码分类。
资料来源:笔者据 BPS 数据整理。

　　出口以初级产品为主,而进口以工业上游的机械设备和运输工具等生产资料为主,是工业体系尚不成熟或缺乏国际竞争力在贸易领域的体现,也提示佐科政府规划的"印尼制造4.0"计划目标的实现还任重道远。"印尼制造4.0"计划确立了减少原材料出口、提升国内制造业水平和工业增加值的基本战略,并采取了禁止原矿出口、吸引国外资本投资工业园区、提升劳动力技能水平等多维举措,但这些举措中除禁止原矿出口能"立竿见影"之外,其他举措均非在短期能产生明显效果,而原矿出口的限制措施目前又面临国际大宗商品价格持续走高的挑战。

　　(二)对华贸易关系进一步加深

　　在贸易流向上,中国作为印尼第一大贸易伙伴的关系更加牢固。2021年,印尼出口至中国大陆的货物价值达537.8亿美元,占印尼全部出口的23.2%,

较 2020 年提高了近 4 个百分点，较 2019 年提高了 6.5 个百分点（详见表 6）；进口自中国大陆的商品价值为 562.3 亿美元，占其全部商品进口金额的 28.7%，较 2020 年提高了 0.7 个百分点，较 2019 年提高了 2.5 个百分点（详见表 7）。在 2021 年，中印尼不仅在贸易总额上首次突破了 1000 亿美元，达到了历史新高，而且贸易平衡关系显著改善，贸易差额缩小至 24.5 亿美元，贸易差额占贸易总额的比重由 2019 年的 23% 下降到 2.2%。如果再加上中国香港地区与印尼 40 余亿美元的贸易差额，中国在印尼对外贸易中的份额更高。

表 6　印尼出口主要目的地（2019~2021 年）

单位：百万美元，%

国家（地区）	2019		2020		2021	
	金额	占比	金额	占比	金额	占比
中国大陆	27961.9	16.7	31781.8	19.5	53781.9	23.2
美　国	17844.6	10.6	18622.5	11.4	25774.2	11.1
日　本	16003.3	9.5	13664.7	8.4	17855.4	7.7
印　度	11823.5	7.1	10394.5	6.4	13289.4	5.7
马来西亚	8801.8	5.2	8098.8	5.0	12006.5	5.2
新加坡	12916.7	7.7	10661.9	6.5	11634.1	5.0

资料来源：BPS。

表 7　印尼进口主要来源地（2019~2021 年）

单位：百万美元，%

国家（地区）	2019		2020		2021	
	金额	占比	金额	占比	金额	占比
中国大陆	44930.6	26.2	39634.7	28.0	56227.2	28.7
新加坡	17589.9	10.3	12341.2	8.7	15451.7	7.9
日　本	15661.8	9.1	10672.1	7.5	14644.3	7.5
美　国	9261.6	5.4	8580.2	6.1	11249.2	5.7
马来西亚	7775.3	4.5	6933.0	4.9	9451.0	4.8
韩　国	8421.3	4.9	6849.4	4.8	9427.2	4.8
澳大利亚	5515.3	3.2	4646.6	3.3	9425.0	4.8
泰　国	9469.1	5.5	6483.8	4.6	9146.5	4.7
印　度	4295.7	2.5	3764.3	2.7	7668.3	3.9

资料来源：BPS。

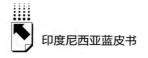
（三）外商投资

1. 外商投资恢复净流入

2020 年初印尼的外商直接投资（FDI）和外商证券投资两类外商资本均出现了巨幅外流，2020 年第一季度外商直接投资余额较上季度净减少 325.4 亿美元，外商证券投资余额净减少 621.2 亿美元，2020 年第三季度和 2021 年第一季度也出现了小幅度的净流出（详见图 8），但 2021 年总体上为净流入，全年净流入为 282 亿美元，其中外商直接投资净流入为 184 亿美元，外商证券投资净流入为 98 亿美元。

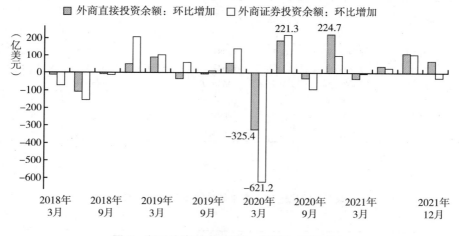

图 8　印尼外资季度净流入（2018~2021 年）

2. 中国保持第二大外资来源地地位

多数国家对印尼的直接投资在 2020 年经历相对停滞或收缩后，在 2021 年恢复增长。2021 年外商直接投资合计 310.9 亿美元，较 2020 年的 286.7 亿美元增长了 8.4%，其中，增长幅度最大的依次是法国、丹麦、瑞士和美国，但由于其基数较小，意义不明显。例如，2021 年瑞士对印尼的直接投资增幅虽然达到 3.6 倍，但投资额也未超过 6 亿美元；美国对印尼的直接投资增长至 25 亿美元，超过日本、荷兰、韩国，成为印尼第四大外资来源地；

中国大陆地区对印尼的直接投资在2020年维持稳定并略有提升，在2021年则略有下滑，中国香港地区对印尼直接投资则在三年间持续提升，两地合计投资金额2021年为77亿美元，已接近新加坡对印尼的投资金额93.9亿美元。来自中国的投资在单项投资规模上，明显高于其他来源地，这与中国赴印尼投资主要集中于资源开发和基础设施建设项目有关；新加坡基于其与印尼的地理邻近性和国际金融地位，仍然保持印尼第一大直接投资来源地地位（详见表8）。

表8 印尼外资主要来源地（2019~2021年）

单位：百万美元

国家（地区）	2019	2020	2021
新加坡	6509.6	9779.1	9390.1
中国香港	2890.9	3535.9	4609.3
中国大陆	4744.5	4842.4	3160.4
美 国	989.3	749.7	2537.2
日 本	4310.9	2588.0	2263.2
荷 兰	2596.8	1422.4	1761.6
韩 国	1070.2	1841.9	1640.2
瑞 士	150.7	130.9	599.8
英 国	142.1	192.8	322.9
中国台湾	181.1	454.3	316.9
澳大利亚	348.3	348.6	195.2
德 国	189.3	143.6	182.3
加拿大	186.3	175.3	182.1
法 国	167.4	25.1	145.8
比利时	86.8	27	55.5
印 度	58.3	57.6	49.6
意大利	27.5	12.7	37.6
挪 威	17.0	7.0	20.3
丹 麦	7.6	2.5	14.2
新西兰	3.2	13.4	8.2
合 计	28208.8	28666.3	31093.1

资料来源：BPS。

3. 矿业和冶金行业投资热度持续上升，热点地域出现变化

从外商投资的行业分布看，冶金和矿业仍然是外商投资关注度最高的行业，2021年310.9亿美元的外商直接投资中，有22.4%的资金流向了钢、铁、铜、铝、镍等基本金属冶炼和金属制品领域，金额为69.7亿美元，涉及781个项目；其次有12.3%的资金流向了采矿业，包括煤炭、红土镍矿、铝土矿等领域，金额为38.2亿美元，涉及486个项目。此外，机动车及其他运输设备制造的投资也有明显增加，这与印尼政府推出新能源汽车发展产业政策有关，皮革和制鞋业的投资增幅也较大，但总金额仍然有限。下降比较明显的是电力、燃气和供水以及建筑业，2021年两行业的外商直接投资较2020年分别下降了36.3%和50.7%（详见表9）。

表9　印尼外商直接投资行业分布（2019~2021年）

单位：百万美元，%

行业领域	2019	2020	2021	2021 占比
农业	946.9	1184.2	950.7	3.1
林业	36.3	42.6	41.4	0.1
渔业	54.1	48.2	17.1	0.1
采矿业	2256.3	2005.1	3816.9	12.3
食品工业	1272.2	1592.1	2337.4	7.5
纺织工业	238.9	279.8	312.2	1.0
皮革和制鞋业	188.3	214.0	485.5	1.6
木材和藤制品	94.9	84.7	68.1	0.2
造纸和印刷	446.1	942.8	952.5	3.1
化学和医药	1486.1	1742.5	1656.5	5.3
橡胶塑料制品	291.6	291.4	262.3	0.8
非金属矿产加工	474.9	248.3	327.1	1.1
基本金属冶炼和金属制品	3558.7	5969.2	6974.4	22.4
机械和电子电器、仪器设备制造	499.8	601.3	679.4	2.2
机动车及其他运输设备制造	754.1	942.0	1501.9	4.8
其他制造业	245.3	294.1	246.3	0.8
电力、燃气和供水	5921.2	4613.9	2938.6	9.5
建筑业	161.6	189.5	93.4	0.3

续表

行业领域	2019	2020	2021	2021 占比
批发零售与维修服务	421.2	434.1	463.8	1.5
酒店和餐饮	625.9	441.1	432.2	1.4
运输仓储和电信	4727.8	3580.4	3159.2	10.2
房地产	2888.5	2191.5	2186.4	7.0
其他服务业	617.9	733.3	1189.7	3.8

资料来源：BPS。

另外，从投资地域看，热点出现了新的变化，雅加达、西爪哇、万丹、中爪哇等传统投资热点地区虽然仍然获得较多的外商直接投资，但纵向比较，近三年的投资流量明显下降。以吸收外商直接投资最多的西爪哇省为例，2021 年 FDI 流入 52.2 亿美元，占全国的比重为 16.8%，投资金额较 2019 年下降了 11.3%，占全国的份额下降了 4 个百分点。相反，经济发展相对落后但自然资源丰富的区域如北马鲁古、东南苏拉威西、中苏拉威西出现大幅增加，其中 2021 年流向北马鲁古的 FDI 较 2019 年增加了 1.79 倍，占全国的份额由 3.6% 上升到 9.1%。

（四）RCEP 的批准实施可带动印尼贸易升级

包括印尼在内的《区域全面经济伙伴关系协定》（RCEP）于 2022 年 1 月 1 日对中国、文莱、柬埔寨、老挝、新加坡、泰国、越南、日本、新西兰和澳大利亚 10 国正式生效，2 月 1 日对韩国生效，3 月 18 日对马来西亚生效，印尼国会原定于 3 月对该协议进行批准，但因故推迟至 8 月才予以批准。

RCEP 协定的逐步生效标志着区域内统一大市场开始形成，RCEP 构建了全球最大的自由贸易区，人口数量、经济体量、贸易总额均占全球总量 30% 左右。据汇丰银行预测，到 2030 年，RCEP 区域经济体量在全球总量中的占比将可能提高至 50%。在逆全球化和保护主义抬头背景下，RCEP 的落地体现了各方共同维护多边主义和自由贸易的决心，将为区域和全球贸易及

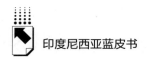
投资增长、经济复苏做出重要贡献。

RCEP 协定的生效主要将带来三个方面的变化：一是关税下调，这将降低企业进口成本，促进域内贸易增长；二是实行"原产地累积规则"，这是 RCEP 达成的一项重要成果，将极大地推动区域内产业链的分工合作；三是投资和服务贸易便利化，将有力地促进区域内的投资和金融合作，以及技术服务和创新协作。具体就印尼而言，RCEP 的实施至少在以下几个方面将促进其贸易规模扩张和结构升级。

1. 关税减让将有力推动印尼扩大出口，缓解多年来的贸易平衡压力

按照 RCEP 协定，成员国将通过 10 年左右时间基本实现 90% 的产品零关税，这意味着成员国之间的商品贸易将有 5%~10% 的平均关税降低。以中国和印尼为例，中国 2020 年的算术平均最惠关税税率为 7.5%，其中农产品为 13.8%，非农产品为 6.5%；印尼 2019 年的算术平均最惠关税税率为 8.1%，其中农产品为 8.7%，非农产品为 8%。若以进口货值加权计算，2019 年中国总体平均关税为 3.4%，农产品为 12%，非农产品为 2.8%；同期印尼总体平均为 5.7%，农产品为 5.5%，非农产品为 5.7%，具体到不同类别产品的算术平均最惠关税税率对比详见表 10。

印尼一旦批准实施 RCEP，首先可以提升其农产品在成员国市场的价格竞争力，尤其是扩大对中国、越南等新兴经济体及对日本的出口力度。印尼 2021 年的农业相关产品出口占到其全部出口货物价值的约 30%，因而该领域的出口状况直接影响其国内经济发展和社会稳定，扩大该领域的出口无疑将给印尼解决当前农业发展和农民减贫问题提供强劲动力，也与印尼国家发展规划中确定的将农产品加工工业作为国民经济支柱产业之一的战略目标相一致。

2. 原产地累积规则将促进印尼融入全球产业链分工，加快工业发展

"原产地累积规则"作为 RCEP 的一项重要成果，降低了 RCEP 成员国出口商品认定为本国原产地的门槛，也简化了相关认定程序。根据该规则，只要产品在加工过程中实现的增值部分属于 15 个成员国，且累计增值超过 40% 即可享受相应关税优惠。简言之，成员国从区域外进口相关原材料或工业中间品，只要在本国加工增值累计超过 40% 即可视为本国产品，享受 RCEP 协定的优惠关税。作为一项制度突破，它极大地便利了成员国企业参与全球产业链分工，聚焦自身优势产业环节。

表 10　印尼与部分国家的算术平均最惠关税税率分类对比（2020 年）

产品类别	印尼	中国	越南	马来西亚	日本
动物产品	7.1	13.2	14.3	3.2	11.1
乳制品	5.5	12.3	10.3	3.7	89.3
水果、蔬菜、植物	5.7	12.2	20.2	2.9	11.9
咖啡、茶	13.2	12.3	24.5	5.6	15.1
谷物及其制备品	7.4	19.5	17.8	5.5	34.6
油籽、动植物油品	4.4	10.9	8.6	1.9	12.9
糖和糖果	7.5	28.7	17.8	2.4	22.1
饮料和烟草	45.9	18.2	42.3	93.3	14.4
棉	4.0	22.0	6.0	0.0	0.0
其他农产品	4.1	11.8	6.6	0.6	4.0
鱼和鱼制品	6.3	7.2	15.1	0.7	5.7
矿物和金属制品	7.1	6.3	8.3	7.1	1.0
石油	0.2	5.3	11.7	0.6	0.7
化学品	5.3	6.2	2.9	2.5	2.1
木头、纸等	5.0	3.2	9.9	9.7	0.9
纺织品	11.5	7.0	9.6	8.8	5.4
服装	23.9	6.8	19.8	0.2	9.0
皮革、鞋类等	9.9	10.6	12.5	10.3	10.1
非电动机械	5.4	6.8	3.3	3.2	0.0
电动机械	6.0	5.6	7.7	3.4	0.1
运输设备	13.5	9.6	19.6	12.0	0.0
其他工业品	7.5	6.7	9.9	4.5	1.2

资料来源：WTO。

具体就印尼而言，工业中间品以及资本货物进口占其全部进口的比重达到 80.9%，其中中间品占比为 49%，是印尼工业发展的重要支撑。工业中间品 2020 年进口金额为 694 亿美元，其中来自 RCEP 成员国的有 405.48 亿美元，另有 41.6% 的中间品即 288.52 亿美元来自域外国家进口。在出口方面，2020 年印尼出口总额为 1631.9 亿美元，其中对 RCEP 国家的总出口 914.34 亿美元，占比为 56%，即过半销往 RCEP 国家。对 RCEP 国家的出口中，消费品和工业制成中间品占主体地位，达到 638.74 亿美元。表 11 详细列明了印尼 2020 年工业原材料和中间品进口贸易情况，从中可以看出，印尼工业对 RCEP 域外国家的进口依赖度总体比较高，因此，原产地累积规则将减少印尼工业部门从域外国家进口原材料和中间品加工后再出口给 RCEP 国家的关税负担，从而提高产品竞争力。

表 11　印尼工业原材料和中间品进口贸易情况（2020 年）

单位：百万美元，%

类别	与全球贸易金额	与 RCEP 国家贸易	
		金额	占比
食品和饮料工业用原材料	5048	775	15.3
食品和饮料工业用制成品	3308	1848	55.9
燃料和润滑油工业原料	4295	1546	36.0
其他工业用原材料	4860	1773	36.5
其他工业用制成品	51891	34607	66.7

注：表中占比是指该项贸易金额占印尼同类商品的全球贸易金额比重。
资料来源：UN comtrade。

（五）乌克兰危机对印尼外经贸的溢出影响

乌克兰危机的升级对欧洲安全架构和地缘政治格局产生深刻影响，美、日、韩以及欧洲国家对俄不断加码的制裁和俄罗斯的反制措施也对地区经济造成严重冲击，经济冲击还通过全球供应链、物价和国际合作关系外溢到域外国家。对印尼外经贸而言，主要影响包括以下几个方面。

1. 粮食进口出现困难，部分工业中间品进口也受到冲击

印尼与乌克兰之间的经贸往来总体规模较小，但有部分商品的进口对印尼国内市场影响较大。如表 12 所示，印尼从乌克兰进口的谷物占全部谷物进

口的 23.5%，2020 年为 7.1 亿美元，其中小麦和混合麦进口占绝大部分，2020 年为 296 万吨，货值 7.08 亿美元。其次是钢铁行业的中间品进口，如铸锭等钢铁半成品，占其全球进口的 11.2%。冲突及衍生的美欧制裁措施造成了上述产品进口存在运输和结算方面的困难，其中从乌克兰的粮食进口基本停滞。

表 12 印尼从乌克兰进口的主要商品

HS 代码	商品	进口金额（亿美元）		占比（%）
		从乌克兰	从全球	
10	谷物	7.10	30.22	23.5
1001	小麦和混合麦	7.08	26.16	27.0
72	钢铁	2.15	68.55	3.1
7202	铁合金	0.09	9.16	1.0
7207	钢铁半成品	1.78	15.90	11.2
7208	铁或非合金钢热轧平板产品	0.22	6.86	3.3

注：HS 2 位码为海关进出口商品分类中的章，4 位码为子类。下同。
资料来源：UN comtrade。

印尼与俄罗斯的贸易规模同样有限，但增长较快。2020 年双边贸易额为 19.32 亿美元，2021 年为 27.5 亿美元，主要进口商品为钢铁业中间品和化肥，也包括小麦等农产品，但相对较少。其中化肥尤其是复合肥料的进口占比较高（详见表 13），印尼从俄罗斯进口的复合肥料占到其全部进口的 26.3%。另外有一些产品虽然货值有限，但货源几乎完全集中在俄罗斯，例如航空工业所需的一些发射装置、枪支零件和建材中的石棉等。受黑海区域军事封锁的影响，以及美国对俄的金融制裁，印尼从俄罗斯进口的运输成本和结算成本明显增加。

表 13 印尼从俄罗斯进口的主要商品

HS 代码	商品	进口金额（亿美元）		占比（%）
		从俄罗斯	从全球	
72	钢铁	2.92	68.55	4.3
7202	铁合金	0.20	9.16	2.2

HS 代码	商品	进口金额(亿美元)		占比 （%）
		从俄罗斯	从全球	
7207	钢铁半成品	2.66	15.90	16.7
31	肥料	2.11	13.37	15.8
3104	钾肥	1.30	7.43	17.5
3105	复合肥料	0.78	2.98	26.3
27	矿物燃料	1.82	157.80	1.2
2701	煤;煤砖、煤球及用煤制成的固体燃料	1.59	9.03	17.6
2710	原油以外油类燃料;废油	0.23	79.68	0.3
88	航空器及其零件	0.46	3.88	11.8
8805	航空器的发射装置、甲板停机装置或类似装置和地面飞行训练器及其零件	0.43	0.62	69.4
93	武器弹药及其零部件	0.41	4.05	10.1
9305	枪支零件和附件	0.28	0.53	52.8
2524	石棉	0.40	0.40	100
7502	未锻轧镍	0.20	0.37	54.1

资料来源：笔者据 UN comtrade 数据整理。

2. 食用油、冶金终端产品出口出现替代效应

印尼与俄、乌两国出口产品重叠度较高的主要有食用油和冶金行业终端产品。如表 14 所示，2020 年印尼出口的动植物油脂（主要是棕榈油）占全球出口总量的 20%左右，乌克兰出口的动植物油脂（主要是葵花籽油）和俄罗斯出口的动植物油脂（主要是大豆油）分别占全球出口总量的 5.9%和 4.0%。乌克兰危机导致俄乌食用油出口受阻，间接导致国际市场对印尼油品出口需求的增加，形成贸易上的替代效应。

表 14 还提示，印尼的钢铁冶炼产品（HS 代码 72）和钢铁制品（HS 代码 73）与俄乌的相关出口产品也可能出现贸易替代效应，因为马里乌波尔钢铁厂等工厂和基础设施的毁损，乌克兰的钢铁出口短期将难以恢复，俄罗斯的钢铁出口也会因贸易禁令出现阻滞。在铜、镍、铝等有色冶金产品方面，印尼仅与俄罗斯之间可能出现贸易替代效应。

3.造成通胀输入压力较大

乌克兰危机发生以来，国际大宗商品因供应紧张或连带效应，纷纷出现价格飙升，尤其是在欧美地区，其影响会通过全球贸易体系带动其他地区相关产品上涨。更重要的是，这些大宗商品是国民经济的上游产品和民生物资，其价格上涨会通过产业链传导，使净进口国面临输入型通胀压力。

表14　印尼与俄乌出口重叠度较高的产品

HS 代码	商品	出口国	2020 年出口		2019 年出口	
			金额（亿美元）	占全球比重（％）	金额（亿美元）	占全球比重（％）
15	动植物油脂	印 尼	205.6	21.2	175.0	20.3
		乌克兰	57.6	5.9	47.3	5.5
		俄罗斯	38.9	4.0	34.4	4.0
72	钢铁冶炼产品	俄罗斯	160.1	5.1	182.0	5.1
		印 尼	108.5	3.4	87.4	2.4
		乌克兰	76.9	2.4	73.9	2.1
73	钢铁制品	俄罗斯	33.9	1.2	37.4	1.2
		印 尼	11.9	0.4	12.6	0.4
		乌克兰	8.8	0.3	10.4	0.3
74	铜及其制品	俄罗斯	56.5	3.8	52.2	3.6
		印 尼	18.9	1.3	18.4	1.3
75	镍及其制品	俄罗斯	30.2	13.8	29.7	12.3
		印 尼	8.1	3.7	8.1	3.4
76	铝及其制品	俄罗斯	54.6	3.4	58.4	3.4
		印 尼	6.1	0.4	5.3	0.3

资料来源：笔者据 UN comtrade 数据整理。

粮食价格方面，目前国际市场上小麦价格相对于 2020 年的低点，上涨超过 160%，自 2022 年 2 月底以来就上涨了 35%（详见图 9），截至 5 月 26 日，美国货源的小麦价格为 11.93 美元/蒲式耳。

能源价格方面，目前全球主要市场的原油价格除俄罗斯 ESPO 原油价格

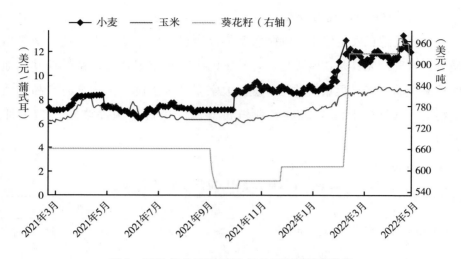

图9　2021年3月至2022年5月国际粮食价格

资料来源：中华人民共和国商务部。

受到压制下滑之外，均显著上扬。其中，2022年，欧洲布伦特原油现货价上涨到5月底的120美元/桶，在2月甚至一度冲高到137.7美元/桶（详见图10），逼近历史最高水平。美国西德克萨斯轻质原油由96美元/桶上涨到114美元/桶，OPEC原油则由98美元/桶上涨到116美元/桶。

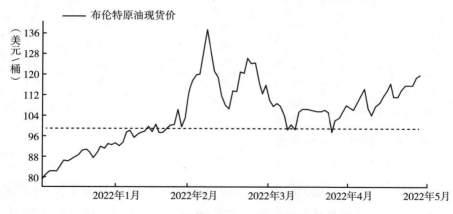

图10　2022年1月至2022年5月国际原油价格

资料来源：OPEC。

须注意到，此轮价格上涨是在 2021 年新冠肺炎疫情反复、全球供应链受阻等因素导致能源和粮食价格已大幅上涨的背景下发生的，因而对世界经济复苏是一次沉重打击。俄乌均是世界粮食出口大国，乌克兰更是被称为欧洲粮仓，2021 年小麦出口量达到 2400 万吨，占全球小麦出口量的 11.6%，也是北非、中东和东南亚国家的主要谷物供应国，乌克兰危机发生后，乌克兰在黑海相关港口部署了大量水雷，阻断了乌克兰经南部港口出口粮食的路径，而西方国家对俄的制裁又限制了俄罗斯对外贸易能力，再加上作为第二大小麦出口国的印度遭遇历史罕见高温，小麦预期较上年减产 15% 以上，印度由此禁止了小麦出口，进一步加剧全球小麦供应紧张。

能源和粮食作为国民经济上游物资，价格上涨必然向下传导推动通货膨胀。2021 年，美国通胀率为 6.8%，已是近四十年新高，欧洲通胀率为 5.3%，其他新兴经济体通胀率平均在 3% 左右。2022 年 2 月乌克兰危机发生后，主要经济体通胀率再次大幅上升，美国 4 月、5 月通胀率同比达到 8.3% 和 8.6%，再创历史新高；欧元区通胀率 4 月、5 月同比分别为 7.4% 和 8.1%，同样创出历史新高。全球食品价格指数 3 月较 2 月上升了 12.6%，是 1990 年联合国粮农组织（FAO）设立该指数以来的最高水平，其中谷物价格指数一个月内更是上涨了 17.9%。对于印尼等东南亚国家而言，尽管与俄罗斯的直接贸易和金融交易相对有限，但国际能源和粮食价格上涨仍然会外溢到这些国家形成输入型通胀压力。印尼 2022 年 4~6 月的通胀率同比分别为 3.34%、3.6% 和 4.41%，通胀压力不断攀升；4 月 11 日的调查数据显示，印尼包装食用油价格为每升 26300 印尼盾，较上月增长了 41.40%。通胀形势恶化不仅吞噬着居民当期消费能力，更会拉动经济下行，造成失业和其他严重社会问题。国际货币基金组织（IMF）在 4 月已将欧盟区经济增长预期下调了 1.1 个百分点至 2.8%，将美国经济增长下调 0.3 个百分点至 3.7%。印尼央行也在 4 月将本国 2022 年的经济增长预期下调了 0.2 个百分点。

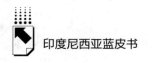

三　产业经济动向分析

（一）能源产业动向

国民经济部门中，能源产业是重要的基础产业。能源产业具体涉及石油、煤炭、天然气等初级能源资源的开采，电力的生产和传输，以及将煤炭和油气资源炼化为其他能源产品的制造业。能源产业是国民经济的上游行业，为国民经济发展和居民生活提供基本保障，因而其发展情况对经济社会稳定至关重要。当前，印尼能源产业呈现以下特征。

1. 油气开采和炼化行业持续萎缩，煤炭开采和电力行业维持扩张

印尼自然资源丰富，但能源产业发展并不理想，总体上有一定程度的萎缩。2021年能源行业GDP以2010年不变价格计算为840.8万亿印尼盾，较2019年萎缩了4.3%。从表15的能源产业分部门增长情况看，萎缩较为严重的是石油、天然气和地热开采行业，其实际增长率逐年下滑，2021年对比2019年下降幅度更是达到了10.15%；其次是作为能源资源深加工的煤和油气炼化行业，2020年的实际增长率下降了6.81%，2021年企稳但仍低于2019年规模。行业增长率下滑虽然受疫情下开工受限的影响，但更重要的是印尼多年以来对油气资源勘探和资本性投入严重不足。

表15　印尼能源产业实际增长率（2019~2021年）

单位：%

年份		石油、天然气和地热开采	煤和褐煤开采	煤和油气炼化	电力
2019年		-2.83	10.20	-1.11	4.61
2020年		-6.00	-5.43	-6.81	-0.98
2021年	对比2020年	-4.42	6.60	0.57	5.61
	对比2019年	-10.15	0.81	-6.27	4.57

注：基于2010年不变价计算。

资料来源：笔者据BPS数据计算。

采煤和电力生产行业在 2020 年下滑后，受煤炭价格上涨和电力消费的刚性需求影响，2021 年迅速恢复，2021 年分别实现了 6.6% 和 5.61% 的同比增长率，且均回到 2019 年的水平，尤其是电力行业增长态势明显，这与政府近年完成了一批电厂建设和电网扩建有关。

就能源产业内部结构而言，如图 11 所示，从经济增加值看，印尼能源产业结构以初级能源资源开采为绝对主体，其中采煤业占比最大，煤和褐煤开采占比达 39.1%，石油、天然气和地热开采占比为 29.9%，两者合计占比接近 7 成；而煤和油气炼化、电力生产作为能源资源转化部门，其在能源产业中的占比分别为 20.7% 和 10.3%。

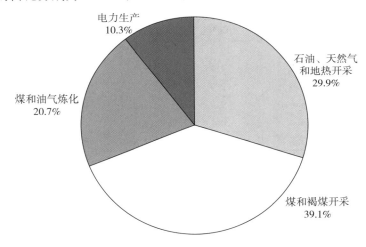

图 11 印尼能源产业内部结构（2021 年）

注：笔者据 2021 年现价计算。
资料来源：笔者据 BPS 数据计算。

2. 能源供需平衡情况

供需平衡是决定能源安全的重要方面，本报告从能源消费增长速度和结构因素分析印尼能源的需求特征和供应情况。

（1）能源消费需求呈上升态势，但伴随能源效率下降

随着印尼经济发展力度加大，以及居民生活条件的改善，整个社会对能源的需求总体呈不断上升势头。如表 16 所示，疫情前的 2017~2019 年，印

尼全社会终端能源消费增长速度分别达到了 3.5%、10.6% 和 7.8%。2020
年受疫情冲击，能源消费增长速度下降了 11%，主要是运输业等能源消费
大户大量停摆所致。通常情况下，印尼运输行业能源消费占全社会能源消费
的 40% 左右，2020 年疫情使印尼航空业经济增加值下降了 53.06%，铁路运
输业下降了 42.34%，公路运输业下降了 5.34%，因此 2020 年的非正常能源
消费下降并不反映总体趋势。2021 年印尼经济增长 3.69%，能源消费总体
恢复增长，尤其是运输部门的恢复较快。

表16　印尼终端能源消费增长情况（2017~2021 年）

单位：%

行业	2017 年	2018 年	2019 年	2020 年	2021 年
工　业	3.0	19.8	18.4	-15.5	-3.3
家　庭	-0.1	1.4	-2.1	3.9	-3.1
商　业	2.4	2.9	4.8	-8.5	4.0
运　输	6.6	9.9	3.8	-12.2	6.6
其　他	-14.4	-20.1	-13.2	-12.3	4.4
总　体	3.5	10.6	7.8	-11.0	1.2

资料来源：笔者据印尼能矿部数据计算。

　　具有挑战性的问题是，印尼能源需求总体增长的同时，能源效率却在下
降，反映为每单位 GDP 所需消耗能源在上升。图 12 是基于 2000 年固定汇
率计算的部分国家每千美元 GDP 所需消耗能源的数据，印尼能源效率处于
样本国家的中间水平，优于印度、泰国和马来西亚，但落后于美国、英国、
日本和菲律宾。2017 年，印尼每千美元 GDP 消耗的能源为 1.8 桶油当量
（BOE），2018 年上升到 1.9BOE，2019 年则达到十年新高，为 2.05BOE，
2020 年因工业和交通大面积停摆而大幅减少了能源消耗。印尼能源效率下
降的主要原因与近年低附加值高能耗工业的发展有关，例如纺织服装业，该
行业在 2019 年的实际增速达到 15.35%，是同期 GDP 增速的 3 倍；家具制
造、造纸和印刷等行业 2019 年增速也均在 8% 以上，明显高于同期 GDP 增
速，产业结构的这种变动趋势将增加印尼经济发展的能源需求强度。

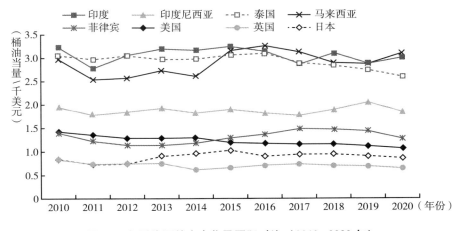

图 12　印尼能源效率变化及国际对比（2010~2020 年）

资料来源：印尼能矿部。

（2）初次能源供应以化石能源为绝对主体，清洁能源发展面临显著挑战

表 17 反映了印尼初次能源供应（primary energy supply）结构，数据表明印尼的能源供应以煤和石油等不可再生的化石能源为主，其中煤炭是第一大能源来源，且近年呈显著上升态势，其在初次能源供应结构中的占比由 2018 年的 31.5%，攀升到 2019 年的 35.8%，再到 2020 年的 37.1%，达到 5.5 亿 BOE，排第二位的石油占比受产能下降影响，在印尼初次能源供应结构中的占比下降，2020 年下降到 31.7%，为 4.7 亿 BOE。清洁能源中，来自水电的部分有所增加，2018 年为 0.4 亿 BOE，到 2020 年上升到 0.45 亿 BOE，占比由 2.6% 提升至 3%，这是印尼近年加大水电站建设所取得的成效；地热 2020 年提供的能源相当于 0.28 亿 BOE，较 2018 年的 0.26 亿 BOE 略有提升；另外，风电规模在 2019 年虽然较 2018 年翻番，但绝对规模仍然极小。三类可再生能源水电、地热和风电的合计占比在 2020 年仅为 5%，与印尼政府提出的新能源发展目标仍然有较大差距。

（3）能源保供面临多重压力

一是能源进口受到政府贸易平衡政策约束。2018 年，印尼进出口贸易出现了比较明显的逆差，2019 年政府便采取了一系列"促出口、抑进口"的举措，

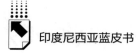

其中油气及其产品的进口下降尤其明显，2019 年下降达 16.8%（详见表 18），这种政策格局持续到了 2020 年，2021 年略有改善。总体而言，印尼当前外贸政策格局并没有给能源进口提供足够空间，对其国内能源保供造成一定压力。

表 17 印尼初次能源供应结构（2018~2020 年）

单位：桶油当量（BOE），%

来源	2018 年		2019 年		2020 年	
	2018 年	占比	2019 年	占比	2020 年	占比
煤炭	483335998	31.5	581356407	35.8	553923901	37.1
石油	566987932	37.0	549149024	33.8	472707726	31.7
天然气	288310815	18.8	288586414	17.8	251143838	16.8
水电	40204916	2.6	39329376	2.4	45457285	3.0
地热	26040932	1.7	26193174	1.6	28909243	1.9
风电	466082	0.0	1185873	0.1	1164203	0.1
其他	126855228	8.3	138257986	8.5	140227515	9.4

注：其他来源包含生物燃料、沼气等。
资料来源：笔者据 BPS 数据计算。

表 18 印尼油气进出口增长情况（2011~2021 年）

年份	油气及其产品进出口量（千吨）		增长率（%）	
	出口	进口	出口	进口
2011 年	59053.90	43727.80	5.6	8.0
2012 年	48445.90	44255.00	−18.0	1.2
2013 年	44041.80	49053.70	−9.1	10.8
2014 年	41743.10	48869.40	−5.2	−0.4
2015 年	44964.70	48309.10	7.7	−1.1
2016 年	43328.80	48325.80	−3.6	0.0
2017 年	42505.00	50370.10	−1.9	4.2
2018 年	37055.60	49216.10	−12.8	−2.3
2019 年	26528.20	40926.40	−28.4	−16.8
2020 年	27497.90	37654.20	3.7	−8.0
2021 年	27418.10	42126.30	−0.3	11.9

资料来源：BPS。

二是国内煤炭保供受到国际煤价飙升的冲击。印尼电力供应主要依赖火力发电，其中燃煤发电约占电力供应的56%。国家电力公司（PLN）提供全国95.87%的电力，其月均发电用煤约为1000万吨，从国内511家煤企获得电煤供应。随着全球煤炭价格大幅走高，煤企向PLN供煤积极性严重不足，导致PLN电煤供应出现短缺，印尼能矿部在2022年1月曾宣称电煤缺口可能导致PLN旗下20座总发电量为10.85兆瓦的燃煤电厂停工。按照印尼政府规定，对PLN的电煤供应自2018年起采用DMO方式，即煤企必须将产量的25%用于供应国内市场，且价格按跟踪的物价指数确定，上限为每吨70美元。随着近年国际煤价不断走高，2021年12月达到160美元，是DMO协议价上限的两倍多，持续扩大的价差导致煤企选择出口，而不愿履行DMO义务。2022年以来，全球煤炭价格进一步走高，截至4月30日，印尼煤炭销售价格指数达到了每吨288.4美元的历史高位，是协议价上限的4倍，持续价格倒挂增大了国内燃煤电厂的保供压力。

三是资源勘探工作滞后，油气可采资源探明储量不足。印尼是能源资源富集的国家，煤、石油和天然气资源都非常丰富，尤其是煤炭资源。如表19所示，截至2020年，煤炭已知储量达388亿吨，估计的潜在储量则高达920.7亿吨，同时印尼煤炭具有低灰、低硫等特性，且大多数为露天地表矿，开采成本较低。2020年印尼的石油已知储量为41.7亿桶，天然气已知储量为62.39万亿立方英尺，但均有相当比例未完成详细勘探工作，还无法实际进行开采。以石油为例，截至2020年，实际可开采的石油资源为24.4亿桶，该数值已持续多年下降，较2018年的31.5亿桶下降了22.5%，按2020年日产74.3万桶的产能计算，仅可开采9年。印尼天然气资源在亚太地区储量排名第四，仅次于中国、澳大利亚和印度，产量排名第四，仅次于中国、澳大利亚和马来西亚，已探明储量的可开采年数约为20年。

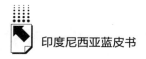

表 19　印尼能源资源剩余储量情况（2018～2020 年）

	石油储量（十亿桶）		天然气（万亿立方英尺）		煤炭（百万吨）	
	已探明储量	已知储量	已探明储量	已知储量	已探明储量	已知储量
2018 年	3.15	7.51	96.06	135.55	—	39890.95
2019 年	2.48	3.77	49.74	77.29	25070.5	37604.66
2020 年	2.44	4.17	43.57	62.39	25827.34	38805.48

注：2018 年印尼能矿部未将煤炭的已探明储量（Verified Reserves）单列。
资料来源：印尼能矿部。

3. 当前能源政策走向

（1）大力引进外资以加大油气上游产业发展力度

2018 年印尼第 36 号总统令对原 2013 年颁布的《关于石油和天然气上游产业的管理条例》进行了修订，明确油气上游产业由特别执行机构 SKK Migas 负责业务规划和监管，SKK Migas 的负责人直接向总统报告，并由能矿部长、副部长、财政部副部长和投资协调委员会负责人组成一个委员会对该机构进行监督。此做法的目的是提升油气上游业务管理层级，便利引进外资。同时，印尼政府采取了一系列具体改革措施促进油气上游产业的开发和外资的进入，主要包括：一是在国家战略优先（PSN）项目规划中，优先安排了一系列大型油气开发项目，例如，Abadi 油田项目、Jambaran-Tiung Biru 油田项目等；二是在《创造就业法》法案中大力简化相关外资企业经营许可程序，放松对外籍雇员的限制；三是在公私合营开发油气项目的模式上进行了大力改革，对于私人资本投资油气开发项目的工作合同（PSC）可在两类分成模式中进行选择，其一是原来规定的成本回收分成模式（Cost Recovery PSC），该模式下，油气产出的 10% 首先上交国家，剩余部分则在投资者与政府之间按比例分配，但成本扣除项目需要经政府部门审批，因而流程繁琐，投资者回报有很大的不确定性；其二是总产出分成模式（Gross Split PSC），该模式下以全部产出为基数，按约定比例分成，不存在先上交 10% 和成本扣除审批问题，有利于调动私人资本或外资参与油气投资的积极性。

（2）强化煤炭保供力度

由于印尼电力供应仍以煤炭火力发电为绝对主体，为加强国内电力供应稳定性，印尼政府在2022年1月4日暂停了煤炭出口，禁止尚未完成DMO供煤义务（即承诺将其25%的年产量供给国内且价格不高于70美元/吨）的煤企对外出口。2月初，持续了一个月的印尼煤炭出口禁令得以解除，履行了DMO义务或者是同意支付大额罚款的印尼煤企获准在2月1日恢复出口。该次禁令促进了各煤炭企业履行DMO义务的积极性。但从长期来看，基于行政强制的DMO机制很容易导致煤炭出口与内销价格形成"倒挂"现象，不利于国内电煤供应的稳定性，政府正在研究从定价机制上理顺国内电煤供应机制。

（3）积极推动新能源发展

印尼政府制订了比较宏大的新能源发展目标，计划到2025年可再生能源在能源供应中的占比要达到23%，到2030年进一步提升到51%。政府采取的鼓励政策包括在国家发展规划中纳入优先发展的一些大型新能源项目，也包括在财政政策上予以支持，例如税收优惠，对投资可再生能源的企业或个人提供一定的免税额、免税期以及土地和建筑税（PBB）豁免；再如财政资金支持，中央政府对地方的转移支付中包括支持太阳能发电厂、沼气和地热能电厂的相关资金等，还专门发行了用于可再生能源投资的政府债券。

印尼新能源发展计划的实际推进中，仍然临着不小的挑战，困难来自多个方面。其一是投资资金不足的困难，例如，政府2018年就规划了大批光伏发电项目，第一期目标是2025年达到装机容量3.6吉瓦，主要在基础负荷稳定、经济发达、用电需求较大的地区开展，在雅加达、西爪哇和东爪哇的工业厂房和商业建筑屋顶上建设屋顶光伏。但由于屋顶光伏前期投资成本较高，到2021年，屋顶光伏系统的总容量仅达到35兆瓦。其二是政策协调性问题，定价机制是其中的核心问题之一。例如，屋顶光伏的余电上网计价为正常购电价格的65%，挫伤了企业安排这类发电装置的积极性；在项目审批、招标等方面也存在程序性问题，例如，一些已纳入2019~2028年电

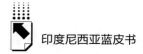

力采购计划（RUPTL）的项目至今未进入招标阶段。其三是国家电网缺乏智能控制和储能设施，在解决可再生能源供应间歇性问题方面的能力不足。由于以上因素，虽然有较高的规划目标，但印尼可再生能源装机容量的增速一直较为缓慢，自 2012 年以来每年仅为 4% 左右，远远落后于邻国马来西亚、新加坡、越南、印度和泰国，这些国家都实现了 10% 以上的年均增速。

2021 年 8 月印尼能矿部第 26 号法规对光伏发电的相关规定做了进一步的明确和完善，同时，国家电力公司（PLN）也发布了新的一期电力发展规划"2021~2030 电力发展规划"，上调了可再生能源投资和购电计划目标，是印尼政府加大新能源发展的积极信号。另外，从需求端看，印尼政府也采取了一些政策推动新能源消费的增长，重点在电动汽车发展领域。印尼政府曾在 2019 年提出希望 2025 年电动汽车占到汽车市场份额的 20%，为此还鼓励 PLN 与国家石油公司 Pertamina 等合作推动充电站的建设，2022 年将纯电动汽车进口关税税率降为零，以促进电动汽车消费市场的增长。

（二）制造业发展趋势

1. 逆工业化现象

印尼在 1950 年建国初期是一个典型的农业国家，农业是 GDP 的主要来源，到 20 世纪 70 年代，农业对 GDP 的贡献仍然高达 40% 多。从劳动力分布情况看，农业就业人口占据的份额更高，在 20 世纪 70 年代初曾有 67% 的就业人口从事的是农林牧渔相关工作。1971 年制造业对印尼 GDP 的贡献仅为 19%，制造业就业人口占比仅为 9%。随后十年是印尼制造业快速扩张的时期，到 1980 年，制造业规模已有了较大幅度增长，制造业产值在 GDP 中的份额实现翻番，达到 41%。

20 世纪 80 年代后期制造业发展速度开始落后于服务业的增长，到 1990 年制造业产值份额回落至 38%，2000 年进一步降至 28%，2010 年和 2021 年再下降至 22% 和 21%（详见图 13），2010 年以来，制造业就业人口占比在 13%~15%。相反，服务业在印尼经济中的占比不断提升，由 1980 年的 30% 提高到 2000 年的 45% 和 2021 年的 52%。印尼经济结构呈现出的这种未充分工业化即进入去工业化过程的现象被学术界称为逆工业化现象,[①] 它对印尼经济发展和国际竞争力提升均产生了深刻的不利影响,使经济活动附加值提升较为困难,经济发展的就业吸纳能力也较低。

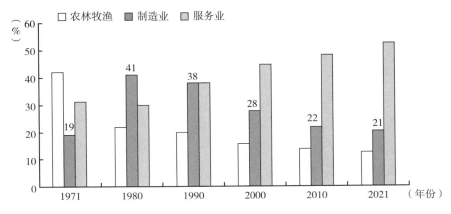

图 13　印尼制造业 GDP 占比（1971~2021 年）

资料来源：笔者据 BPS 数据计算。

2. 主要原因和政府的应对措施

逆工业化现象的产生是印尼国内经济政策和国际经济环境双重影响的结果。1980 年前后,印尼工业发展主要导向为进口替代,政府利用国际油气价格较高的机会大量出口油气等初级产品获得资金,并将资金投入国内工业,主要培育耐用消费品、零部件和资本品等方面的进口替代工业,在第三个"五年计划"期间,印尼工业投资约有 69% 来自国家投资;同时,政府还积极利用外商投资,主动承接国际产业转移。正是由于国内外工业投入的增加和装备工业的建立,印尼出现了十余年的工业快速增长。到了 80 年代末期,由于国际石油价格暴跌,印尼政府财力锐减,可用于国内基础工业的投资显著减少,政府工业政策开始由进口替代向出口导向转变,加大了对接日本、韩国等国产业转移的力度。此期间,日本、韩国等因货币升值、劳动

---

① Kollmeyer, Christopher, *Explaining Deindustrialization: How Affluence, Productivity Growth, and Globalization Diminish Manufacturing Employment* (the University of Chicago Press, 2009), p. 6.

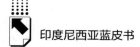

力价格上升，在劳动密集型产业领域逐步丧失成本优势，转而向东盟国家和中国转移。印尼由此着重发展纺织服装、皮革制鞋等劳动密集型、出口导向的产业，这些产业的发展虽然有利于解决印尼人口就业和创汇的问题，但抑制了对装备工业、冶金工业等基础工业的投资力度，对后续工业发展和产业升级产生了不利影响。

1997年东南亚金融危机发生后，印尼出口导向工业受到重创。为此，在1998年至2004年，印尼政府为恢复经济积极争取国际货币基金组织（IMF）资金支持，在IMF监督下进行了国有企业私有化和市场自由化改革，并不断降低关税，对外开放市场。这类改革使印尼经济更密切地融入世界市场，但国有经济力量的减少则进一步削弱了国家发展上游工业和建设基础设施的能力，加剧了印尼经济在全球产业链中低端"锁定"的风险。从2004年苏西洛执政以来，印尼政府提出了制造业振兴计划，彼时的政策方针是在发展劳动密集型产业的同时，努力提高工业附加值，重点产业包括纺织业、制鞋业、木材加工业、电子电器业、纸浆和造纸业等领域。

2014年佐科上台后，对印尼营商环境和工业发展给予了更高程度的关注。2015年，印尼政府颁布了"关于2015～2035年全国产业发展总体规划"，规划提出到2019年要重点提高以农产品、矿产和石油等资源为基础的上游产业的加工深度；到2024年要实现产业结构优化，加大高技产业的比重；到2035年则要使印尼成为工业强国。规划还确立了一些具体路径，例如革新工业机器、提高劳动力素质、优化规模经济、加强新产品开发等。但是，政府在其具体支持的产业选择上，仍然延续了苏西洛政府的优先就业、鼓励进口替代的思路，采取了"三元"产业政策目标，即"确保国内就业增长""增强工业自主能力""减少资源初级产品输出"。2018年，印尼政府更是旗帜鲜明地提出了"印尼制造4.0"（Making Indonesia 4.0）战略，希望通过该战略使印尼在2030年进入全球十大经济体。产业目标为提升印尼经济竞争力、工业增加值和产业的科技含量，确定的五个优先发展产业中，有三个为技术密集型产业，两个是劳动密集型产业，前者是汽车、电子和化工，后者是纺织、食品饮料。除了产业导向的调整外，佐科政府还突出了对工业发展所需基础设施的建设。交通基础设施落后是制约印尼企业经营效率和国际竞争力提高的重要因素之一，交通落后会导致物流成本较高，据印尼官方数据，物流成本占印尼 GDP 的 23.5%，远超邻国如马来西亚 13% 的水平。[①] 佐科政府的工业政策有利于遏制制造业的继续下滑，但尚未彻底改变逆工业化现象。近五年印尼制造业增速仍然低于 GDP 整体增速，制造业在 GDP 中的占比仍有小幅下滑。彻底扭转逆工业化现象还有待交通基础设施和能源供应条件等要素的根本改善，有待装备制造及汽车、电子和化工等行业的真正兴起。

四 区域发展格局

（一）区域经济发展现状

印尼经济发展过于集中在爪哇岛是一个长期存在的问题，外岛（指爪哇岛以外的区域）自然资源丰富，但经济发展水平相对落后。外岛经济落后与苏哈托时期的经济政策有关，当时的经济发展和收入分配政策强调爪哇岛的主体经济地位，对爪哇岛产业体系建设给予了更多重视，而外岛主要进行初级资源开发，政府在税收分配和投资支出上也向爪哇岛倾斜。

后苏哈托时代，印尼几届政府均出台了加强外岛开发的鼓励政策，然而从趋势上看，区域经济不平衡状态并未出现明显改善。如表 20 所示，爪哇岛 GDP 在国民经济中的份额占据了绝大部分，2016~2021 年 6 年间基本稳定在 58% 左右。外岛占国土面积的 93.22%，但经济份额仍不足 50%。2021 年因国际大宗商品价格飙升，苏门答腊岛、加里曼丹岛、

---

① Novita Intan, "Menkeu: Biaya Logistik di Indonesia Tinggi, Capai 23 Persen," *Republika*, March 19, 2021, https://www.republika.co.id/berita/qq7826370/menkeu-biaya-logistik-di-indonesia-tinggi-capai-23-persen.

苏拉威西岛、马鲁古群岛和巴布亚岛的资源产业增长明显，推动了其经济份额上升，而爪哇岛、巴厘岛和努沙登加拉群岛的份额则相应下降。更严重的挑战是，外岛一些省份的经济发展与爪哇岛的差距还在进一步拉大，例如，巴布亚、西巴布亚、廖内、邦加-勿里洞、西努沙登加拉、亚齐等，即使在疫情发生前，其经济增速就明显低于全国平均水平，其中，廖内省 2013 年以来经济增速多在 2.5% 左右，2015 年更是低至0.22%；西努沙登加拉省在 2017 年经济严重下滑，GDP 增速仅为0.09%，2018 年更是出现 4.5% 的负增长，2019 年有所恢复，但仍低于全国平均增速 1 个多百分点。

表20　印尼各大区域的 GDP 在国民经济中的占比（2016~2021 年）

单位：%

	2016 年	2017 年	2018 年	2019 年	2020 年	2021 年
苏门答腊岛	22.04	21.73	21.55	21.28	21.35	21.70
爪哇岛	58.50	58.38	58.43	58.90	58.74	57.89
巴厘岛和努沙登加拉群岛	3.12	3.11	3.05	3.06	2.94	2.78
加里曼丹岛	7.88	8.23	8.18	8.05	7.95	8.26
苏拉威西岛	6.04	6.12	6.33	6.46	6.67	6.89
马鲁古群岛和巴布亚岛	2.42	2.42	2.47	2.24	2.35	2.49

资料来源：根据 BPS 数据计算。

从人均 GDP 看，外岛经济发展水平与爪哇岛之间差距同样十分明显（详见表21）。以 2021 年为例，爪哇岛各省年人均 GDP 的算术平均数为8569.4 万印尼盾（约合人民币 3.87 万元），而巴厘岛和努沙登加拉群岛区域为 3232.2 万印尼盾，只有爪哇岛的 37.7%。如果按省份数据对比，则差距更大，最高的是雅加达特区，人均 GDP 达到 2.74 亿印尼盾（约合人民币12.42 万元），相当于全国人均 GDP 6223.6 万印尼盾的 4 倍多，是人均 GDP最低省份东努沙登加拉 2058 万印尼盾的 13 倍多。

表 21　印尼各大区域人均 GDP（2016~2021 年）

单位：千印尼盾

	2016 年	2017 年	2018 年	2019 年	2020 年	2021 年
苏门答腊岛	52228	54897	58255	60617	60859	65864
爪哇岛	66069	71272	77107	83040	81683	85694
巴厘岛和努沙登加拉群岛	28697	30773	32519	34367	32393	32322
加里曼丹岛	71515	79952	85109	92101	89255	97906
苏拉威西岛	36538	39707	44107	48002	48459	53322
马鲁古群岛和巴布亚岛	43692	46458	50550	50596	44635	48487
全国平均	47938	51891	55992	59318	57270	62236

注：表中数据为部分区域人均 GDP 指标的算术平均值。
资料来源：根据 BPS 数据计算。

（二）推动区域协调发展的主要政策

多年以来，印尼政府把促进外岛经济发展作为基本方针政策之一，佐科政府采取了三个方面的战略性举措。一是加快外岛非油气工业的发展，提出到 2035 年非油气工业在第二产业中占比要达到 40% 的目标，在外岛布局了一批国家战略优先（PSN）项目和工业园区，主要集中在加里曼丹岛西部和南部、苏拉威西岛、苏门答腊岛北部，也包括马鲁古群岛和巴布亚岛等偏远地区。二是在财力安排上增加对外岛的转移支付。这些转移支付主要以专项建设（DAK）转移支付形式拨付地方，自 2016 年以来，政府 DAK 转移支付金额实现翻番，占地方财政收入的比重由之前的 5% 左右提升到 13% 左右。三是深化六大经济走廊的区域发展战略，落地了一批经济开发区建设项目，并于 2019 年推出迁都计划。新首都选址加里曼丹岛东部首府三马林达以南 60 余公里处的武吉苏哈托（Bukit Soeharto）地区，首都搬迁计划一方面是为了解决雅加达面临的地势下沉、交通拥堵等挑战，另一方面是通过大规模基建及其辐射效应拉动加里曼丹岛的发展。

六大经济走廊区域发展战略最早于 2011 年由苏西洛政府提出，彼时的国民经济中期建设规划设定了巴厘-努沙登加拉走廊、爪哇走廊、加里曼丹

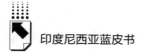

走廊、巴布亚-马鲁古走廊、苏拉威西走廊和苏门答腊走廊"六大经济走廊",目标在于缩小地区经济发展不平衡程度。"六大经济走廊"发展战略的具体抓手主要有两个,一是设立一批经济开发特区(SEZ),以培育各地区的核心产业竞争力;二是建设一批国家战略优先项目,以完善全国或区域性交通网络和能源基础设施。在经济开发特区方面,自 2011 年第一个经开区设立,至今印尼全国共建有 15 个经开区,其中 11 个已投入运营,4 个正在建设中。15 个经开区中有 5 个位于苏门答腊岛,3 个在爪哇岛,3 个在苏拉威西岛,加里曼丹岛、北马鲁古省、西努沙登加拉省和西巴布亚省各 1 个。经开区的建设一方面通过园区内的水、电、道路、废物处理等基础设施配备建设为产业资本进驻提供便利条件,另一方面通过简化行政许可为企业提供较好的软环境。以最早的经开区双溪芒克(Sei Mangkei)为例,该开发区位于北苏门答腊省,最初是一个占地约 2000 公顷的棕榈和橡胶种植园,产权归国有企业 Perkebunan Nusantara Ⅲ。为发展棕榈油和橡胶产业集群,印尼政府将该地区设定为全国首个经开区,授权 Perkebunan Nusantara Ⅲ公司建设和管理,将有关审批权限下放给该公司,如营业执照发放、出口原产地证明开具、水电开通、进出口优惠措施等。中央和地方两级政府还安排了一些区域性基建项目为开发区提供外部设施支持,包括修缮道路和修建一条 39.5 千米长的铁路连接双溪芒克与瓜拉丹绒港和勿拉湾港,将过去 4 个小时的交通时间压缩为 1 个小时。此外,政府还为经开区入驻企业提供一系列税收优惠政策,包括:对于投资超过 1 万亿印尼盾(约合 7000 万美元)的公司,在 10~25 年可享受所得税减征 20%~100% 的待遇;对于投资不足 1 万亿但超过 5000 亿印尼盾的公司,可享受 5~12 年的 20%~100% 所得税减免;企业亏损税前抵扣年限延长至 5~10 年,对向境外的利润分配按 10% 征收预提税;固定资产可加速折旧;投资 3 年内进口机器设备等资本品和原材料免征进口关税;货物从外部进入经开区的环节免征增值税;以及对外籍雇员工作签证和居留权、房地产产权证办理给予照顾等。

佐科执政以来,不仅扩大了经开区的数量和规模,同时还推出一大批国家战略优先（PSN）项目以加大区域性或全国性基础设施建设，PSN 项目从 2016 年开始遴选和建设，当年共确定了 225 个项目，随后几乎每年都根据实际情况做出相应调整，至 2021 年调整为 208 个项目。2016~2021 年五年间共有 128 个 PSN 项目建设完成，投资金额达 716.2 万亿印尼盾。这些基建项目主要涉及交通、能源和水利领域，如雅万铁路、雅泗铁路以及一批高速公路，电厂、电网、水坝、码头和炼化工厂等项目，为各经开区的互联互通，为全国经济发展和民生改善起到了重要作用。PSN 项目实际运行中也存在一些挑战，与政策目标之间还有一定差距，例如实际投资额仍远低于规划数额，尤其位于东部的经开区发展较为困难，例如位于北马鲁古省的莫罗泰（Morotai）经开区，当地只有 74000 名居民，经济发展落后、劳动力资源不足使其很难吸引投资者进驻。另外，企业在外籍雇员用工方面仍然存在一些困难。

B.3

2021~2022年印度尼西亚 政治与外交形势

张 燕*

摘 要: 本报告从国家治理与法治建设、政党竞争与政治格局、国家安全与国防建设、外交政策与优先事项、双边关系与外交重点、区域合作与全球事务等方面分析了印尼近两年政治形势发展与变化。研究表明,佐科第二任期至今,印尼在国内总体保持了既定政治目标的连贯性和一致性,并在具体实践中积极应对现实挑战,体现为"加油门和踩刹车"的动态策略,力求抗击新冠肺炎疫情与刺激经济复苏均衡发展;在国际上,印尼优先发展经济外交和卫生外交,注重领事保护,维护国家主权,与主要大国开展平衡外交,力求在区域内发挥领导作用,在国际上扩大自身影响。

关键词: 印度尼西亚 国家治理 国防安全 外交合作 政党政治

佐科及马鲁夫领导的"前进内阁"运行以来,印尼在总体上保持了施政目标的连贯性和一致性,又在具体政策上适应了现实问题与挑战,体现为"加油门和踩刹车"(Gas dan Rem)交替进行的动态策略,力求抗击新冠与经济复苏均衡发展,兼顾速度和均衡。在国际上,印尼积极开展经济外交、卫生外交和平衡外交,力求在区域内发挥领导作用,在国际上扩大自身影响。

2019年10月20日宣誓就职时,佐科总统提出了五大发展战略,即大

---

* 张燕,博士,中国人民解放军战略支援部队信息工程大学洛阳校区副教授。

力发展人力资源、加强基础设施建设、简化投资法律法规、改革官僚体系制度、实现经济结构转型。这五大战略是确保实现《印度尼西亚愿景 2045》的支柱。[①] 然而，2020 年 3 月 2 日，印尼首次出现新冠肺炎确诊病例。随之而来的第一波新冠肺炎疫情打乱了印尼的发展节奏，也锻炼了印尼的抗御能力。经历 2020 年 3 月、2021 年 7 月和 2022 年 1 月的三波疫情考验，印尼政府一方面不断摸索并逐步完善"应对新冠肺炎疫情和复苏国家经济"（PC-PEN）的政策，另一方面仍按照既定目标推进国家发展战略，虽然节奏放缓，但仍有条不紊。2021 年底由"赛弗尔穆查尼研究与咨询机构"（SMRC）发布的民调"2021 年经济政治及 2022 年的愿景"（Ekonomi-Politik 2021 dan Harapan 2022）显示，75%受访者对佐科总统应对新冠肺炎疫情和促进经济复苏的工作成效表示满意，满意度呈不断上升的态势。[②] 2022 年 1 月，印尼国会批准通过国家首都法案。新国都名为"努山塔拉"（Nusantara），位于东加里曼丹省北八纳栈巴塞县，是一座具有全球竞争力的智慧城市。佐科总统希望于 2024 年 8 月 17 日在新都庆祝印尼 79 周年独立纪念日，并带领印尼实现《印度尼西亚愿景 2045》。[③]

一　国家治理与法治建设

佐科第二任期内的国家治理优先事项是应对新冠肺炎疫情和复苏国家经济，因此完善基础设施、提升人力资源效能、改革国家机构、修订法律法规、铲除贪污腐败和促进经济转型都是围绕着这两个优先事项进行的，其核

---

① Gloria Fransisca Katharina Lawi, "5 Strategi Jokowi, dari Pembangunan SDM hingga Transformasi Ekonomi," October 20, 2019, https：//ekonomi. bisnis. com/read/20191020/9/1161157/5 - strategi-jokowi-dari-pembangunan-sdm-hingga-transformasi-ekonomi.

② "Ekonomi-Politik 2021 dan Harapan 2022," SMRC, December 26, 2021, https：//saifulmujani. com.

③ "RUU IKN Resmi Disahkan, Pemindahan Ibu Kota Bakal Jadi Kenyataan," Kompas, January 18, 2022, https：//www. kompas. com/properti/read/2022/01/18/134111821/ruu - ikn - resmi - disahkan-pemindahan-ibu-kota-bakal-jadi-kenyataan.

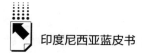

心目标是建立独立、先进、公正、繁荣的印尼。其中，改善政府治理、推进法治建设和铲除贪污腐败是对国家治理体系的完善，被视为实现战略目标的重要政治保障。

（一）改善政府治理

根据世界经济论坛的《2019 年全球竞争力报告》，印尼在全球最具竞争力的 141 个国家和地区中，排名第 50 位。世界银行发布的《2020 年营商环境报告》显示，印尼在 190 个受调查的国家或地区中，营商便利条件位居第 73 位。[①] 印尼政府希望通过国家机构改革，减少繁杂的规章条例及冗余的官僚制度，进一步提升竞争力和营商便利水平，从而促进经济发展。围绕该目标，印尼近两年的主要措施包括以下几点。

第一，精简国家管理机构，简化政府工作流程，加快政府决策效率。例如，把投资统筹机构（BKPM）改为投资部，把科研部与文教部合并为文教科研部，解散全国老年人委员会（Komnas Lansia）、国家体育标准化与鉴定委员会（BSANK）、泥炭地修复机构（BRG）等国家机构。[②] 第二，削减公务员梯队，只保留第一梯队和第二梯队，把第三、第四和第五梯队的人员转移到职能部门，并逐步取消永久雇员、名誉雇员等固定类型的雇员。第三，改善公务员招募流程，建立绩效管理体系，发布 2021 年第 94 号政府条例，规定民事公务员有义务申报财富资产、在普选时必须保持中立等，打造爱国、专业、廉洁的公务员队伍。[③] 第四，应用信息技术，推进数字政府建设，用人工智能替代部分机构功能。例如，通过网上系统或一站式营业许可证服务系统（OSS）申请营业许可证，既能够精简服务流程，提升营商便利水平，又能够实现有效监管，杜绝贪污腐败。第五，通过信息系统（SPBE）

① 睿耐拓资讯：《市场行情——印尼能源及基建发展状况》，2021 年 4 月 19 日，https：//new. qq. com/omn/20210419/20210419A036I800. html。

② Sonya Hellen Sinombor, "Pembubaran Komnas Lansia Disayangkan," December 2, 2020, https：//www. kompas. id/baca/dikbud/2020/12/02/pembubaran-komnas-lansia-disayangkan/.

③ Pemerintah Pusat, "Peraturan Pemerintah（PP）tentang Disiplin Pegawai Negeri Sipil," August 31, 2021, https：//peraturan. bpk. go. id/Home/Details/177031/pp-no-94-tahun-2021.

协调各部门政务，提升政府各部门之间的远程协作水平和工作效率，提供自动化公共服务，构建廉洁、高效、透明及负责任的现代政府。

国有企业管理改革是印尼国家机构改革密切相关的部分。为加强国企竞争力，提升工作效率，改良内部结构，使国企成为专业透明的商务企业，国有企业国务部制订了 2020~2024 年国企战略路线图，提出五个发展维度，即创造经济和社会价值、创新商业模式、开发领先技术、加速投资和发展人才。① 为简化管理架构，国有企业国务部一方面设立国企控股公司，例如，根据 2021 年第 113 号政府条例成立了丹纳勒沙（Danareksa）集团，实现对 21 家跨行业国企的控制；另一方面通过合并、收购等方法减少国企数量。2021 年 3 月，国有企业国务部长埃里克宣布，政府已把 142 家国企合并为 41 家，将国企从 27 大类减少至 12 大类，涵盖能源与天然气、煤炭和矿产、农业及林业、保险、媒体、基础设施、旅游及配套设施等领域。②

（二）推进法治建设

印尼现行法规存在许多交叉重叠，导致司法程序复杂冗长，国家机构效率低下。即便佐科第二任期内仍面临着新冠肺炎疫情的巨大挑战，当局依然把肃清官商勾结、贪污腐败和裙带关系，以及树立公正高效的法治作为重要施政任务之一。

在立法方面，国会与政府共同落实国家立法计划（Prolegnas），有序推动法律清理和制订工作。尤其在人权立法领域，政府出台了 2021 年第 53 号总统条例，内容是关于 2021~2025 年国家人权行动计划，主要目标是保障妇女、儿童、原住民群体和残疾人权益，涵盖公民权、政治权、经济权、社会和文化权等，旨在尊重、保护、实现、执行和促进印尼人权。政府还组建

---

① Info Utama，"Tujuan Kementerian BUMN Pangkas BUMN dari 142 Jadi 41 Perusahaan," March 8, 2021, https：//www. bumn. info/info - utama/tujuan - kementerian - bumn - pangkas - bumn - dari - 142 - jadi - 41 - perusahaan.

② Achmad Dwi Afriyadi，"Erick Thohir Pangkas Jumlah BUMN dari 142 Jadi 41," March 3, 2021, https：//finance. detik. com/berita - ekonomi - bisnis/d - 5479438/erick - thohir - pangkas - jumlah - bumn - dari - 142 - jadi - 41.

了国家残疾人委员会（KDN），专司保障残疾人权利。① 在司法方面，电子司法系统等信息技术的应用为民众提供了法律服务方面的便利，电子法庭、电子传票、电子诉讼应用程序 e-Court 提供的虚拟法庭服务加速了审判流程，提供了司法便利，实现了案件管理现代化，有助于改善印尼司法效率。同时，全国人权委员会（Komnas HAM）加强了对军队和警察队伍的人权教育，提出"打造强大、专业、尊重人权的军队和警察"的口号。另外，印尼政府也在寻求司法或非司法途径，努力解决包括 1965 年大屠杀事件在内的 13 起重大侵犯人权案件。这 13 起案件中，有 9 起发生在 2000 年前，4 起发生在 2000 年后。2021 年 12 月，总检察长组建高级检察官小组，调查涉嫌严重侵犯人权的巴布亚省帕尼艾（Paniai）事件。②

2020 年 10 月 5 日国会出台的《创造就业法》（UU Cipta Kerja）和 12 月 2 日佐科总统正式签署的有关《创造就业法》的 2020 年第 11 号法令是解决印尼现行法规重叠问题的综合方案，也是推进国家机构改革的配套方案。这是印尼第一部综合性法律，是结构性改革的支柱。《创造就业法》厚达 1187 页，含有 11 个模块，43 项条例（38 项政府条例和 5 项总统条例），包括简化许可、投资条件、劳工便利、赋权、保护中小微企业、营业便利、创意和研究、政府行政和制裁、征地、投资和政府建设项目、经济特区等内容。《创造就业法》的目标是简化营商许可流程，提高工作效率，促进业务创新，建立可追溯可问责的反腐机制，吸引投资，创造就业，加快印尼工业化进程，特别是加强食品、保健和能源等战略部门的发展。③

然而，该项立法过程一波三折，在法案审议结束之前，就已经引发由工

---

① Pemerintah Pusat, "Rencana Aksi Nasional Hak Asasi Manusia Tahun 2021-2025," June 8, 2021, https://peraturan.bpk.go.id/Home/Details/169291/perpres-no-53-tahun-2021.

② 巴布亚省帕尼艾（Paniai）暴力事件发生在 2014 年 12 月 7~8 日，导致 4 名 17~18 岁青年死于枪伤和刺伤，另有 21 人遭受酷刑伤害。参见 Asian Human Rights Commission, "Indonesia: Investigate the 2014 Paniai Case," January 4, 2022, https://www.scoop.co.nz/stories/WO2201/S00006/indonesia-investigate-the-2014-paniai-case.htm。

③ DetikNews, "Perjalanan UU Cipta Kerja: Disahkan DPR hingga Diteken Jokowi," November 3, 2020, https://news.detik.com/berita/d-5239036/perjalanan-uu-cipta-kerja-disahkan-dpr-hingga-diteken-jokowi.

人群众运动组织（Gebrak）、全国大学生执委会（BEM SI）等领导的数次示威和骚乱。劳工组织认为，《创造就业法》削弱了劳动者权益保护。法案通过后同样引发了巨大的社会波动，民主党和公正福利党公开拒绝承认，工会联盟（KSPI）始终表示不满，在全国各大城市发动示威和罢工，甚至演变为暴乱。警方担忧在所谓工会及大学生抗议活动背后，暗藏着国内外利益集团和激进组织的操盘黑手。此后，多个劳工组织向宪法法院提起诉讼，要求对《创造就业法》进行司法复审。2021 年 11 月，宪法法院裁定 2020 年关于《创造就业法》的第 11 号法令有条件违宪，责令国会在两年内进行修订，否则就是永久违宪，不再具有法律效力。①

（三）铲除贪污腐败

2019 年 9 月，在没有肃贪委（KPK）参与的情况下，印尼国会通过了关于肃贪委的第 32 号法律修正案。修正案规定，肃贪委从独立机构变为行政机构，其员工变为公务员（ASN）；国会在肃贪委中设立监督委员会，旨在授权准证、评估业绩、制订准则等。该修正案引发民众热议，反对者认为，肃贪委的独立性受到限制，其反腐职能在很大程度上遭到削弱。② 此后，政府陆续发布有关肃贪委的 3 项政府条例（PP）和 4 项总统条例（Perpres），分别就委任肃贪委主席及委员、肃贪委人员身份转换、肃贪委工作组织和流程等内容做出进一步规定。2019 年 12 月，5 位 2019~2023 届肃贪委领导和 5 位监委会成员宣誓就任，正式开启了佐科第二任期内的反腐斗争。③

该法案将使肃贪委的公信力大幅下降，尤其在处理涉及自然资源、国有企业、政府和国会等大案要案方面的动力不足，使遏制印尼制度性腐败的斗争

---

① M. Ichsan Medina, "4 Putusan MK terhadap UU Cipta Kerja dan Dampaknya untuk Pekerja," November 29, 2021, https://glints.com/id/lowongan/putusan-mk-cipta-kerja/#.YcrelGBBxhw.

② Muhammad Nadhif Ramadhani, "Implikasi Revisi Undang-Undang Komisi Pemberantasan Korupsi," December 6, 2021, https://yoursay.suara.com/kolom/2021/12/06/173312.

③ Achmad Nasrudin Yahya, "Usai Dilantik Jokowi, Dewan Pengawas Disarankan Lebih Dulu Evaluasi Internal KPK," December 21, 2019, https://nasional.kompas.com/read/2019/12/21/20255011.

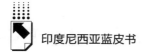
前景不再乐观。另外，印尼政治、法律和安全事务统筹部长马福（Mahfud MD）甚至认为，从苏哈托掌权的"新秩序"时代进入民主改革时代后，印尼的贪腐行为更加猖獗，范围从政府高级官员扩散至执法机构、司法机构、审计机构等中下级官员及地方部门。①

值得肯定的是，在过去两年里，印尼反腐斗争仍取得了显著成绩，不少资深政客由于涉嫌腐败遭到调查和逮捕。例如，海事与渔业部长、大印尼运动党副主席埃迪（Edhy Prabowo）被指控从龙虾苗出口的配额管理中收受贿赂，在机场遭到肃贪委逮捕。② 民主斗争党财政部副部长兼社会事务部长祖利亚里（Juliari Batubara）被指控通过虚报社会援助采购项目金额套取资金，遭到肃贪委的现场抓捕。③ 西爪哇省芝马墟（Cimahi）市长阿加（Ajay Muhammad Priatna）因涉嫌在医院建设项目许可中贪污，被肃贪局逮捕。中苏拉威西省某区长温尼（Wenny Bukamo）由于涉嫌受贿而遭到肃贪委逮捕。印尼最高财务审计署（BPK）官员瑞兹（Rizal Djalil）因涉嫌在2017～2018年公共工程部的饮用水供应系统（SPAM）项目建设中贪污，被肃贪委逮捕。④ 两名专业集团党干部、前南苏门答腊省省长阿里克斯（Alex Noerdin）和国会副议长阿齐兹（Azis Syamsuddin）先后被肃贪委定为贪污案犯罪嫌疑人。另外，2020年7月，潜逃17年的印尼国家银行1.7万亿印尼盾贷款舞弊案的通缉犯玛利亚（Maria Pauline）成功从塞尔维亚被引渡回国，逃亡11年的巴厘银行通缉犯佐柯（Djoko Tjandra）被押解回国。这些腐败大案的查处，证实肃贪委依然在努力前行。

---

① Hidayat：《改革后的贪腐现象更严重》，2021年5月27日，https：//www.ifengzhong.com/? p=52969。

② Jeffry Prabu Prakoso, "Edhy Prabowo Kasasi Vonis 9 Tahun," KPK Susun Bantahan, November 29, 2021, https：//kabar24.bisnis.com/read/20211129/16/1471417/edhy-prabowo-kasasi-vonis-9-tahun-kpk-susun-bantahan.

③ Jawahir Gustav Rizal, "Juliari Batubara Divonis 12 Tahun Penjara, Ini Hal yang Memberatkan dan Meringankan," August 24, 2021, https：//www.kompas.com/tren/read/2021/08/24/170000865.

④ VOI, "Proven Receiving Supa, Former BPK Member Rizal Djalil Sentenced to 4 Years in Prison," April 26, 2021, https：//voi.id/en/news/47057/proven-receiving-supa-former-bpk-member-rizal-djalil-sentenced-to-4-years-in-prison.

在 2021 年 12 月 9 日反腐败日讲话中，佐科总统声称，在 2021 年 1 月至 11 月期间，警方调查了 1032 起腐败案件，检察院调查了 1486 起腐败案件，多起重大腐败案件得到严肃处理，如 Jiwasraya 案罪犯获判死刑或无期徒刑，追缴 18 万亿印尼盾国家资产；ASABRI 案罪犯获判 10 年徒刑到死刑不等，挽回国家损失数十万亿印尼盾；央行援金案（BLBI）案中流失的高达 110 万亿印尼盾的国家资产仍在追缴等。① 另外，佐科总统呼吁执法机构除了进行高调的逮捕行动外，还应优先考虑开展反腐教育、树立反腐文化等预防措施，以解决反腐运动中的根本问题。肃贪委根据总统指示持续进行突破性改进，着重树立反贪理念，预防贪污行为，追回贪污资产。同时，2021 年 12 月，印尼警方成立反腐团队，任命了包括反腐斗士诺维尔（Novel Baswedan）在内的 44 位曾经没有通过名为 "Tes Wawasan Kebangsaan" 的一种国家工作人员意识形态和素养测试的前肃贪委员工为警方公务员，为反腐斗争增添了重要的力量。②

二　政党格局

印尼政治格局的动态变化特征较为突出，各政党力量的消长及其联合格局决定了每届政府的权力分配。2019 年 10 月组建的佐科 "前进内阁" 由专业人士（55%）和政治人物（45%）共 38 人构成。其中，民主斗争党（PDIP）在内阁有 4 名部长（法律人权部长、社会部长、提高国家机构效率与行政改革部长、内阁秘书），国民民主党（NasDem）有 3 位部长（农业部长、环境与林业部长、信息与通信部长），专业集团党（Partai Golongan Karya）有 2 位部长（经济统筹部长、工业部长），大印尼运动党（Gerindra）有 2 位部长（国防部长、海洋渔业部长），民族觉醒党（PKB）

---

① Medcom, "Hari Anti Korupsi Dunia, Jokowi Banggakan Kasus Jiwasraya dan ASABRI Dibongkar," December 9, 2021, https://www.medcom.id/nasional/hukum.
② Setyo Aji Harjanto, "Novel Baswedan dan 43 Eks Pegawai KPK Dilantik Jadi ASN Polri Besok," December 8, 2021, https://kabar24.bisnis.com/read/20211208/16/1475432.

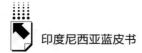

有 2 位部长（贸易部长、劳工部长），建设团结党（PPP）有 1 位部长（国家发展规划部长）。大选后 9 个拥有国会席位的政党中，除了繁荣公正党（PKS）、国民使命党（PAN）和民主党（Partai Demokrat）之外，都在内阁分得部长席位。① 与此同时，佐科执政以来政府副部长人数持续增加，2021年 12 月签署的第 114 号总统令规定设立内政部副部长后，现任印尼内阁的副部长职位总数达到 17 个，与苏西洛总统时代的副部长人数相差无几。②

为了最大限度地谋求各方支持，便于政府决策落地执行，本届佐科政府呈现以下特点。首先，佐科选择伊斯兰学者理事会（MUI）总主席马鲁夫为副总统，能够在穆斯林群体中实现左右平衡，既捍卫印尼的伊斯兰教特色，又对极端宗教团体加以防范，有助于营造进步、温和、宽容的社会氛围。佐科包容少数族裔以及严厉打击激进宗教团体的做法，获得印尼大部分民众的支持。其次，9 个政党进入国会，一方面导致国会呈现多元化特征，另一方面多个反对党领袖入阁，扩大了佐科的执政联盟，营造出团结和解的政府形象。2021 年 8 月 25 日晚，印尼 7 大政党领袖齐聚总统府，并在事后发表共同声明支持佐科，这其中包括刚刚加盟的国民使命党总主席祖基菲（Zulkifli Hasan）和秘书长艾迪（Eddy）。随着国民使命党加入佐科执政联盟，国会内的反对党仅剩下民主党和伊斯兰教色彩浓厚的公正福利党。③ 而民主党自身面临内部分裂公开化的动荡窘境，公正福利党已经分裂出"人民浪潮党"（Partai Gelora），进一步降低了反对党的影响力。

在新冠肺炎疫情持续蔓延、政府工作效率低下、社会部长和海洋渔业部长因涉嫌贪腐被捕的背景下，2020 年 12 月 22 日，佐科总统宣布改组内阁，

---

① 华中师范大学印度尼西亚研究中心：《佐科第二任期内阁改组特点及影响》，2021 年 2 月 1 日，http：//cistudy. ccnu. edu. cn/info/1131/11328. htm。

② Pemerintah Pusat, "Peraturan Presiden（PERPRES）tentang Kementerian Dalam Negeri," December 30, 2021, https：//peraturan. bpk. go. id/Home/Details/196122/perpres－no－114－tahun－2021.

③ Budiarti Utami Putri, "PAN Ikut Rapat Koalisi Jokowi, Zulkifli Cerita Sebelumnya Dihubungi Seskab," August 31, 2021, https：//nasional. tempo. co/read/1500680/pan－ikut－rapat－koalisi-jokowi-zulkifli-cerita-sebelumnya-dihubungi-seskab/full&view＝ok.

更换了6名内阁部长。这是佐科第二任期内进行的第1次改组，旨在增强内阁工作效率，加快恢复国民经济。这6名新任部长分别是社会部长利斯玛哈莉妮（Tri Rismaharini）、旅游与创意经济部长乌诺（Sandiaga Uno）、卫生部长古纳迪（Budi Gunadi Sadikin）、宗教部长雅谷（Yaqut Cholil Qoumas）、海洋渔业部长萨克迪（Sakti Wahyu Trenggono）、贸易部长鲁特菲（Muhammad Lutfi）。[①] 2021年4月28日，政府把投资统筹机构（BKPM）提升为投资部、把科研部与文教部合并为文教科研部后，佐科总统委任纳迪恩（Nadiem Makarim）为文教科研部长，巴赫利尔（Bahlil Lahadalia）为投资部长，作为科研部长兼国家研发机构主任的庞邦（Bambang Brodjonegoro）告别印尼"前进内阁"的职务。佐科同时委任印尼科学院（LIPI）院长汉多科（Tri Handoko）为国家研发机构主任，该机构成为总统直接领导下的独立国家机构。[②]

受新冠肺炎疫情影响，2020年地方首长同步选举从9月23日推迟到12月9日举行。此次选举是印尼全国9省37市224县共270个地区的地方首长同步选举。由选举监委会、警方和总检察院组成的综合执法中心负责打击选举中利用身份政治进行的违法行为、违反卫生防疫规定的行为，并规定在选举中若使用 YouTube、Instagram、Twitter 等新媒体进行线上竞选，现场竞选只能在互联网信号盲区进行。在多方努力下，地方首长同步选举活动在安全和谐的气氛下成功举行。普选委员会主席阿里夫于12月11日通过视频表示，2020年地方首长选举活动总体进行良好。国会议长普安于12月15日发表书面声明称，2020年地方选举的公众参与率高达75.83%。政法安统筹部长马福在2021年2月9日的雅加达新闻发布会上

① Oktaviano DB Hana，"Sah！Presiden Jokowi Reshuffle 6 Menteri di Kabinet Indonesia Maju，" December 22，2020，https：//kabar24. bisnis. com/read/20201222/15/1334266/sah-presiden-jokowi-reshuffle-6-menteri-di-kabinet-indonesia-maju.

② Fika Nurul Ulya，"Sah，BKPM Kini Menjadi Kementerian Investasi，" April 28，2021，https：//money. kompas. com/read/2021/04/28/172029926/sah-bkpm-kini-menjadi-kementerian-investasi.

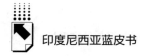

表示，各地民众在 2020 年地方选举活动中，对防疫规则的遵守率约达 92%。①

佐科本任期未满两年时，一度出现他为谋求连任意欲修宪的传闻。佐科在各种场合一再澄清，无意三度连任。现在，政府与国会一致决定 2024 年总统大选投票日期是 2 月 14 日，竞选活动是在投票选举活动 25 个月之前，即从 2022 年 3 月开始。地方首长选举定于 2024 年 11 月 27 日在各地同步举行。应对新冠肺炎疫情的措施是否得当、促进经济复苏的方案是否有效等都将对在 2024 年大选中参与竞争的政治人物产生直接影响。民调显示，当前较为有力的候选人包括国防部长普拉博沃、中爪哇省长甘贾尔、西爪哇省长里德万、雅加达省长阿尼斯等。

三　国家安全与国防建设

印尼国家安全的国防建设和总体目标聚焦于维护国家统一、反对激进主义、打击恐怖主义、维护社会治安、发展国防工业。根据"全球火力"发出的"2021 年全球火力（GFP）指数排行榜"，印尼目前的军事力量在全球排第 16 位。印尼的在役军事人员为 80 万，其中包括 40 万现役军人和 40 万后备军人，另有 28 万受过初步军事训练的人员。印尼平均每年军事开支约为 92 亿美元。在主战武器装备方面，印尼空军有 458 架军用战斗机，海军有 282 艘战舰，包括 5 艘潜水艇和 7 艘巡洋舰，陆军有 332 辆坦克、1430 辆装甲车、153 门大炮和 63 台导弹发射器等。② 2022 年 3 月，印尼海军成立了统一的舰队司令部，负责指挥第一（雅加达）、第二（泗水）和第三（索隆）舰队，对国民军总司令和海军参谋长负责。③

---

① RD News, "Sekda Ajak Sama-Sama Kawal Suara Rakyat," December 15, 2020, https://rdnewsbengkulu.com/2020/12/15/sekda-ajak-sama-sama-kawal-suara-rakyat/.

② Globalfirepower, "2021 Indonesia Military Strength," January 12, 2022, https://www.globalfirepower.com.

③ Carlos Roy Fajarta, "Resmikan Koarmada RI, KSAL Lantik Laksdya TNI Agung Prasetiawan sebagai Pangkoarmada," February 3, 2022, https://nasional.sindonews.com/read/675313/14.

（一）反对激进主义

印尼具有族群多样和文化多元的特点。为构建民族认同、维护国家统一、实现多元一体，印尼政府长期倡导以建国五项基础（Pancasila）、1945年宪法、统一的印度尼西亚共和国、多元一体（Bhinneka Tunggal Ika）价值观作为印尼的"四大支柱"，是所有人都必须理解并奉行的维护国家统一的精神力量。为此，政府要求利用社交媒体和互动平台等媒介加强宣传四大支柱，要求社会各方在日常生活中贯彻四大支柱价值观。同时，政府邀请伊斯兰教士联合会（NU）、穆罕玛迪亚（Muhammadiyah）、伊斯兰联合会（Persis）、艾尔沙德伊斯兰组织（Al-Irsyad Al-Islamiyyah）、伊斯兰教诲派（Tarbiyah Islamiyah）、伊斯兰学者理事会（MUI）、印尼华人伊斯兰协会（PITI）等伊斯兰教组织，以及印尼教会联盟（PGI）、印尼天主教会议组织（KWI）、印尼佛教徒协会（Walubi）、印尼佛教协会（Permabudhi）、印尼兴都教协会（PHDI）、印尼最高孔教理事会（Matakin）等各大宗教组织共同维护1945年宪法，坚持建国五项基础，尊重地方传统和文化，秉持宽容非暴力的态度，避免排他性和封闭性的宗教原则，同心协力保护民族精神的免疫力，避免民众遭受激进思想的侵蚀。尤其对于伊斯兰教而言，一方面，政府邀请伊斯兰教士和长老共同维护社会治安秩序，防止极端主义在清真寺和习经院里侵蚀穆斯林青年的思想，比如伊斯兰教士联合会总主席雅赫亚明确支持警方拘押散播激进主义思想的万隆习经院教师巴哈尔（Bahar bin Smith），表示对一切倾向于不宽容的、激进的、虚假信息的不法行径都必须采取坚决行动；[1] 另一方面，提倡使用能够适应信息科技时代的现代宗教教育和传道方式，促使温和的中道伊斯兰（wasathiyah）理念持续跟进社会和时代的发展。由于佐科总统领导下的印尼政府持续不断地发扬宽容、多元、和谐和友爱的精神，佐科总统多次被评为全球最有影响力的前500位穆斯林领袖之一，排名靠前。

---

[1] Tsarina Maharani，"Ketum PBNU Dukung Langkah Polri Tindak Tegas Bahar bin Smith，" January 5, 2022，https://nasional. kompas. com/read/2022/01/05/11080681/ketum - pbnu - dukung - langkah-polri-tindak-tegas-bahar-bin-smith.

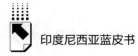

激进主义极大地危害国家完整、民族统一、文化多元和族群平等。印尼政府认为，彻底根除激进主义需要运用综合方法，除采用治安方法外，还应通过改善社会基础设施、教育条件和提高社会福利水平等综合方法实现。在治安领域，2019 年 11 月，印尼政府发布了 2019 年第 77 号政府条例，内容是关于如何处理涉及激进主义的公职人员、预防恐怖主义以及保护调查人员、检察官、法官和惩教人员。该条例列举了 10 种激进主义类型，包括以口头或书面形式、通过社交媒体散布针对国家四大支柱的仇恨言论，散布对民族、宗教、种族和群体间仇恨的言论，参加导致侮辱、煽动、挑衅和仇恨建国五项基础、1945 年宪法、多元一体、统一的印度尼西亚共和国的活动等。① 2021 年 1 月 7 日，印尼政府发布 2021 年第 7 号总统条例，规定了2020~2024 年预防和打击导致恐怖主义倾向的暴力极端主义国家行动计划（RAN PE）。②

由于校园中出现了不少宗教不宽容和种族不宽容案例，校园激进主义的威胁日趋严重。政府计划在正规教育中对教师进行思想培训，防止激进主义、极端主义和暴力主义。政府还计划将有关预防导致恐怖主义倾向的暴力极端主义材料纳入正规教育课程。对于社交媒体的监控也一直在进行。国家反恐局（BNPT）将 Telegram、WhatsApp、Facebook 和 TamTam 等社交媒体纳入监控，打击激进和恐怖主义思想的网络传播。截至 2021 年 8 月，BNPT已经监控了 399 个组群和社交媒体渠道，包括 Telegram 的 135 个组群或频道、WhatsApp 的 127 个组群或频道、Facebook 的 121 个组群或频道及其他

---

① Jogloabang, "PP 27 tahun 2019 tentang Pencegahan Tindak Pidana Terorisme dan Pelindungan terhadap Penyidik, Penuntut Umum, Hakim, dan Petugas Pemasyarakatan," November 23, 2019, https：//www.jogloabang.com/sosial/pp－77－2019－pencegahan－tindak－pidana－terorisme-pelindungan-penyidik-penuntut-umum-hakim.

② Pemerintah Pusat, "Peraturan Presiden（PERPRES）tentang Rencana Aksi Nasional Pencegahan dan Penanggulangan Ekstremisme Berbasis Kekerasan yang Mengarah pada Terorisme Tahun 2020-2024," January 7, 2021, https：//peraturan. bpk. go. id/Home/Details/157948/perpres－no－7－tahun－2021.

社交媒体的有关组群或频道。① 2022 年 2 月，印尼警察总部通过虚拟警察的形式，向 1042 个在网络传播关于种族、宗教、族群及群体之间仇恨言论的社交媒体账户发出警告。② 对于伊斯兰激进组织的约束也日渐严格。由于"伊斯兰捍卫者阵线"（FPI）不愿修改以"建立伊斯兰国"为宗旨的规章和细则（AD／ART），2020 年 12 月 30 日，政府将其正式解散。③

（二）打击恐怖主义

佐科第二任期内依然面临着恐怖主义的严峻考验。恐怖主义源于不宽容主义、激进主义和极端主义，是印尼警方、军方、法院、检察院和各级政府严厉打击的对象。第一，印尼政府在政策上不断完善反恐法律法规，持续改善各部门和机构之间的协调性，如 2019 年 11 月发布了"关于加强公务员系统爱国意识、应对激进主义的部长级联合决定"，成立专门工作组，监测、调查和报告被控"激进主义"的公务员的网上行为；于 2020 年 7 月发布关于向证人和受害者（包括恐怖主义受害者）提供赔偿、归还和援助的第 35 号法规，确保受害者有权向政府要求赔偿恐怖袭击造成的损失。④ 第二，聚焦于打击"暴力极端主义"（CVE）行动，将其作为反恐执法的必要补充，如反恐局与其他部门合作，通过建立专门的收容所和寄宿学校、利用前恐怖分子进行反宣传等方式对恐怖分子实施"去极端化"政策。第三，启动了"打击恐怖主义和暴力极端主义信息和协作中心"（I-KHub）数字平台，加

---

① Gravatar, "BNPT Pantau 399 Grup Radikalisme, Mayoritas di Telegram," August 5, 2021, https：//theindonesiatimes.com/bnpt-pantau-399-grup-radikalisme-mayoritas-di-telegram/.

② Paulus Yesaya Jati, "1. 042 Akun Medsos Akan Diberi Peringatan karena Sebar Ujaran Kebencian," February 10, 2022, https：//www.bernas.id/84561-1-042-akun-medsos-akan-diberi-peringatan-karena-sebar-ujaran-kebencian.

③ Annisa, "Setahun Pembubaran FPI, Mahfud MD：Rakyat Senang, Hidup Lebih Nyaman," December 27, 2021, https：//www.law-justice.co/artikel/122447/setahun-pembubaran-fpi-mahfud-md-rakyat-senang-hidup-lebih-nyaman/.

④ Pemerintah Pusat, "Peraturan Pemerintah （PP） tentang Perubahan atas Peraturan Pemerintah Nomor 7 Tahun 2018 tentang Pemberian Kompensasi, Restitusi, dan Bantuan kepada Saksi dan Korban," July 8, 2020, https：//peraturan.bpk.go.id/Home/Details/141401/pp-no-35-tahun-2020.

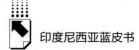

强各方协调合作，规划并实施打击暴力极端主义行动。第四，禁止将涉嫌成为"伊斯兰国"恐怖分子的前印尼公民遣返回国，以保护国家和人民的安全。印尼将客流量最大的国际机场、海港和陆路入境口岸与国际刑警组织执法数据网络连接起来，根据其数据库对国际旅客进行筛查，并积极提供被盗和丢失旅行证件记录，杜绝恐怖分子入境。

警察部队作为打击恐怖主义的主要力量，除执行 Nusa II 抗疫安保行动和 Operasi Mantap Praja 地方选举安保行动外，主要开展了在苏拉威西追捕"东印尼圣战组织"（MIT）成员的安保行动、追捕"神权游击队"（JAD）的安保行动，以及追捕"伊斯兰祈祷团"（JI）的安保行动。"东印尼圣战组织"常在中苏拉威西地区发动恐怖袭击。2020 年 11 月，该恐怖组织残忍杀害一家四口基督徒，烧毁 7 所民房，遭到佐科总统的强烈谴责。由 88 反恐特遣队、Tinombala（2021 年后改称 Madago Raya）军警联合特遣队、东南苏拉威西机动警察部队、海军陆战队组成的联合部队除维持当地治安外，全力追捕"东印尼圣战组织"。2021 年 9 月 18 日，军警联合特遣队围剿"东印尼圣战组织"，经过剧烈枪战后击毙其最大头目阿里·卡洛拉（Ali Kalora）。①"神权游击队"的恐怖袭击不受地域限制，遍及南加里曼丹、中爪哇、南苏拉威西等地区，该组织惯于使用炸弹、夫妻自杀式炸弹袭击等。2019 年 11 月 13 日，在北苏门答腊省首府棉兰市警察局总部发生"神权游击队"成员实施的自杀式炸弹袭击，造成 6 人受伤。2021 年 3 月 28 日，"神权游击队"成员在南苏拉威西省首府望加锡的一座教堂发动自杀式袭击，两名犯罪嫌疑人被炸死，另有 20 人被炸伤。②"伊斯兰祈祷团"被列为恐怖组织后已被法院判决解散，但 88 反恐特遣队仍不时逮捕该组织残余成员。2020 年 11 月，

① Ari Syahril Ramadhan，"Pimpinan Teroris Poso Ali Kalora Tewas Ditembak Satgas Madago Raya," September 19, 2021, https：//sulsel. suara. com/read/2021/09/19/123923/pimpinan - teroris - poso-ali-kalora-tewas-ditembak-satgas-madago-raya.

② Anjar Wulandari，"Buron Teroris Bom Gereja Katedral Makassar Ditangkap Densus 88, Terkait Jamaah Ansharut Daulah," December 14, 2021, https：//banjarmasin. tribunnews. com/2021/ 12/14/buron-teroris-bom-gereja-katedral-makassar-ditangkap-densus-88-terkait-jamaah- ansharut-daulah.

印尼反恐部队逮捕逃亡14年的乌比克（Upik Lawangan），他曾参与登得纳（Tengtena）爆炸案、波梭（Poso）爆炸案等一系列恐怖行动。12月，潜逃18年的"伊斯兰祈祷团"头目祖卡纳恩（Zulkarnaen）被捕。他是印尼警方的首要通缉犯，也是美国通过"正义奖赏"计划通缉的唯一印尼人。祖卡纳恩从21世纪初开始在印尼各地广泛招募成员，组建团队，开展训练，先后实施了安汶教堂爆炸案、巴厘岛爆炸案、菲律宾大使馆爆炸案、波索爆炸案等一系列恐怖袭击。[①]

这些恐怖活动显示出印尼的恐怖主义出现了一些值得关注的发展迹象。首先，新冠肺炎疫情极大地冲击了印尼的社会活动和经济发展，但丝毫没有减少印尼恐怖袭击的发生，反而有愈加严重的迹象。据统计，2020年印尼发生了11次恐怖袭击，比2019年增加8起。[②] 印尼警方在2021年里逮捕了370名恐怖主义犯罪嫌疑人，比2020年增加了138人，虽然比起2020年的13起恐怖袭击，2021年的恐怖袭击次数降为7次，但烈度更强，包括望加锡天主教堂爆炸案、雅加达警察总部独狼式袭击案等。[③] 其次，恐怖袭击的对象从最初的外国使馆、旅游景点和高级酒店，转移到警察局和教堂。最后，在新冠肺炎疫情期间，恐怖组织仍能通过网络招募大量负责实施的袭击者，互联网和社交软件成为散布恐怖主义思想和策划恐怖主义袭击的重要平台。袭击者基本是年轻人，有些还是夫妻或家庭集体作案，他们很多是通过网络接触到极端思想和恐怖分子后才开始自我激进化的。

（三）解决巴布亚问题

从2020年初开始，在米米卡县（Mimika）、英丹查雅县（Indan Jaya）

---

① CNN, "Indonesian Police Arrest Top Islamist Militant Linked to Bali Bombings," December 14, 2020, https：//edition. cnn. com/2020/12/13/asia/indonesia－bali－bombings－arrest－intl－hnk/index. html.

② Prop. Dr. Irfan Idris, Ardi Putra Prasetya, "A Need for Nationwide Deradicalization Centres in Indonesia to Curb Rising Terrorist Attacks," April 15, 2021, https：//stratsea. com.

③ Eddy Fitriadi, "Polisi Tangkap 370 Tersangka Terorisme di Sepanjang 2021, Kapolri：Jangan Sampai Muncul Korban," January 2, 2022, https：//aceh. tribunnews. com/2022/01/02.

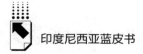
等巴布亚省中部地区发生了数十起军警与武装犯罪团伙的交火事件，造成双方和不少平民伤亡。其中，国家情报局驻巴布亚的准将级负责人就是在与巴布亚武装犯罪团伙的枪战中牺牲的。2021 年 4 月，印尼政府正式将巴布亚武装犯罪团伙归类为恐怖组织，由军警联合特遣队负责、88 反恐特遣队协助追捕。① 随着巴布亚的治安情势日益严峻，双方交火不断，独立巴布亚组织及西巴布亚解放军（TPNPB-OPM）向在巴布亚工作的印尼其他地区移居人员发出"最后通牒"，警告他们尽快离开巴布亚。11 月，政府军出动由 400 名精锐人员组成的"撒旦部队"（Pasukan Setan）前往巴布亚追捕武装犯罪团伙。② 整个 2021 年，巴布亚武装犯罪团伙共发动了 92 次恐怖袭击，至少有 34 人受害，包括军警和平民。③ 2022 年初，政府军再次遭到巴布亚武装犯罪团伙（KKB）伏击，造成 3 名战士牺牲。④

　　针对巴布亚问题，印尼当局也试图从经济社会发展的角度解决问题的根本，在坚持巴布亚特别自治制度的框架下，通过努力提高当地人民的福利来促进社会稳定。佐科总统极为关心巴布亚的建设与发展，第二任期伊始就出访巴布亚，主持尤德法（Youtefa）大桥的启用仪式，并打算在巴布亚建设总统行宫以便处理当地事务。从 2002 年至 2020 年，巴布亚省和西巴布亚省从中央政府获得了高达 126.99 万亿印尼盾的特别自治基金。⑤ 然而，不断增长的特别自治基金并没有很好地解决当地的发展问题，反而滋生了大量腐

① Johannes Mangihot，"Pemerintah Resmi Kategorikan KKB Sebagai Organisasi Teroris，" April 29，2021，https：//www. kompas. tv/article/169326/pemerintah - resmi - kategorikan - kkb - sebagai - organisasi-teroris.

② Ri，"400 Pasukan Setan Milik TNI AD，Siap Bantai OPM di Papua，" November 15，2021，https：//papua. tribunnews. com/2021/11/15/400-pasukan - setan - milik - tni - ad - siap - bantai - opm-di-papua.

③ Lita Andari Susanti，"KKB Papua Tebar 92 Aksi Teror Sepanjang Tahun 2021，34 Orang Menjadi Korbannya，" December 25，2021，https：//palu. tribunnews. com.

④ Timotius Gobay，"Aksi Keji KST Menghambat Pembangunan dan Kesejahteraan di Papua，" February 1，2022，https：//klikwarta. com/aksi - keji - kst - menghambat - pembangunan - dan - kesejahteraan-di-papua.

⑤ BBC，"Otsus Papua：Pemerintah akan tingkatkan dana khusus dan tambah provinsi，pengamat：'Untuk apa ada Otsus kalau ada kekerasan?'，" April 24，2021，http：//mrp. papua. go. id/ 2021/04/24.

败，并间接导致了社会不满情绪愈演愈烈。巴布亚省和西巴布亚省实行的特别自治在 2021 年期满。2021 年 7 月，政府和国会通过修订后的巴布亚自治法案（UU No. 2/2021），决定特别自治政策继续延期 20 年，且特别自治基金从占全国一般分配基金（DAU）的 2% 提高到 2.25%，在很大程度上体现出保护和发展巴布亚原住民（OAP）权利的意愿。[①] 中央政府预计在未来 20 年间将持续提高向这两省的财政拨款，以期更快推动各项建设和经济发展。2021 年 10 月 2～15 日，印尼第 20 届全国运动会在巴布亚顺利举行，再次凸显中央政府为推动印尼最东部地区的建设发展、维护国家统一和民族和谐做出了不懈的努力。

（四）加强国防工业

在大国博弈可能引发军备竞赛的背景下，印尼国防建设进入"最低基本实力"（MEF）建设的第三阶段。MEF 政策始于 2009 年，分为 2009～2014 年、2015～2019 年和 2020～2024 年三个阶段，由国防预算提供逐年增长的资金支持，旨在通过军备采购、部队列装、技术转移、自主生产相结合的方式满足最低国防需求，实现国防现代化。国防实力建设的关键是通过优先国内采购的方式增强国防工业能力，实现国防工业独立，能够不仅满足国内需求，还满足出口需求。在国内能力不具备的情况下，才通过国外采购、技术转移（ToT）等方式进行弥补。

在军备采购和部队列装领域，2020 年 2 月，美国向印尼提供赠款购买14 架扫描鹰（Scan Eagle）无人机和 3 架贝尔 412 直升机，用于加强印尼海军防御能力。[②] 2021 年 2 月，空军参谋长透露，印尼空军将逐步列装 8 架波音飞机公司出产的 F－15EX 战机、36 架法国达索航天公司出产的疾风战机

---

① INDONESIA. GO. ID，"UU Otsus Papua，Upaya Menyejahterakan Papua," July 23，2021，https：//indonesia. go. id/kategori/editorial/3021.

② Defense World，"Indonesia Accepts US Grant of Scan Eagle Drones，Bell Chopper Upgrade," February 28，2020，https：//www. defenseworld. net/news/26426/Indonesia_ Accepts_ US_ Grant_ of_ ScanEagle_ drones_ _ Bell_ Chopper_ Upgrade#. Ycmgh2BBxhw.

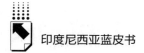
（Dassault Rafale）、多功能坦克运输机、C-130J 型运输机、中高空长续航无人侦察机（UCAV）等。① 2021 年 7 月，印尼国防部签署合同，将从韩国增购 6 架 T-50i 型金鹰喷气式教练机，这将使印尼的 T-50i 高级教练机达到 20 架，以取代其 20 世纪 80 年代的老旧 Hawk-53 教练机。② 2021 年 11 月，国防部长普拉博沃订购了一系列军备，包括两架空客生产的 A400M 军用飞机、印尼陆军兵工厂（Pindad）制造的 Maung 战术车、意大利芬坎蒂尼（Fincantieri）造船公司生产的 6 艘 FREMM 级护卫舰和 2 艘西北风（Maestrale）级护卫舰等。③

2020 年 8 月，两艘由印尼 KAS 私人公司独立生产的国产 PC-40 级快速巡逻艇下水，加入查雅布拉第十海军基地和勿拉湾第一海军基地服役，分别命名为 KRI Karotang-872 和 KRI Mata Bongsang-873，成为印尼海军拥有的第 12 和 13 艘 PC-40 级快速巡逻艇。④ 2021 年 7 月，海军参谋长在雅加达丹戎不碌港参加了"尤德法海湾"号（Teluk Youtefa-522）军舰下水仪式。这是一艘国产登陆舰，可运载陆军豹式主战坦克和海军陆战队 BMP-3F 坦克，有望协助印尼海军执行保卫海洋领土的任务。⑤ 8 月，印尼北海造船厂（PT Lundin）为印尼海军推出了"果洛"号新型三体快速导弹巡逻舰（KRI Golok-688）。印尼海军参谋长在下水仪式上表示，这是印尼第一艘由复合材料制成的舰艇，具有重量轻、耐力强、抗腐蚀的特点，将成为印尼海军最重要的国防武器，布置在战略敏感地区，以保护印尼的主权领土完整。⑥ 10 月，

① Achmad Nasrudin Yahya, "KSAU Sebut RI Bakal Beli Pesawat Tempur F-15 EX hingga Dassault Rafale," February 18, 2021, https：//nasional. kompas. com.

② Airrecognition, "Indonesia to Buy Additional KAI T-50i jet Trainer and Light Attack Aircraft," July 26, 2021, https：//www. airrecognition. com.

③ Rakhmat Nur Hakim, "Sederet Alutsista yang Dibeli Prabowo Semasa Menjabat Menhan, dari Maung Pindad hingga Airbus A400M," November 19, 2021, https：//nasional. kompas. com.

④ Ridzwan Rahmat, "Indonesian Shipbuilder Launches Two More PC-40-class Patrol Vessels," August 25, 2020, https：//www. janes. com/defence-news/news-detail/indonesian-shipbuilder-launches-two-more-pc-40-class-patrol-vessels.

⑤ Rahel Narda Chaterine, "KSAL Resmikan KRI Teluk Youtefa-522, Alutsista Terbaru TNI AL," July 12, 2021, https：//nasional. kompas. com.

⑥ Bambang Putranto, "KRI Golok-688 Tambah Kekuatan Kapal Striking Force TNI AL," August 21, 2021, https：//wartakota. tribunnews. com/2021/08/21/kri-golok-688-tambah-kekuatan-kapal-striking-force-tni-al.

国防部长普拉博沃将国防部订购的两艘坦克运输舰交给海军参谋长。这两艘运输舰分别是 Teluk Weda-526 号及 Teluk Wondama-527 号，由印尼 Bandar Abadi 公司提前完成生产，是实现 MEF 的重要组成部分。①

在技术转移和自主生产领域，2020 年 2 月，印尼陆军兵工厂与乌克兰 Practica 战车制造厂签署合作协议，旨在生产具有全球竞争力的高品质战车，为印尼国防工业赋能。② 2021 年 3 月，国防部研究发展局（Balitbang）研制了一款移动指挥控制车（MCCV）。这款战术车可以充当通信集成中心和指挥控制中心，填补了印尼国军没有用作移动地面指挥控制中心的专用车辆这一空白，提升了印尼的国防工业研发水平。③ 2020 年 8 月，印尼空军结合洛克希德·马丁公司的直接商业销售与美国政府的对外军售，通过"猎鹰之星-eMLU"计划，成功升级了 F-16 战斗机。印尼空军参谋长称，升级后的 F-16 战斗机可以媲美搭载远程导弹、配备最新雷达和航空电子设备的新飞机，并显著提高了印尼空军技术人员的专业能力。④ 2021 年 4 月，"阿鲁格罗"号（Alugoro-405）潜艇进入印尼海军第二舰队（Koarmada Ⅱ）潜艇部队服役，成为印尼舰队的第 5 艘潜艇。这是首艘在印尼国内建造的潜艇，由印尼国家造船公司（PAL）在韩国大宇造船与海洋工程公司（DSME）协助下完成。印尼的前两艘潜艇均从德国进口。后来在韩国大宇建造了"纳加帕萨"号（Nagapasa-403）和"阿达德达利"号（Ardadedali-404）潜艇。"阿鲁格罗"号潜艇作为印尼首批国产潜艇，使印尼成为第一个能够自主生产潜艇

---

① Rifka Arsilan，"Menhan Prabowo Serahkan 2 Kapal Perang Baru ke TNI AL，" October 27，2021，https：//www. viva. co. id/militer/militer-indonesia/1417604-menhan-prabowo-serahkan-2-kapal-perang-baru-ke-ksal-tni-al-makin-kuat.

② Liberty Jemadu，"Wamenhan Jajal Kendaraan Tempur Practica di Ukrain，" February 9，2020，https：//www. suara. com/tekno/2020/02/09/000500/wamenhan-jajal-kendaraan-tempur-practica-di-ukraina.

③ Erlangga Satya Darmawan，"Perkuat Pertahanan Nasional，Kemhan Ciptakan Kendaraan Khusus Pusat Komando MCCV，" March 9，2021，https：//kilaskementerian. kompas. com.

④ Zuhdiar Laeis，"Dua Pesawat F-16 Program Falcon Star e-MLU Kembali Mengudara，" August 28，2020，https：//www. antaranews. com/berita/1694330/dua-pesawat-f-16-program-falcon-star-emlu-kembali-mengudara.

的东盟国家。① 2021 年 5 月，由印尼陆军兵工厂牵头开发的坦克登陆船正式试航。这种登陆船多用于沼泽、河流、海滩等浅水作业，可以容纳 60 名战斗人员和 5 名船员，最高航速为 40 节，巡航距离可达 600 海里，并装备了 30 毫米口径加农炮和 2 挺 12.7 毫米口径机枪，能够增强印尼海军维护主权和领海的能力。② 2021 年 12 月，印尼航天公司（PTDI）与印尼环球信息公司（Infoglobal）签署合作备忘录，将在其生产的 N219 商用飞机上整合海上监视系统，把 N219 飞机开发为军用飞机，用于执行海上侦查等任务。Infoglobal 是一家从事战斗机或军用飞机航空电子设备、雷达数据处理、武器控制系统和国防应用软件的公司。两家民族产业的合作能够增强印尼国防工业的实力。③ 2021 年 9 月，印尼国家造船公司从英国巴布考克公司获得"箭头-140 型"通用护卫舰的生产许可证，使印尼本土生产该型战舰成为可能。④ 印尼还与土耳其共同研制虎式重型坦克，合作流程从设计开始直到投产，由土耳其 FNSS 防务系统公司和印尼陆军兵工厂公司负责合作制造。获得技术转移和生产能力后，印尼的目标是成为国防工业供应商，增强国防实力。例如，2020 年 2 月，印尼与菲律宾签署关于在后勤物资和国防工业合作方面的谅解备忘录，希望印尼国产军备能够被列入菲律宾国防部采购计划。此前，菲律宾已经购买了印尼海军造船厂公司制造的 SSV 船坞登陆舰和印尼航天公司制造的飞机。通过签署该谅解备忘录，印尼希望将陆军兵工厂公司和其他国防工业公司的产品提供给菲律宾，加强两国国防工业合作。⑤

---

① Achmad Nasrudin Yahya, "KRI Alugoro-405 Resmi Masuk Satuan Kapal Selam Koarmada II TNI AL," April 6, 2021, https：//nasional.kompas.com.

② Maulandy Rizky Bayu Kencana, "Intip Kehebatan Antasena, Kapal Tank Pertama di Dunia Buatan Indonesia," May 7, 2021, https：//www.merdeka.com.

③ Arif Budianto, "Penampakan N219 Buatan PTDI yang Dikembangkan Jadi Pesawat Militer," December 8, 2021, https：//daerah.sindonews.com.

④ Alexandre Galante, "Babcock Sells First New Arrowhead 140 Frigate Design Licence to Indonesia," September 20, 2021, https：//www.defenseforces.com/2021/09/20.

⑤ Anata Lu'luul Jannah, "Indonesia-Filipina Perkuat Kerjasama Pertahanan," February 28, 2020, https：//www.radarbangsa.com/ekobis/22973/ indonesia－－－filipina－perkuat－kerjasama－pertahanan.

印尼国防力量除发展进步外，也遭受了一些损失，如 2020 年 6 月发生的陆军 MI-17 型直升机失事和空军鹧式战斗机坠毁事件。最为严重的是 2021 年 6 月印尼海军"南伽拉"402 号（Nanggala-402）潜艇在参加演习过程中失事沉没、造成 53 人遇难的惨剧。这是最近几年来发生的最为严重的潜艇事故之一，进一步促使印尼决心加快国防装备现代化的脚步。2021 年 9 月，佐科总统签署了第 85 号有关 2022 年政府工作规划的总统条例，其中就加强国防力量设定了两项指标：第一是把基本国防实力提升为至少 86%，第二是国防工业的贡献要达到 50%。为此，2022 年的印尼国防预算达 133.9 万亿印尼盾，高于 2021 年的 118.2 万亿印尼盾。[①]

四 外交政策和优先事项

印尼奉行"独立和积极"（bebas dan aktif）的外交政策，致力于在维护自身利益的前提下促进各方互利合作。2020 年印尼外交政策重点包括经济外交、保护外交、卫生外交、主权外交以及印尼外交在区域和全球的作用，附加内容是加强外交基础设施。新冠肺炎疫情在全球蔓延后，印尼外交部调整工作优先事项，协助政府应对疫情，其重点包括保护民众健康和缓解社会经济影响，并继续为世界和平稳定做出贡献。因此，2021 年的印尼外交政策重点调整为建立国家卫生独立性和安全性，通过双边和多边合作实现疫苗承诺；支持经济复苏和绿色发展；继续为推进解决各种地区和全球问题做出贡献。[②]

（一）发展经济外交

发展经济外交，是印尼实现优质的、可持续的经济发展的重要途径。首

① Pemerintah Pusat, "Rencana Kerja Pemerintah Tahun 2022," September 9, 2021, https://peraturan. bpk. go. id/Home/Details/177760/perpres-no-85-tahun-2021.

② Kementerian Luar Negeri Republik Indonesia, "RENCANA STRATEGIS," March 21, 2021, https://kemlu. go. id.

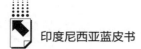
先，印尼鼓励企业到境外投资，扩大印尼产品市场，并在全球层面提高印尼的产业竞争力。其次，侧重于吸引优质投资，支持可持续的优先发展项目、基础设施建设、人力资源开发、下游产业增强以及包括纳图纳群岛在内的最外围、最前沿岛屿的发展。最后，扩大市场准入和促进区域经济一体化，重要举动包括：实施印度尼西亚-澳大利亚全面经济伙伴关系协定（IA-CEPA）；签署《区域全面经济伙伴关系协定》（RCEP）、印度尼西亚-欧盟全面经济伙伴关系协定（I-EFTA CEPA）、印度尼西亚-韩国全面经济伙伴关系协定（IK-CEPA）；加强与非洲、南亚、中亚及太平洋国家的特惠贸易协定（PTA）/自由贸易协定（FTA）/全面经济伙伴关系协定（CEPA）谈判；探索与欧亚经济联盟（EAEU）的自由贸易协定；鼓励实施河内行动计划中基本商品非关税措施（NTM）的谅解备忘录和与伙伴国家签署的经济协议；举办第2届印度尼西亚-拉丁美洲和加勒比地区（INALAC）经济论坛、印度尼西亚-中东能源论坛、清真产业峰会、世界可可大会等。

进入2021年后，印尼的经济外交着重于在防控疫情的前提下促进经济复苏。第一，与阿拉伯联合酋长国、韩国、中国、新加坡和东盟签署"旅行走廊安排"（TCA），恢复安全的跨境旅行，鼓励在防控疫情的情况下重新激活经济。在联合国世界旅游组织（UNWTO）的支持下，为外国游客重新开放印尼旅游业做准备。与沙特、印度、澳大利亚、土耳其等国进行谈判，推动疫苗证书互认和平台互操作性。第二，扩大市场准入，促进和保护投资，如与阿联酋、加拿大等国启动全面经济伙伴关系协定谈判，完成与瑞士的双边投资协定谈判，举办第3届印度尼西亚-拉丁美洲和加勒比地区经济论坛，举办2021年印尼-中东欧商业论坛和第2届太平洋博览会等。第三，通过外交工作，加强数字、创新和绿色经济，如举办东盟创意经济商业论坛（ACRF）等。①

---

① "Annual Press Statement of the Minister for Foreign Affairs of the Republic of Indonesia 2022," January 6, 2022, https：//kemlu. go. id/portal/en/read/3330/berita/annual - press - statement - of-the-minister-for-foreign-affairs-of-the-republic-of-indonesia-2022.

（二）加强领事保护

根据全球化智库（CCG）和联合国移民署（IOM）推出的《世界移民报告2020》，在2019年前二十位国际移民来源国中，印尼列第11位，移民人数接近500万人，移民群体不仅对来源地及目的地国家和社区做出了重要的社会经济贡献，也带来了日益复杂的管理问题。[①] 因此，加强对印尼公民的领事保护，是印尼外交政策的重点之一。

印尼实施领事保护的措施分国内和国际两个层面。在国内层面加强了相关部门合作和信息系统建设，例如，开展了安全移民的公共意识宣传活动；开发了安全旅行应用程序的用户生态系统；加强"单一数据"（One Data Indonesia）的信息系统建设，通过"印尼公民关爱门户"（Portal Peduli WNI）将海外印尼公民数据集成到国家数据库系统。其中，由印尼外交部建立的"印尼公民关爱门户"海外服务和保护门户网站隶属于内政部的公民身份和民事登记（Dkucapil）服务，旨在通过自主申报功能加强海外印尼公民的数据收集，便于印尼驻外代表机构最大限度地为海外印尼公民提供一站式服务和保护，如司法、证明、出生、死亡、婚姻、护照、工作、投诉服务等。特别是在新冠肺炎疫情期间，该系统方便印尼政府掌握准确的海外印尼公民数据，有助于印尼政府为其提供经济等方面的援助。目前，这项服务已经在美国洛杉矶领事馆、休斯敦领事馆和旧金山领事馆开展。[②] 单一数据管理服务源于2019年第40号关于居民管理的政府条例，内政部于2021年开始在130个印尼驻外机构中实施居民管理服务（Adminduk）。

在国际层面，印尼继续推行《移民问题全球契约》（Global Compact for Migration）国家行动计划，以促进安全、有序和正常的移民；在国际海事组织论坛上支持制定处理海员案件指南；积极落实东盟关于增强和保护移民工

[①] IOM、CCG：《世界移民报告2020》，2020年8月25日，http：//www.ccg.org.cn/archives/58943。

[②] Sania Mashabi, "Kemendagri Data WNI di 3 Wilayah AS," November 30, 2021, https：//nasional.kompas.com/read/2021/11/30/12241091/kemendagri-data-wni-di-3-wilayah-as.

人权利的宣言（ASEAN Consensus on the Promotion and the Protection of the Rights of Migrant Workers）；加强合作打击贩卖人口；与马来西亚等国努力敲定关于在目的地国安置印尼移民工人的谅解备忘录等。2021 年，在印尼外交部门的努力下，7 万多人获得遣返便利，世界各地近 9 万印尼公民获得疫苗，近 24 万包生活必需品得以分发到位，7 名印尼公民被免除死刑，4 名印尼人质获得解救，33 名印尼公民和外国公民成功从喀布尔撤离。[1]

（三）开展卫生外交

卫生外交是印尼 2021 年外交政策的重点，疫苗合作则是印尼卫生外交的重点。印尼外交部门主要通过双边和多边平台为疫苗合作铺平道路、拓宽渠道。经双边途径，印尼政府分别获得中国科兴（Sinovac）疫苗、中国国药集团（Sinopharm）疫苗、中国康希诺克威莎（Convidecia）疫苗、加拿大与美国合作研制的诺华（Novavax）疫苗、德国和美国合作研制的辉瑞（Pfizer）疫苗、瑞士和英国合作研制的阿斯利康（AstraZeneca）疫苗、美国莫德纳（Moderna）疫苗、俄罗斯卫星五号（Sputnik V）疫苗、美国强生杨森（Janssen）疫苗。[2] 此外，印尼国营制药企业 Bio Farma 公司与中国科兴公司、印尼 Kimia Farma 公司与阿联酋 G42 集团、印尼 Kal-be Farma 公司与韩国生物科技公司（Genexine）进行合作，联合生产新冠肺炎疫苗。经多边途径，印尼加入由全球疫苗免疫联盟（GAVI）、世卫组织和流行病防范创新联盟（CEPI）创建的"新冠肺炎疫苗实施计划"（COVAX）。印尼属于 92 个中低收入经济体，能够通过其中的预先市场承诺（AMC）机制免费获得疫苗。[3] 印尼还利用印尼在流行病防范创新联盟投资者委员会的成员资格，以及

---

[1] Minister for Foreign Affairs of the Republic of Indonesia，"Annual Press Statement of the Minister for Foreign Affairs of the Republic of Indonesia 2022，" January 6，2022，https：//kemlu. go. id.

[2] Mela Arnani，"8 Jenis Vaksin COVID-19 yang digunakan di Indonesia. Apa saja，ya?，" September 19，2021，https：//salam-homecare. com/articles/9-jenis-vaksin-covid-19-yang-digunakan-di-indonesia-apa-saja-ya.

[3] Nur Aivanni，"Menlu：Indonesia Bergabung dalam COVAX AMC，" October 16，2020，https：// mediaindonesia. com/internasional/353486/menlu-indonesia-bergabung-dalam-covax-amc.

Bio Farma 公司与 CEPI 在全球疫苗制造方面的潜在合作伙伴关系，积极增加疫苗供应。截至 2021 年 12 月底，印尼已经接种了超过 2.7 亿剂疫苗，成为位列中国、印度、美国和巴西之后的第五大疫苗接种国。其中，超过 21% 的疫苗来自"新冠肺炎疫苗实施计划"和友好国家的剂量共享支持。2021 年 12 月 22 日，印尼实现了世卫组织规定的为 40% 人口进行全面疫苗接种的目标。印尼将继续努力，力求在 2022 年 7 月支持 70% 的总人口接种疫苗。[①]

同时，印尼作为"新冠肺炎疫苗实施计划预先市场采购承诺机制"（COVAX AMC）参与小组的联合主席之一，不断呼吁所有国家都平等接种疫苗，提倡疫苗作为公共产品，应本着平等获取、安全实惠的原则造福全球。印尼在担任 2020 年"外交政策和全球卫生倡议"（FPGH）主席国期间，提出"人人负担得起的医疗保健"主题；作为 2020～2021 年东盟卫生部门合作（ASEAN Health Sector Cooperation 2020-2021）主席国，确保落实各项东盟协议，牵头并推动了东盟在缓解疫情和加强区域卫生抗御能力等方面的合作。印尼还鼓励建立区域和全球抗御力和预警机制，特别是通过东盟关于区域健康抗御力机制的各种协议及促进世卫组织改革、加强全球预警系统等方式应对新冠肺炎疫情。在联合国，印尼发起了多项与健康、新冠肺炎疫情有关的倡议，如"全球团结抗击新冠计划"（Global Solidarity to Fight COVID-19）、"全球卫生和外交政策：通过人人负担得起的医疗保健来增强卫生系统韧性"（Global Health and Foreign Policy：Strengthening Health System Resilience through Affordable Healthcare for All）和"为支持全球供应链而应对海员面临的新冠肺炎疫情挑战的国际合作"（International Cooperation to Address Challenges Faced by Seafarers as a Result of the COVID-19 Pandemic to Support Global Supply Chains）等。[②] 此外，外交部门还在各

[①] Minister for Foreign Affairs of the Republic of Indonesia，"Annual Press Statement of the Minister for Foreign Affairs of the Republic of Indonesia 2022," January 6，2022，https：//kemlu. go. id.

[②] Kementerian Luar Negeri，"Pernyataan Pers Tahunan Menteri Luar Negeri Tahun 2021," January 6，2021，https：//kemlu. go. id/portal/id/read/2048/berita/pernyataan-pers-tahunan-menteri-luar-negeri-tahun-2021.

个层面加强卫生抗御力。比如，外交部门帮助许多印尼公司成功获得聚丙乙烯（PPE）材料的 ISO 16603 和 ISO 16604 认证，有助于印尼成为世界 PPE 的潜在供应商。进入 2022 年以后，卫生外交依然是印尼外交政策的重点，促使印尼致力于提高国家卫生抗御力，加强国家卫生基础设施建设及医药和疫苗生产能力，成为区域疫苗生产中心，并在区域和全球层面继续推动疫苗公平和卫生抗御力建设。

（四）维护国家主权

印尼外交的要务之一是努力维护主权和领土完整，2020 年的优先事项包括：加大海上边界谈判力度，如与马来西亚间苏拉威西海段的领海边界、与越南间的专属经济区边界、与菲律宾间的大陆架边界、与帕劳间的专属经济区边界谈判；加大陆地边界谈判力度，如在塞巴提克岛（Sebatik）和西纳帕德河（Sinapad）上与马来西亚划界，并根据商定的原则完成与东帝汶的划界。2021 年，印尼政府与菲律宾、马来西亚、帕劳及越南进行了 17 次边界谈判，在海上边界领域，印尼与马来西亚致力于解决苏拉威西海段和马六甲海峡南部段领海边界问题，并启动其他段的谈判进程，特别是专属经济区边界；与帕劳敲定在 2019～2020 年专属经济区边界谈判中达成的某些部分的协议；与菲律宾开始关于大陆架边界的谈判；与越南恢复因疫情而推迟的有关专属经济区界限的技术层面谈判。在陆地边界领域，印尼与马来西亚和东帝汶一起，将完成包括塞巴提克岛在内的东部地区的未决边界（OBP）的划界。① 2022 年，印尼持续加强陆地和海洋边界谈判力度。

五 双边关系与外交重点

印尼奉行独立和积极的外交政策，务实外交的特点在佐科执政时期表现

---

① Kementerian Luar Negeri, "Pernyataan Pers Tahunan Menteri Luar Negeri Tahun 2021," January 6, 2021, https://kemlu.go.id/portal/id/read/2048/berita/pernyataan-pers-tahunan-menteri-luar-negeri-tahun-2021.

得非常明显。佐科政府对中美等大国开展等距离平衡外交，避免在大国间选边站队，本着务实的态度获得最大收益，同时，避免域外大国在区域内形成一家独大的局面，从而保障自身及东盟的外交自主性。

（一）与中国的关系

印尼是有世界影响力的发展中大国和新兴经济体。中国一贯从战略高度看待中印尼关系，将两国关系置于中国周边外交的优先位置，致力于推动全面战略伙伴关系及中国"一带一路"倡议与印尼"全球海洋支点"构想对接，促进两国关系不断发展。2019 年 10 月，王岐山副主席作为习近平主席特使专门出席佐科总统第二任期就职典礼，并成为佐科总统就职后会见的首位外国贵宾，奠定了新阶段两国关系的良好开端。[①] 2020 年是中印尼建交 70 周年，两国关系迎来历史发展新机遇。2021 年 6 月，中国印尼高级别对话合作机制首次会议成功举行，标志着两国综合性高级别合作机制成立。[②]两年来，习近平主席与佐科总统先后五次通电话并多次互致函电，为双边关系发展提供了强有力的政治引领。两国政府、政党、立法机构高层密集互动，为双边关系奠定了坚实基础。在当前百年变局与新冠肺炎疫情的双重影响下，人类前途命运面临重大挑战。作为全面战略伙伴，双方及时进行战略沟通，深化战略合作，以抗击疫情和经济复苏为两大主线，不断巩固政治互信，深化双边互利合作。

1. 深化战略合作

近年来，中印尼关系定位不断提升。在习近平主席和佐科总统的引领下，两国不断拓展各领域交流合作，深入对接"一带一路"倡议和"全球海洋支点"发展战略，进一步丰富全面战略伙伴关系内涵。作为发展中国

---

① 邓玉山、余谦梁：《王岐山访问印度尼西亚》，2019 年 10 月 22 日，http：//www.qstheory. cn/yaowen/2019-10/21/c1125133471. htm。

② 《王毅卢胡特共同主持中国印尼高级别对话合作机制首次会议》，中华人民共和国中央人民政府网，2021 年 6 月 6 日，http：//www. gov. cn/guowuyuan/2021-06/06/content_ 5615770. htm。

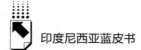

家，中国和印尼都是多边主义的坚定支持者，都有取得更大发展的权利。当前单边主义破坏国际秩序，霸凌行径挑战国际关系准则，中国和印尼紧密团结，进一步深化两国在联合国、世界卫生组织、二十国集团和东亚合作等框架下的沟通协作，携手改革完善全球治理与合作，维护多边主义和自由贸易，为世界的和平、稳定和发展做出应有的贡献。

印尼深刻理解并切实体会到中国"一带一路"倡议所倡导的平等尊重和互利共赢理念。2020年11月30日，佐科总统在香港特区政府及香港贸发局主办的"一带一路"高峰论坛上发表视频致辞。他表示，"一带一路"倡议坚持平等原则，是在符合参与国利益的前提下开展合作。现在整个世界正在应对新冠肺炎疫情这一共同敌人，必须齐心协力、协同增效。同样，在"一带一路"合作中，各国需要齐心协力、共克时艰。这种协同效应在"一带一路"中将得到不断增强。① 发言表明，印尼相信"一带一路"合作能够切实增进两国全面战略伙伴关系，促进区域和平与稳定。加快共建"一带一路"是对冲疫情影响的有力武器。中国同印尼的"一带一路"合作经受住疫情考验，已成为疫情时代两国合作的"稳定锚"和印尼经济复苏的"推进器"。

2021年伊始，国务委员兼外长王毅访问印尼，拜会佐科总统，并与卢胡特部长和蕾特诺外长分别举行会谈。双方签署建设"两国双园"项目合作的谅解备忘录，进一步拓展战略对接的合作模式和内容。双方同意共同培育5G、人工智能、大数据、云计算等数字经济新增长点，深化旅游、职业教育、科技创新合作，扩大印尼优质产品对华出口和中方对印尼投资，探讨建立更紧密的全面经济合作伙伴关系。此访对落实两国元首重要共识、推动团结抗疫和发展合作、巩固两国战略互信和深化合作具有重要意义。② 2021年6月5日，王毅外长同印尼卢胡特部长在贵阳共同主持中印尼高级别对话

---

① 赵文涵：《第五届"一带一路"高峰论坛举行　探讨后疫情时代推动经济复苏》，新华网，2020年11月30日，http://www.xinhuanet.com/gangao/2020-11/30/c_1126804888.htm。

② 余谦梁、梁辉：《王毅会见印度尼西亚对华合作牵头人、统筹部长卢胡特》，人民网，2021年1月13日，http://world.people.com.cn/n1/2021/0113/c1002-31998651.html。

合作机制首次会议。此次会议是对两国元首战略引领的具体落实，极具标志性意义。双方就铸牢命运与共的战略团结、深化新冠疫苗和卫生健康合作、推动共建"一带一路"提质升级、开拓海上合作广阔空间以及丰富人文交流时代内涵等内容达成五点重要共识。这些成果将为两国发展战略对接探索新模式、拓展新领域、注入新动力。①

在安全防务领域，2019年12月和2020年9月，中国国防部长魏凤和与印尼国防部长普拉博沃先后互访。双方强调要落实两国元首共识，加强高层往来，深化战略互信，密切多边协作，提升安全防务合作水平，继续加强在联演联训、人员培训、装备技术等领域的交流合作，推动两军关系不断取得新的发展，共同为维护地区和平稳定做出贡献。2021年4月，印尼载有53人的潜艇"南伽拉"402号在巴厘岛北部海域失事沉入海底。印尼向多国请求支援无果后，向中国正式发出援助请求。中国海军远洋救生船863船、远洋救助拖船南拖195船，与中科院"探索二号"科考船一同前往救援，数十次挑战800米深海，将相关勘查数据、水下图片、视频以及打捞上来的物品等毫无保留且及时稳妥地移交给印尼军方。这是中国军队与印尼军队共同开展的一次重大人道主义救援行动，也是中国援潜救生力量的首次国际救援实践，对巩固和深化两国全面战略伙伴关系、促进两军互信合作意义重大。② 2021年5月，两国海军在雅加达附近海域举行了联合军演。演练内容包括编队通信演练、联合搜救、编队运动等，旨在深化专业交流，增进互信与合作，以实际行动共同维护地区和平与稳定。③

2. 开展经济合作

中国和印尼在经济方面的合作是未来两国乃至中国与东南亚关系中最重要的部分。中方积极挖掘两国市场优势和内需潜力，扩大印尼对华出口，增

① 孙楠、骆飞：《王毅卢胡特共同主持中国印尼高级别对话合作机制首次会议》，新华社，2021年6月6日，http://www.gov.cn/guowuyuan/2021-06/06/content_5615770.htm。
② 《关键时刻中国出手：成功打捞印尼潜艇残骸，倾力支援展现大国担当》，搜狐网，2021年5月23日，https://www.sohu.com/a/467985604_100038392。
③ 《这次中国与印尼军演，目的是否不简单？澳学者：中国警告澳大利亚》，网易网，2021年5月17日，https://www.163.com/dy/article/GA7G04G20515CFRI.html。

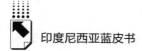

加中资赴印尼投资，推动两国贸易健康平衡发展。中国多年来一直保持印尼第一大贸易伙伴地位。2020 年双边贸易额达 783.7 亿美元，保持稳定增长。近年来，中印尼投资合作持续快速发展，范围涵盖矿冶、电力、制造业、农渔业、基础设施、数字经济等广泛领域。2019 年，中国首次成为印尼第二大外资来源国。① 目前已有大量中资企业参与投资印尼交通、通信、油气、电力、矿产加工、电商等行业，形成集群效应。中国在印尼的投资符合印尼政府规定的"4+1"规定，即环保、技术转让、为当地工人打造就业机会、创造附加值，加上 B2B 的合作模式。印尼也是中国企业对外工程承包的重要市场之一。中国企业承包的印尼工程，如印尼最大的跨海大桥泗马大桥、最大的钢拱桥塔园桥、第二大水坝佳蒂格德大坝和在建的雅万高铁等一大批基础设施项目都发挥了积极的经济和社会效益。其中，雅万高铁项目已经成为双方基础设施建设合作的典范和双边经贸合作不断加深走实的标志。2020 年 9 月 30 日，雅万高铁 10 号隧道安全穿越印尼既有铁路线，DK655 特大桥钢构连续梁成功实现合龙，为后续的架梁、铺轨等奠定了坚实基础。2020 年 11 月 15 日，首座千米以上隧道顺利贯通，标志着雅万高铁进入了施工生产的高峰期。② 如果顺利，雅万高铁有望在 2023 年 6 月实现运营。建成通车后，雅加达到万隆的时间将由现在的 3 个多小时缩短至 40 分钟，对于助力印尼经济社会发展、深化中印尼友好合作具有十分重要的意义。此外，一系列具有投资示范作用的项目陆续运营，如中国电力建设集团参与投资建设的印尼明古鲁燃煤电站、印尼德信钢铁等。上海电力公司计划在巴厘岛投资 13 亿美元兴建燃气发电站（PLTG）、中铝国际与民房国有公司（PTPP）合作将在西加里曼丹省投资 11.56 万亿印尼盾建设铝矿冶炼厂、宁德时代新能源科技公司（CAT）与印尼阿沙汗铝矿公司（Inalum）签署发展锂电池工业合作协议等，体现出中资赴印尼投资的强烈意愿和热情。

---

① 《中国驻印度尼西亚大使肖千：RCEP 开启中印尼合作新篇章》，中国投资参考，2021 年 4 月 27 日，http：//new. tzxm. gov. cn/xwzx_ 9109/tjsy/202104/t20210427_ 1277681. shtml。

② 《雅万高铁：中国高铁方案走出国门"第一单"》，中国一带一路网，2021 年 2 月 13 日，https：//www. thepaper. cn/newsDetail_ forward_ 11335123。

2020年9月30日，印尼银行及中国人民银行签署《关于建立促进经常账户交易和直接投资本币结算合作框架的谅解备忘录》，一致同意积极推动使用本币进行双边贸易和直接投资结算，推动人民币和印尼盾之间的直接兑换报价和银行间交易。2021年9月6日，中国与印尼双边本币结算机制（LCS）正式启动，开创了两国货币合作新阶段。[①] 两国战略对接标志性项目雅万高铁、"区域综合经济走廊"稳步推进，"两国双园"启动实施，电子商务、数字经济、电动汽车、新能源等合作方兴未艾，签署了有关发展及提高互联网的安全性及科技合作的谅解备忘录。该谅解备忘录是中国与外国首次签署的互联网安全协议。[②] 展望未来，随着中印尼双边贸易规模持续扩大，双向投资走深走实，双方将进一步深化战略对接、拓展合作深度广度，为两国人民带来更多实实在在的福祉。

3. 合作抗击疫情

疫情对全球发展产生了重大而深远的影响。面对严峻疫情，中国和印尼相互支持，体现了风雨同舟、守望相助的深情厚谊。抗疫合作是两国关系发展的亮点。中印尼抗疫合作起步早、规模大、效果好，实实在在地为两国抗疫特别是印尼抗疫发挥了重要作用。两国元首多次通电，一致同意加强抗击新冠肺炎疫情的交流合作。两国外长数次会谈，就双方经贸投资、疫苗合作、人员往来等深入交流，宣布正式建立人员往来"快捷通道"，开通重要物资运输"绿色通道"，在确保防疫前提下，便利人员往来，维护产业链和供应链畅通，助力彼此经济复苏。在中国抗疫最艰难的时刻，印尼政府向中方紧急捐赠医疗物资，印尼政要及社会各界通过致电、捐赠、写信、视频、征集签名等实际行动支援中国。当印尼遭受疫情时，中国第一时间向印尼提供物资援助并分享疫情诊疗防控经验。

在新冠肺炎疫情形势严峻的背景下，疫苗合作正逐渐成为中国与印尼不

---

① 林永传：《中印尼两国金融机构完成首笔本币直接报价兑换》，2021年9月6日，https：//finance. sina. com. cn/roll/2021-09-06/doc-iktzscyx2616488. shtml。

② 嘉豪：《中国、印尼加强在网络安全能力和技术建设方面的合作》，2021年1月19日，https：//cc-times. com/posts/12680。

断巩固政治互信、持续深化战略合作的重要抓手。2020年10月9日，中国国务委员兼外长王毅和印尼海洋与投资统筹部长卢胡特举行会谈时表示，抗疫合作为两国关系开辟了新内涵，中方愿同印尼全面推进疫苗研发、生产和使用合作，共同为疫苗在地区和世界的可及性和可负担性做出贡献。① 以此为基础，两国积极开展疫苗临床试验、商业采购、生产研发、技术转移等合作。中国尽管面临自身疫苗供应的压力，仍然克服困难、履行承诺，持续向印尼供应疫苗，对控制和缓解印尼疫情发挥了积极作用。北京科兴生物和中国医药集团有限公司与印尼国有 Bio Farma 公司等企业签署采购协议及疫苗研发和产能合作协议。中国支持印尼打造区域疫苗生产中心，共同抵制"疫苗民族主义"和"免疫鸿沟"，推动构建人类卫生健康共同体。

虽然在中印尼两国关系中仍然存在一些不和谐的声音，但经过疫情的考验，双方将继续按照两国元首达成的重要共识携手同行，加强战略对接，为中印尼全面战略伙伴关系注入新内涵，为地区和世界和平发展、繁荣稳定做出更大贡献。

（二）与美国的关系

在美国的印太战略框架中，印尼是重要一环。印尼地处两洋交汇处，分别与中、印、澳等区域大国相邻，对美日印澳四国在印度洋-太平洋地区对中国的钳制中发挥关键作用，因此，印尼已成为继印度、越南后美国重点争取的对象。同时，作为东盟领导国家，印尼的政策动向对于东盟各国具有示范作用。因此，美国认为印尼在东南亚扮演着特殊角色，即东盟国家的"锚"。美国总统拜登与印尼总统佐科于2021年11月联合国气候变化大会COP26活动期间举行会谈，时任美国国务卿蓬佩奥和现任美国国务卿布林肯分别于2020年10月和2021年12月出访印尼，表面都上是商讨加强和扩大两国合作事宜，实质上是美国不断试图在其所谓"印太地区"建立起反华阵线。然而，布林肯飞机尚未

---

① 孙静波：《王毅同印尼总统特使卢胡特举行会谈》，澎湃新闻，2020 年 10 月 10 日，https://www.thepaper.cn/newsDetail_forward_9497840。

落地，印尼媒体《雅加达邮报》就发文直言印尼和美国并非盟友，"交情并不深厚"，可以合作，但应当保持距离。①

印尼与美国在安全防务领域的合作是两国合作的传统重点领域。2021年3月起，印尼陆军战略指挥部队属下步兵参加为期4个月的美国陆军安全部队援助旅（SFAB）训练。6月，印尼空军与美国空军以"对抗西部2021"（Cope West 2021）为主题开展战斗机联合军演活动，② 印尼海军陆战队两栖侦察营（Yontaifib）士兵与美国海军陆战队侦察部队举行代号为"Reconex 21-II"的联合演习。③ 7月，两国举行"神鹰盾牌2021"（Garuda Shield）联合军演，包括陆战队、特种部队和空降部队在内超过4500人参加，是印尼和美国陆军历史上最大规模的军演。④ 9月，两国空军在苏拉威西海域上空举行历史上首次轰炸机联合演练活动，动用了F-16战斗机、波音737侦察机、B-52轰炸机等多种机型。两国空军还在西努沙登加拉省开展了有关提高应对灾难以及人道救援行动的"2021年太平洋空运集会"（PAR）联合演习活动，旨在交流飞行技术，建立区域友好关系，提高灾难应对能力。另外，印尼和美国在廖内群岛的巴淡岛（Batam）共建了一所海事培训中心，用于增进印尼打击本土和跨国犯罪的能力。这些联合演习和训练，能够提升两军的协作能力，促进两国军事合作关系，加强两国间的伙伴关系。2022年2月，美国同意向印尼出售36架F-15型战斗机，用于提高重要区域伙伴的安全能力。⑤

2020年10月，印尼国防部长普拉博沃应美国国防部长马克·埃斯珀的

① 熊超然：《布林肯首次东南亚之行想组建"抗中同盟"？印尼媒体：我们不是盟友》，2021年12月13日，https：//news.sina.com.cn/c/2021-12-13/doc-ikyakumx3927802.shtml。
② MilitaryLeak，"US Air Forces F-16s to Participate in Exercise Cope West 2021 in Indonesia," June 6, 2021, https：//militaryleak.com/2021/06/06/us-air-forces-f-16s-to-participate-in-exercise-cope-west-19-in-indonesia/.
③ VNA, "Indonesian, US Marine Soldiers Hold Joint Drills," June 14, 2021, https：//en.vietnamplus.vn.
④ Antara News, "Garuda Shield Joint Exercise Demonstrates Defense Diplomacy: Observer," July 29, 2021, https：//indonesiatribune.com/2021/07/29/garuda-shield-joint-exercise-demonstrates-defense-diplomacy-observer/.
⑤ Defense World, "Indonesia Cleared to Buy F-15ID Aircraft for $14B," February 11, 2022, https：//www.defenseworld.net/news/31358/Indonesia_Cleared_to_Buy_F_15ID_Aircraft_for__14B#.YgkFVZZBxhw.

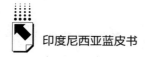

邀请出访美国。这是美国取消对他侵犯人权的入境禁令以来的首次访问,在国际上引起较大关注,被认为是美国对印尼"人权问题"上的态度大反转,暴露出美国在中美关系逐渐紧张的形势下拉拢印尼的目的。但是,印尼始终奉行独立外交方针,不在大国之间选边站队,例如美国官员多次同印尼外长和防长接触,提出美军 P-8"海神"反潜侦察机在印尼境内降落和加油的要求,都遭到印尼拒绝。①

在经贸领域,2020 年两国之间的贸易合作有所加强,在美国的贸易伙伴中印尼的排名在第 22 位,相较于其他东盟国家仍有所落后。以对美贸易额计,排名为越南居第 10 位、新加坡居第 16 位、马来西亚居第 18 位、泰国居第 19 位。② 2020 年 9 月,印尼与美国两国财政部长签署了《加强基础设施融资和市场建设合作框架》协议,成为两国经济合作最新成果。③ 11月,两国政府代表签署价值共计 7.5 亿美元的基础设施融资及贸易合作意向书。④ 然而,由于美国在特朗普执政时期退出了跨太平洋伙伴关系协定(TPP),目前在东南亚地区缺乏正式的经济合作平台,所能施加的影响力有限。拜登政府提出的"印太经济框架"愿景尚未设计具体内容和细节,内容含混不清,其本质不过是敲门砖,推行印太战略才是美国的终极目的。加之美国从 2020 年 2 月 10 开始,将印尼列入中等收入国家,排除在未开发或发展中国家享有的特殊待遇(SDT)名单之外,使印尼不能动用有关世贸框架内的补贴及平衡税措施,引发印尼担忧,直至 2020 年 10 月 30 日美国贸易代表处(USTR)做出决定,正式延长印尼对美出口的普惠制待遇(GSP)。⑤

---

① 科罗廖夫:《为了在东南亚立足,美国连人权大棒都扔掉了,结果却碰了一鼻子灰》,2020年 10 月 23 日,https://k.sina.com.cn/article_ 1403915120_ 53ae0b7001900svvl.html。

② 朱莉·麦卡蒂:《美媒:与东南亚贸易往来,美国"追赶"中国》,2021 年 1 月 26 日,https://oversea.huanqiu.com/article/46V83QYCVHo。

③ 张杰:《印尼与美国签署〈加强基础设施融资和市场建设合作框架〉协议》,2020 年 9 月21 日,http://world.people.com.cn/n1/2020/0921/c1002-31869354.html。

④ MetroXinWen:《印尼-美国达成价值 7.5 亿美元合作协议》,2020 年 11 月 19 日,https://www.medcom.id/cn/business/read/2020/11/19/18393。

⑤ 《美国延长对印尼普惠制待遇》,〔印尼〕《千岛日报》2020 年 11 月 3 日,https://www.qiandaoribao.com/2020/11/03。

（三）与其他国家的关系

2006年起日本成为印尼的战略伙伴，双边关系不断深化，尤其是以海洋领域为代表的各类合作加速推进，包括海洋安全、海洋基建、海洋事务管理等内容。印尼政府和日本政府于2019年6月签署了一份关于印尼海事安全局（Bakamla）与日本海岸警卫队（JCG）之间合作的谅解备忘录，于2020年2月开始在多个领域开展合作，以提高印尼海上警戒能力。[1] 2019年11月，时任日本首相安倍晋三出访印尼，承诺自2020年起重点强化对印尼海上安保能力建设的援助。2020年10月，上任伊始的菅义伟将印尼和越南作为首访之地，着重探讨印太构想和海洋安全合作问题。日本表示，为支援印尼海上执法能力建设，将尽可能提供更多的海洋军事装备，并尽早重启两国外长与防长间的"2+2"会谈。[2] 2021年3月，印尼与日本举行第二次"2+2"会谈。这是时隔六年后两国再度举行这一会谈，在东盟国家中日本仅与印尼构建了该种机制。双方就加强安全与防务合作达成共识，签署了"防务装备及技术转移协定"，印尼成为继美国、英国、菲律宾等国后第10个与日本签署此类协定的国家。根据协定，日本可能直接向印尼出口包括战舰、坦克在内的大型军用装备。两国还将强化边远岛屿开发、海上执法能力等方面的合作。日本将继续参加印尼主导的"科莫多"海上联合军演等。两国合作对于印尼平衡地缘政治力量、保持东盟中心地位、提升海上防务水平具有重要意义。[3] 2021年11月，佐科总统与日本首相岸田文雄举行高层电话会议，讨论如何改善双边合作关系。在基础设施领域，印尼和日本同意加快几个大型基础设施项目的进程，包括捷运二期工程

---

[1] Bangun Santoso, "Indonesia dan Jepang Teken Kerjasama Keamanan Laut," June 27, 2019, https：//www. suara. com/news/2019/06/27/145336/indonesia－dan－jepang－teken－kerjasama－keamanan－laut.

[2] 谢莲：《菅义伟结束东南亚四日行回国，任内"外交首秀"表现如何？》，凤凰网，2020年10月21日，https：//news. ifeng. com/c/80kqQEhcRy2。

[3] 《日本与印尼签署武器协议，还将展开海上军演，日本表示：敦促中国》，腾讯网，2021年4月1日，https：//new. qq. com/omn/20210401/20210401A037Y900. html。

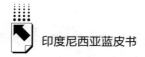
（MRT tahap kedua）的建设、下一阶段的帕丁班港（Pelabuhan Patimban）的建设和继续爪哇北线升级项目（Java North Line Upgrading Project）建设等。

2019年，韩国是印尼第8大出口目的地，也是第6大进口来源国。近年来，韩国加强了对印尼这个东南亚最大经济体的投资。2019年11月，佐科总统率团前往韩国出席东盟-韩国峰会及东盟-韩国结为合作伙伴30周年纪念活动，双方共同签署了三项合作协议，包括印尼迁都和建设发展的技术合作、完成印韩两国全面合作伙伴关系协议的最后谈判、印韩两国外交和行政官员免签证合作协议等。① 2020年12月，两国签署全面经济伙伴关系协定。这是两国自2012年开启CEPA谈判以来时隔8年正式签署协议。② 2021年6月，印尼外长蕾特诺与韩国外长郑义勇在雅加达签署了关于实施2021~2025年特殊战略伙伴关系行动计划的谅解备忘录和关于三角合作的谅解备忘录，旨在加强国防与安全及与地缘政治相关的合作关系。③

2020年是印尼与澳大利亚建交70周年，佐科出访澳大利亚，签署了2020~2024年战略伙伴关系协定行动计划和有关交通运输安全合作的意向书。双方承诺将继续加强互利合作关系，履行印尼-澳大利亚全面合作伙伴协议（IA-CEPA）。该协议于2020年7月5日开始生效，实行商品贸易零关税优惠，推动印澳间投资、旅游、教育、卫生、通信和物流等方面的合作。④ 2021年8月，两国举行军队高级委员会会议，签署了3项防务合作谅解备忘录，即打击恐怖主义、新兴网络技术合作以及防务合作安排。澳大利亚宣布向印尼捐赠15辆装甲车，以加强两国防务合作。9月，印尼与澳大

① Teatrika Handiko Putri, "Peringati 30 Tahun ASEAN-RRT, Jokowi：Perdagangan Kita Naik 82 Lipat," November 22, 2021, https：//www. idntimes. com/news.

② Sella Panduarsa G/Suharto, "Indonesia, South Korea Sign CEPA in Seoul," December 18, 2020, https：//en. antaranews. com/news/163988/indonesia-south-korea-sign-cepa-in-seoul.

③ Rehel Narda Chaterine, "Bertemu Menlu Korsel, RI Tekankan Pentingnya Kerja Sama Kesehatan, Ketenegakerjaan, dan Ekonomi," June 25, 2021, https：//nasional. kompas. com.

④ IDN, "Jokowi：Bilateral Cooperation with Australia Will Be Better Directed with IA-CEPA," February 10, 2020, https：//www. idnfinancials. com/cn/news/31910/jokowi - bilateral - cooperation - australia-directed-ia-cepa.

利亚在雅加达举行"2+2"会议，双方讨论的相关问题包括防务合作安排、加强国防工业领域合作、提高在卫生、教育和培训领域的合作等，并对区域性和全球性安全趋势发展交换意见。①

法国是印尼的战略伙伴，其战略伙伴关系协议中的主要合作领域是防务合作。2021年6月，印尼国防部长普拉博沃在巴黎与法国国防部长签署了印度尼西亚-法国国防合作协议，合作重点包括国防工业技术、维和部队合作、消灭恐怖主义、国防工业生产研发和人道主义援助等内容。② 11月，法国外长出访印尼，在双边会谈中签署了印尼与法国2022~2027年深化战略伙伴关系的行动计划，规定了卫生、国防、气候、能源、海事等优先领域，为未来5年伙伴关系的发展明确了方向。③ 2022年2月，法国国防部长出访印尼，旨在加强和扩大防务合作范围。两国签署了几项关于国防合作的谅解备忘录，涉及飞机维修保养和大修、潜艇研发及大口径弹药生产方面的合作。另外，印尼还将从法国购买42架由达索航空公司生产的达索阵风喷气式战斗机，首批6架购买协议也于此次签署。此举使印尼成为紧随印度之后，印太地区第2个向法国达索飞机公司采购阵风战斗机的国家。④

六　区域合作与全球事务

作为东南亚地区最大的国家，印尼将东盟视为外交政策的基石，致力于促进区域合作、调和区域矛盾及管理东盟与域外大国的关系，努力建构自主

---

① Wahyu Dwi Anggoro, "Indonesia, Australia Hold Ministerial Council Meeting on Law and Security," December 24, 2021, https://www.medcom.id.

② Indonesia Window, "Indonesia, France Sign Defense Cooperation Agreement," July 1, 2021, https://indonesiawindow.com/en/indonesia-france-sign-defense-cooperation-agreement/.

③ Syaiful Hakim, "Menhan Prabowo terima kunjungan Menlu Perancis bahas kerja sama," November 23, 2021, https://www.antaranews.com/berita/2542441/menhan - prabowo - terima - kunjungan-menlu-perancis-bahas-kerja-sama.

④ Iqbal Basyari, "RI Borong Puluhan Alutsista dari Perancis, DPR: Harus Dipastikan Baru," February 10, 2022, https://www.kompas.id/baca/polhuk/2022/02/10/indonesia - borong - puluhan-alutsista-dari-perancis.

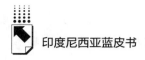
的区域秩序。在国际舞台上，印尼致力于抗击新冠肺炎疫情、经济复苏、环境保护、维护和平及保护人权，为推动各个国家和组织加强协同、应对挑战贡献了不小的力量。

（一）东盟框架下的印尼角色

东盟是印尼外交政策的基石。作为一个中等国家，印尼在东盟内部的领导主要是促进区域内合作、调和区域内矛盾以及管理东盟与域外大国的关系。虽然佐科总统奉行更加注重国家发展的外交政策，但在 2019 年 6 月 23 日曼谷举行的第 34 届东盟峰会上，自东盟领导人正式通过印尼提出的"东盟印太展望"后，印尼致力于将东南亚国家整合起来，努力建构由自身主导的区域秩序，共同推进东盟的印太展望，使以印尼为主导的东盟在区域事务中发挥中心作用。从东盟角度看，东盟并不愿在大国博弈之间选边站队，而是想将各个大国包容进以东盟为主导的多边地区秩序中，最大限度地保留自身在地区事务中的主导权。从印尼角度看，与所有域内大国发展良好的关系不仅是出于经济原因，更是因为其意图独立自主地处理域内事务。印尼不希望任何一个域外大国打破东南亚的地缘政治平衡，而是希望让各大国在东南亚相互牵制，并通过建构更具包容性的多级区域架构保持东盟中心性，避免东盟在日益加剧的大国竞争中被边缘化。

印尼作为东盟大国，一方面致力于发展与东盟国家的外交关系，如新加坡总理分别于 2020 年 2 月和 2022 年 1 月出访印尼，双方签署经贸、教育、能源、科研、卫生、反恐等多项合作协议和备忘录，如延长本币双边互换协议和双边回购协议、签署飞行情报区（FIR）协议、双边引渡条约及防务合作协定与相关实施协议等，有助于继续加强两国的执法合作、航空安全和防务安全。① 另一方面，印尼着力推动东盟成员国间的团结合作。2019 年 11 月在泰国举行第 35 届东盟峰会及东亚合作领导人系列会议上，佐科总统提

---

① Aqil Haziq Mahmud, "Singapore and Indonesia Have Signed a 'Balanced' Set of Agreements That Addresses 3 Longstanding Issues：PM Lee," January 25, 2022, https：//www.channelnewsasia. com.

出关于推动东盟国家在印太框架下加紧合作建设等事项。印尼政府认为，东盟国家在印太框架下加紧合作，将推动一系列经济合作倡议落实。印尼还寻求通过建立"东盟认同"强化东盟共同体，增强东盟中心性。2020年11月，第37届东盟峰会通过《东盟认同叙事》（The Narrative of ASEAN Identity），指出"东盟认同"是一个社会建构过程，由"建构的价值观"与"传承的价值观"相结合，体现为尊重、和平与安全、繁荣、不干涉、协商/对话、遵守国际法和贸易规则、民主、自由、促进和保护人权、多元一体、包容、东盟中心性等价值观。① "东盟认同"的提出，有助于东盟国家团结起来，共同推进东盟共同体和"东盟印太展望"，保护自身在地区事务中的主导权。为应对2021年2月发生的缅甸政变，印尼外长蕾特诺频繁开展穿梭外交，争取政治背景不一的成员国同意就缅甸危机召开特别会议。4月，东盟在雅加达召开缅甸危机特别峰会。会议达成五点共识，即停止暴力、缅甸各方应进行建设性对话、委任东盟特使促成对话、接受东盟灾害管理人道主义援助协调中心（AHA Centre）开展人道主义援助、允许特使访问缅甸。印尼认为，落实五点共识需要中国对东盟的支持。印尼将致力于监督这五点共识的后续行动，以便解决缅甸政治危机，恢复民主，保护缅甸人民的安全和福祉。② 2021年，中断6年的东盟人权对话在印尼重新举行。

与此同时，印尼也致力于在东盟层面上发展与域外国家的关系。在2019年11月第22次东盟-中国领导人会议上，佐科总统强调，东盟-中国合作伙伴关系已经成为推动地区和平与稳定的"火车头"。东盟在"东盟印太展望"框架下与中国开展合作，主要聚焦于互联互通和基础设施建设，助推印太地区成为经济增长新中心。会议发表了"一带一路"倡议与《东盟互联互通总体规划2025》对接、智慧城市合作、媒体交流合作三份联合

---

① ASEAN, "The Narrative of ASEAN Identity," November 12, 2020, https：//asean.org/the-narrative-of-asean-identity/.

② 许振华：《缅甸局势东盟峰会：五点共识来之不易，局势降温仍需各方配合》，2021年4月25日，https：//www.thepaper.cn/newsDetail_ forward_ 12380159。

声明，提出了一系列新的合作倡议，一致同意携手打造蓝色经济伙伴关系。① 印尼是 2021~2024 年东盟-美国的合作协调国，并于 2021 年 10 月举行的第 9 届东盟-美国线上峰会上表达了对东盟与美国未来关系的三个希望。首先，希望东盟与美国的关系能够增强地区稳定与和平，以合作、开发、包容的方式落实"东盟印太展望"。东盟希望美国能够成为落实"东盟印太展望"四大优先合作事项的主要伙伴之一，即海事合作、互联互通、可持续发展和投资贸易合作。其次，东盟希望与美国的伙伴关系能够成为后疫情时代经济复苏的支柱。涵盖技术和能源转型领域的绿色和可持续经济的伙伴关系是东盟-美国伙伴关系的优先事项。最后，希望东盟和美国加强在卫生领域的合作，因为国家健康韧性是全球健康韧性的基石。② 在同期举行的第 1 届东盟-澳大利亚峰会上，佐科总统对澳大利亚、英国、美国三边安全伙伴关系协议（AUKUS）及澳大利亚发展核潜艇之事感到忧虑，因为这种做法将引发本区域的核军备竞赛。他呼吁把冲突文化转变为和平文化，使信任赤字成为信任战略。③

（二）国际舞台上的印尼影响

印尼在联合国框架下积极参与国际事务，提出"为和平投入"（Investing in Peace）的工作倡议，以合作抗疫、经济复苏、维护和平和妇女赋权问题为优先事项，推动各个区域组织加强与联合国的协同作用。2021 年 9 月 23 日，佐科总统在第 76 届联合国大会中通过视频发表演讲，这是佐科总统自 2014 年上任以来首次在联合国大会发表演讲。佐科指出，联合国必须通过不断改革振兴和提高效率完善自身，必须加强全球的集体

---

① 毛鹏飞、淡然：《综述：中国-东盟对接发展规划为互联互通注入新动力》，2019 年 11 月 4 日，http：//www.gov.cn/xinwen/2019-11/04/content_ 5448569. htm。

② Teguh Firmansyah，"Jokowi Sampaikan Tiga Harapan dalam Hubungan ASEAN-AS," November 27，2021，https：//www.republika. co. id/berita/r1lfye377/jokowi - sampaikan - tiga - harapan - dalam-hubungan-aseanas.

③ Edwin Shri Bimo，"KTT ASEAN - Australia：Indonesia Khawatir Aliansi AUKUS akan Picu Perlombaan Senjata di Indo-Pasifik," October 7，2021，https：//www. kompas. tv。

领导，必须在抗击疫情方面加强合作。佐科呼吁各国共同创造世界和平，共同反对不宽容、冲突、恐怖主义和战争，尊重多样性、维护女权和少数群体。①

在合作抗疫领域，2020 年 12 月，联合国通过了印尼发起的"全球卫生和外交政策：通过人人负担得起的医疗保健来增强卫生系统韧性"（Global Health and Foreign Policy：Strengthening Health System Resilience through Affordable Healthcare for All）的决议，并得到其他 181 个联合国成员的支持。该决议与印尼担任 2020 年"外交政策和全球卫生倡议"（Foreign Policy and Global Health Initiatives）主席的角色相一致，积极支持全球为抗击新冠肺炎疫情而做出努力。② 印尼致力于共同努力缩小发达国家和发展中国家的"疫苗鸿沟"，强调只有全球共同战胜疫情，经济才有可能复苏，而只有缩小"疫苗鸿沟"，疫情才能得到控制。各国只有通过"新冠疫苗实施计划"，确保疫苗共享和公平分配，才能共同缩小"疫苗鸿沟"。团结合作是走出疫情、共同复苏的关键，必须停止疫苗政治化和"疫苗民族主义"。此外，印尼还提出在新冠肺炎疫情期间国家间在保护海员方面进行合作的倡议，在联合国大会上获得批准。

在经济复苏领域，2021~2023 年，印尼再度成为联合国经济及社会理事会（ECOSOC）的亚太区成员国。这是自 2012~2014 年以来，印尼第 12 次受任为该组织成员国。2021 年 6 月，联合国粮农组织（FAO）总部在线举行第 42 届粮农组织大会系列会议，印尼成功当选为联合国粮农组织理事会成员，任期为 2021 年 6 月至 2024 年 6 月。印尼还在联合国大会上发起了关于创意经济的倡议，并由联合国通过第 74/198 号决议将 2021 年定为"国际创意经济促进可持续发展年"（International Year of Creative Economy for Sustainable Development），提出"包容性创意：全球复苏"的主题，以促进

① 《佐科威以视频方式出席第 76 届联合国大会并发表演讲》，美都网，2021 年 9 月 23 日，https：//www. medcom. id/cn/news/read/2021/09/23/22477。
② Kementerian Luar Negeri Republik Indonesia, Indonesia Prakarsai Resolusi PBB Tentang Penguatan Ketahanan Kesehatan Global, December 15, 2020, https：//kemlu. go. id.

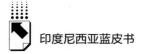
创意经济部门和世界经济复苏。① 2021 年 10 月，印尼佐科总统出席在意大利罗马举行的二十国集团（G20）峰会，在峰会结束时，印尼从意大利手中接任 G20 轮值主席国。印尼的主席国身份从 2021 年 12 月 1 日开始，至 2022 年 11 月 30 日为止，为期一年。G20 是代表了全世界 85% 生产总值的国家集团，对于印尼而言，这既是一种荣誉，更是重大责任，尤其是在抗击新冠肺炎疫情、经济复苏和保护环境领域。因此，在印尼担任轮值主席国期间提出的主题是"共同复苏，更强复苏"（recover together，recover stronger）。② 印尼强调，要增强经济复苏就必须着重于二十国集团之间的紧密合作关系，以推动生产发展、加强经济稳定、保证经济增长的持续性，并通过与 G20 以外国家、论坛和组织的协同作用加强全球集体领导。印尼殷切希望并积极准备参与全球伙伴合作关系，再度提振全球市场的信心。③

在维护和平领域，印尼外交部长在 2021 年 9 月第 76 届联合国大会对于 AUKUS 和澳大利亚采购核动力潜艇表示担忧。她指出，地区军备竞赛的可能性增加，必然会威胁到地区安全和稳定。为了维持和平，印尼做出了巨大努力。2020 年，印尼是世界第 8 大维和人员派遣国。在执勤的 2828 名印尼维和人员中包含 163 名女性维和人员。④ 人道主义援助也是维护世界和平的重要途径之一。印尼在 2019 年底启动了"印尼援助"（Indonesian-AID）发展合作基金，合作伙伴包括挪威、日本国际协力机构（JICA）、德国国际合

① Culture 360, UN declares 2021 as International Year of Creative Economy for Sustainable Development, November 29, 2019, https：//culture360. asef. org/news-events.

② Thestar, "Indonesia and G‑20 Sees Jokowi on the World Stage：Jakarta Post Contributor," December 13, 2021, https：//www. thestar. com. my/aseanplus/aseanplus‑news/2021/12/13/indonesia‑and‑g‑20‑sees‑jokowi‑on‑the‑world‑stage‑jakarta‑post‑contributor.

③ Pemerintah Pusat, "Keputusan Presiden（KEPPRES）Tentang Panitia Nasional Penyelenggara Presidensi G20 Indonesia Tahun 2022," May 27, 2021, https：//peraturan. bpk. go. id.

④ detikNews, "Kemlu Ungkap Capaian Diplomasi RI 2020, Apa Saja?" January 7, 2021, https：//news. detik. com/adv‑nhl‑detikcom/d‑5323925/kemlu‑ungkap‑capaian‑diplomasi‑ri‑2020‑apa‑saja.

作机构（GIZ）、美国国际援助署（USAid）和澳大利亚援助署（AusAid）。①作为联合国安理会非常任理事国，印尼与德国一起成功批准了两项联合国阿富汗援助团决议。关于罗兴亚难民，出于人道主义考虑，印尼暂时收容罗兴亚难民。

印尼在国际民主和人权及妇女权益问题上也十分活跃。从2020年起，印尼开始履行联合国人权理事会成员的职责。印尼希望人权理事会切实发挥多边机制作用，促进人权保护合作，而不是成为政治斗争的工具。2020年12月，印尼召开第13届巴厘岛民主论坛（BDF），主题是"民主和新冠肺炎疫情"（Democracy and COVID-19 Pandemic），旨在分享各国在同时应对疫情和发扬民主方面的经验。印尼认为，在疫情期间，民主面临着重大挑战。正常情况下，采取太多社会限制措施可以称为违反民主价值观。但是，在健康危机时期，限制行动是必要的，这意味着个人权利与公共责任紧密相关。② 2021年12月，印尼召开第14届巴厘民主论坛。论坛的主题是"民主服务人类：推进疫情下的经济与社会公正"，共有来自95个国家和4个国际组织的335名代表以线上或线下方式参加。③ 2019年5月和2020年8月，印尼担任联合国安理会月度轮值主席国期间，主持通过了关于妇女参与维和行动的第2538号决议，获得97个国家的支持。这是联合国安理会第一个专门针对妇女参与维和任务的决议，也是印尼外交史上在联合国安理会提倡的第一项决议，是印尼对和平外交的贡献。印尼外交部致力于加强妇女在对抗疫情和经济复苏中的作用，建立"东南亚妇女和平谈判和调解员网络"（Southeast Asian Network of Women Peace Negotiators and Mediators，2019）和

---

① Miranda Tahalele, "Indonesian AID: the Politics and Bureaucracy of Indonesia's Development Cooperation," February 22, 2021, https://devpolicy.org.

② Irfan Kamil, "Bali Democracy Forum Usung Tema 'Democracy and COVID-19 Pandemic'," December 4, 2020, https://nasional.kompas.com/read/2020/12/04/17261421/bali-democracy-forum-usung-tema-democracy-and-covid-19-pandemic.

③ Marcheilla Ariesta, "BDF Diharapkan Jadi Forum Saling Berbagi Pengalaman Berdemokrasi," December 8, 2021, https://www.medcom.id/internasional/asean/yKXjRmDb-bdf-diharapkan-jadi-forum-saling-berbagi-pengalaman-berdemokrasi.

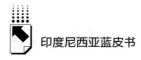

"印度尼西亚-阿富汗妇女团结网络"（Indonesia-Afghan Women's Solidarity Network，2020）。前者已于 2021 年加入全球区域女性调解员网络联盟，成为联盟中唯一的亚洲代表。①

---

① "International Diplomatic Missions Joined Forces to Empower Women in Indonesia," March 12, 2021, https：//scandasia. com/international-diplomatic-missions-joined-forces-to-empower-women-in-indonesia/.

B.4

2021~2022年印度尼西亚社会形势[*]

袁海广[**]

摘　要： 本报告从人口与就业、教育与科技、民生基础设施三个方面分析了2021~2022年印尼社会发展状况。报告指出印尼正处于人口红利上升期，劳动参与率持续上升，但人口的地区分布不均衡，就业人口平均学历水平偏低，农林渔业就业占比大，尤其在新冠肺炎疫情冲击下，失业问题突出，新生代劳动人口失业率高企，人们对非正式就业的依赖增加。近年印尼教育发展取得一定进步，但地区发展不平衡、教育投入和师资不足、教育质量待提高等问题突出。科技方面则面临全社会研发投入水平较低和人才储备不足的困境。本届印尼政府非常重视加强基础设施建设以改善民生和经济发展动力，显著加大了政府的基建投资支出，设立了一批国家重大项目和战略项目，近5年已完成了128项国家战略优先项目建设，但当前仍面临疫情冲击、资金缺口、征地困难等挑战。

关键词： 印度尼西亚　人口与就业　教育与科技　基础设施建设

在世界竞争力排名中，印尼综合竞争力在64个经济体中排第37位；在14个亚太经济体中与印度并列第11名[①]，落后于新加坡、马来西亚和泰国等

＊　本报告为广东外语外贸大学2020年度南海研究科研创新团队项目研究成果。
＊＊　袁海广，广东外语外贸大学讲师，印度尼西亚研究中心研究员。
①　IMD World Digital Competiveness, 2021.

东盟国家，仅高于菲律宾和蒙古国。在经济表现、政府效率、商业效率和基础条件4个评估维度中，印尼仅在劳工市场方面进入前3名，税收政策上进入前10名，在国际贸易、生产率和效率，以及包括教育在内的基础条件等方面排名则非常靠后（详见表1），这表明印尼经济社会发展还面临巨大挑战。

表1 2021年印尼国际竞争力排名

类别	项目	排名	类别	项目	排名
经济表现	国内经济	23	商业效率	生产率和效率	49
	国际贸易	51		劳工市场	3
	国际投资	39		财政	36
	就业	19		管理措施	26
	价格	20		态度与价值观	17
政府效率	公共财政	20	基础条件	基本基础设施	36
	税收政策	7		技术基础设施	49
	制度框架	44		科学基础设施	50
	商业立法	40		健康与环境	60
	社会架构	39		教育	58

资料来源：IMD《世界竞争力报告》，2021。

本报告从人口与就业、教育与科技、民生基础设施三个方面具体分析近两年印尼社会发展现状。总体上讲，印尼社会发展具有人口基数庞大、年轻化、市场广阔等优势，同时也面临各地区间社会发展差异较大、教育投入相对不足、师资力量亟待加强、教学水平有待提高、全社会研发投入强度过低、民生和经济发展的基建设施欠账较多等一系列问题的挑战。

一 社会人口特征与就业形势

（一）印尼的人口结构与分布

1. 人口总量与年龄结构特征

2020年印尼第七次全国人口普查（简称"七普"）结果显示，2020年印尼总人口达到2.702亿，是世界第4人口大国，预计到2045年印尼总人口将突破3亿大关，达到3.19亿。从增速来看，自20世纪80年代，印尼人口增速就已开始放缓，1990年"四普"时期人口增速跌破2%（详见图1）；进入21世纪之后，"五普"和"六普"时期人口增速在1.44%~1.49%之间徘徊，2010~2020年印尼年平均人口增速为1.25%。印尼专家预计，2045年印尼的年平均人口增速将降到0.41%。在性别比例方面，七次人口普查结果均显示印尼的性别比例较为均衡，从1971年的97∶100缓缓上升至2020年的102∶100。①

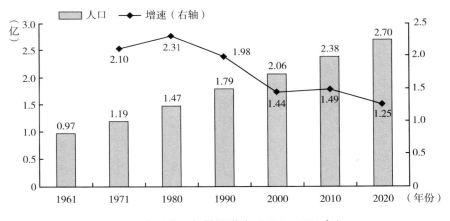

图1　印尼人口数量及增速（1961~2020年）

资料来源：BPS。

　　从年龄结构看，印尼的人口发展呈现出"两头小中间大"的趋势。劳动适龄人口（15~64岁）占比较大且不断扩大，由第二次人口普查期间的53.39%增长到2020年"七普"期间的70.72%。2021年的最新数据显示，印尼45岁以下的人口占总人口的71.35%，45~49岁占17.82%，60岁及以上占10.82%。② 人口年龄结构呈年轻型，劳动年龄人口比重较高，为经济发展提供了丰富的人力资源，带来人口"红利"。印尼的社会抚养比自2012

---

① *SP2020 dan Proyeksi Penduduk 2015-2045*，BPS，2021，p.22。

② *Statistik Penduduk Lanjut Usia*，BPS，2021，p.30。

年开始一直低于 50%，2015 年为 49.2%，2020 年下降至 41%，正处于人口红利最高的时期。[①]

2. 空间与城乡分布

2020 年的"七普"数据显示，印尼的人口密度平均为每平方千米 141 人。从岛屿分布来看，印尼各大岛屿的人口分布并不均衡。爪哇岛的人口最为稠密，占全国人口的一半多；外岛除了苏门答腊岛，其他各大岛屿的人口相对较少。例如东加里曼丹省的面积是雅加达的 194 倍，但人口只有雅加达的 1/3。[②]

由于人口分布严重不均衡，印尼政府从苏哈托时期就开始积极向外岛移民，但未见显著成效。1971 年"一普"有 63.83% 的人口居住在只占全国6.8% 面积的爪哇岛上，2020 年仍有 56.1% 的人口（1.516 亿）居住于此（详见表 2），人口密度为每平方千米 3607 人，远超其他大岛。2020 年，苏门答腊岛居住了 21.67% 的人口（5860 万），人口密度为每平方千米 136 人；苏拉威西岛为 7.36%（1990 万），人口密度每平方千米 115 人；加里曼丹岛为 6.15%（1660 万），人口密度为每平方千米 39 人；巴厘岛和努沙登加拉群岛为 5.54%（1500 万），人口密度为每平方千米 381 人；马鲁古群岛和巴布亚岛为 3.17%（860 万），人口密度为每平方千米 26 人。

表 2　印尼各大岛屿人口比例（1971~2020 年）

单位：%

普查时间	爪哇岛	苏门答腊岛	苏拉威西岛	加里曼丹岛	巴厘岛和努沙登加拉群岛	马鲁古群岛和巴布亚岛
1971 年"二普"	63.83	17.46	7.15	4.32	5.55	1.69
1980 年"三普"	62.12	19.07	7.08	4.58	5.40	1.76
1990 年"四普"	60.23	20.44	7.01	5.09	5.27	1.96
2000 年"五普"	58.83	21.00	7.25	5.49	5.39	2.04
2010 年"六普"	57.49	21.31	7.31	5.80	5.50	2.59
2020 年"七普"	56.10	21.67	7.36	6.15	5.54	3.17

资料来源：BPS。

[①] Deti Mega Purnamasari, "Kepala BKKBN: Hasil Sensus Penduduk 2020, RI Masuki Periode Terbaik Bonus Demografi," Kompas. com, February 4, 2021, https://nasional. kompas. com.

[②] *Statistik Indonesia dalam Infografis 2021*, BPS, 2021, p.16.

从省份分布来看（详见表3），西爪哇、东爪哇和中爪哇依次是人口最多的三大省份，人口分别约为4800万、4100万和3700万。人口众多，经济相对繁荣。三省的非户籍常住人口数量也同样位居前三，人口聚集效应非常明显。从全国范围来说，印尼的常住户籍人口约为2.47亿（91.32%），非户籍常住外来人口约为0.23亿（8.68%）。人口最少的边远省份北加里曼丹，7.55万平方千米的土地才居住了约70万人，人口密度为每平方千米9人；其次是山地较多难以开发的西巴布亚和巴布亚，人口密度分别为每平方千米11人、13人。首都雅加达的人口密度最大，为每平方千米约16000人。同时，各地人口的年龄结构也存在明显差异，从表3可以看出，2020年印尼大部分省份的社会抚养比均低于50%，东努沙登加拉的社会抚养比最高，达到63.4%，其次是马鲁古（58.2%）和东南苏拉威西（58%）；社会抚养比最低的是雅加达特区（42%）、巴厘（43.2%）和中加里曼丹（43.2%）。这意味着雅加达特区、巴厘等地的劳动适龄人口比重更高，对当地经济发展有利，也有利于减轻当地财政负担，东努沙登加拉则在这方面财政负担较重。

表3 印尼各省人口密度及社会抚养比（2020年）

省份	面积		人口（万人）			密度（人/平方千米）	社会抚养比（%）*
	平方千米	占比（%）	户籍人口	外来人口	小计		
亚齐	57956	3.02	502.911	24.58	527.49	91	53.6
北苏门答腊	72981	3.81	1381.82	98.12	1479.94	203	55.3
西苏门答腊	42013	2.19	502.15	51.30	553.45	132	54.8
廖内	87024	4.54	528.09	111.32	639.41	73	49.7
占碑	50058	2.61	318.69	36.14	354.82	71	44.5
南苏门答腊	91592	4.78	785.34	61.40	846.74	92	48.4
明古鲁	19919	1.04	188.26	12.81	201.07	101	46.2
楠榜	34624	1.81	801.21	99.57	900.78	260	48.6
邦加-勿里洞	16424	0.86	126.11	19.46	145.57	89	44.9
廖内群岛	8202	0.43	170.08	36.37	206.46	252	46.4
雅加达特区	664	0.03	929.44	126.77	1056.21	15907	42
西爪哇	35378	1.85	4428.68	398.74	4827.42	1365	46.4

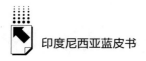
续表

省份	面积		人口（万人）			密度（人/平方千米）	社会抚养比（%）*
	平方千米	占比（%）	户籍人口	外来人口	小计		
中爪哇	32801	1.71	3450.50	201.10	3651.60	1113	47.7
日惹特区	3133	0.16	328.88	37.99	366.87	1171	45.6
东爪哇	47803	2.49	3787.23	279.34	4066.57	851	43.9
万丹	9663	0.50	1082.84	107.61	1190.46	1232	45.3
巴厘	5780	0.30	378.77	52.97	431.74	747	43.3
西努沙登加拉	18572	0.97	489.76	42.25	532.01	286	52.2
东努沙登加拉	48718	2.54	476.85	55.71	532.56	109	63.4
西加里曼丹	147307	7.68	508.19	33.25	541.44	37	49.7
中加里曼丹	153565	8.01	235.72	31.28	267.00	17	43.3
南加里曼丹	38744	2.02	372.96	34.40	407.36	105	47.7
东加里曼丹	129067	6.73	337.28	39.32	376.60	29	44.5
北加里曼丹	75468	3.94	60.57	9.61	70.18	9	45.82
北苏拉威西	13892	0.72	241.58	20.61	262.19	189	46.4
中苏拉威西	61841	3.23	268.82	29.75	298.57	48	51.3
南苏拉威西	46717	2.44	746.17	161.19	907.35	194	51.3
东南苏拉威西	38068	1.99	226.05	36.44	262.49	69	58
哥伦打洛	11257	0.59	109.68	7.49	117.17	104	47.5
西苏拉威西	16787	0.88	129.76	12.17	141.92	85	53.8
马鲁古	46914	2.45	168.70	16.19	184.89	39	58.2
北马鲁古	31983	1.67	115.19	13.10	128.29	40	56
西巴布亚	102955	5.37	95.89	17.52	113.41	11	47.1
巴布亚	319036	16.64	399.52	30.85	430.37	13	43.7
总　计	1916907	100	24673.67	2346.72	27020.39	141	41

注：社会抚养比数据为 2018 年数据。

资料来源：笔者据 BPS 资料整理。

从城乡分布来看，经过多年的经济发展，印尼的城市人口已经从 1995 年占总人口的 36% 提升至 2020 年的 56%。预计到 2050 年，城镇化水平将提高到 67%。各区域城镇化水平存在较明显的差异。以 2016 年为例，城镇人口的 68.9% 在爪哇岛和巴厘岛，16.9% 在苏门答腊岛，5.1% 在加里曼丹岛，

5%在苏拉威西岛，2.4%在努沙登加拉群岛，1.6%在马鲁古群岛和巴布亚岛。[①] 2021年，印尼6492万16~30岁的年轻人中有58.88%居住在城市；[②] 2930万60岁及以上老年人中则有53.75%居住在城市，46.25%居住在农村，[③] 说明城市年轻人口比重略高。

综合以上分析，印尼的人口空间分布仍然呈现高度集中的特征，爪哇、苏门答腊两岛占据总人口的77.78%，同时经济产出也集中于人口大岛，2021年爪哇岛GDP占印尼GDP总量的57.89%，苏门答腊岛GDP占21.70%[④]，合计达79.59%。地区发展的明显失衡促使佐科政府加大全国统筹发展的力度，并决定迁都加里曼丹岛，以突破"爪哇中心主义"。

（二）劳动人口及其就业现状分析

1.总体就业率

2017~2019年，印尼失业率一直都在5.3%上下波动，登记失业人口大致在711万以内。2020年新冠肺炎疫情影响失业率急剧上升到7.07%，登记失业人口高达977万。其中，城市失业率高达8.98%，农村为4.71%。登记失业率最高的3个省份分别为雅加达（10.95%）、万丹（10.64%）和西爪哇（10.46%），均位于人口稠密、经济相对发达的爪哇岛西部。到2021年失业率开始回落，8月的回落到6.49%的水平，显示经济正在缓慢复苏，但高于正常年份的失业率提示就业压力仍然较大。

2019~2021年，印尼经济活动人口（包括企事业单位就业、从事农业活动和个体经营活动等灵活就业人口，以及正在寻找就业的失业人口）持续增长，从2019年的1.36亿上升到2021年的1.4亿（详见表4）。劳动参与率从2019年的67.53%上升到2021年的68.08%，反映了印尼人力资源仍

① Debora Laksmi Indraswari, "Dua Sisi Urbanisasi di Masa Pandemi," Kompas.id, May 15, 2021, https://www.kompas.id/baca/riset/2021/05/15/dua-sisi-urbanisasi-di-masa-pandemi.
② *Statistik Pemuda Indonesia 2021*, BPS, 2021, pp.9–12.
③ *Statistik Penduduk Lajut Usia 2021*, BPS, 2021, p.29.
④ *Berita Resmi Statistik 7 Februari 2022*, BPS, 2022, p.9.

然处于上升期。从性别构成看，男女比例大致为 6∶4，男性的劳动参与率明显高于女性。2021 年非经济活动人口中，学龄人口占比为 23.3%，从事家务劳动的人口占比为 60.8%，是非经济活动人口的主要构成部分。

表 4　印尼人口总体就业情况（2019~2021 年）

| 调查时间 | 性别 | 经济活动人口（人） | | | | 非经济活动人口（人） | 劳动参与率（%） |
		就业人口	失业人口	小计	失业率（%）		
2019 年 8 月	男	79357851	4385795	83743646	5.24	16846705	83.25
	女	49397420	2718629	52116049	5.22	48478614	51.81
	合计	128755271	7104424	135859695	5.23	65325319	67.53
2020 年 8 月	男	77755026	6268364	84023390	7.46	17933872	82.41
	女	50699158	3499390	54198548	6.46	47816650	53.13
	合计	128454184	9767754	138221938	7.07	65750522	67.77
2021 年 2 月	男	78566170	5745322	84311492	6.81	18329321	82.14
	女	52498135	3000686	55498821	5.41	47220802	54.03
	合计	131064305	8746008	139810313	6.26	65550123	68.08

资料来源：BPS。

从就业形式看，印尼大部分就业人口在非正规部门工作，2017~2021 年，正式就业与非正式就业人口比例大致在 4∶6 之间波动（详见图 2）。正式就业人口更多居住在城市，而非正式就业人口更多居住在农村。2017~2019 年，印尼正式就业人口出现缓慢提升，但在 2020 年显著下降，降至 39.53% 的最低点；2021 年回升到 40.38%，但仍然不及正常年份的水平。原因是疫情影响下许多企业就业岗位消失，一些失业人口转向家庭佣人、临时工等非正式就业。其中非正式就业人口占比最高的 3 个省份是巴布亚（80.47%）、东努沙登加拉（75.87%）和西努沙登加拉（73.89%）。

2. 分区域的就业情况

2017~2021 年印尼农村人口的劳动参与率略高于城市，从 2017 年的 68.92% 上升到 2021 年的 70.03%；同期，城市人口的劳动参与率在 2017 年为 64.83%，到 2021 年为 66.15%（详见表 5）。疫情期间，城市和农村

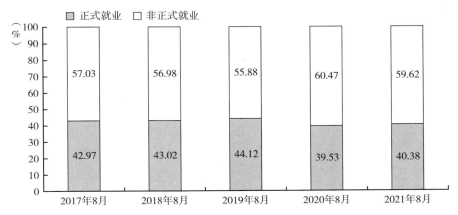

图2 印尼正式就业与非正式就业人口比例（2017~2021年）

资料来源：BPS。

人口的劳动参与率均有波动，但城市人口劳动参与率波动更明显。在有就业意愿的劳动人口中，城市失业率明显高于农村。2017~2021年城市失业率为6.29%~8.98%，而农村失业率为3.92%~4.71%，差异的重要原因是农村就业更为灵活、门槛更低。2021年统计数据显示，城市正式就业人口占全部正式就业人口的69.3%；非正规部门就业在农村更普遍，农村非正式就业人口占全部非正式就业人口的54.96%。①

表5 印尼城乡就业情况比较（2017~2021年）

单位：%

指标	区域	2017年8月	2018年8月	2019年8月	2020年8月	2021年8月
劳动参与率	城市	64.83	65.17	66.06	65.91	66.15
	农村	68.92	70.00	69.42	70.20	70.03
	合计	66.67	67.31	67.53	67.77	68.09
失业率	城市	6.79	6.44	6.29	8.98	8.32
	农村	4.01	3.97	3.92	4.71	4.17
	合计	5.50	5.30	5.23	7.07	6.25

资料来源：BPS。

① *Booklet Survei Angkatan Kerja Nasional Agustus 2021*，BPS，2021，p.12.

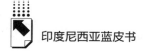

按各省份来看，印尼34个省级行政区中，2021年，就业率超出全国平均水平的有19个省份，巴厘省最高，为73.71%，东努沙登加拉和巴布亚省处于第2、第3的位置。就业率方面，2017~2019年，巴厘省一直是全印尼就业率最高的省份，但2020年疫情对巴厘省旅游业冲击巨大，失业人口陡增，西苏拉威西省取而代之为就业率最高的省份，就业率达到96.68%，2021年则为哥伦打洛省，就业率为96.99%。但从失业率增长态势看，2020年失业人口增长最快的为雅加达，增长4.41%，巴厘省紧随其后，增长4.06%，廖内群岛省增长2.84%，反映疫情对各地就业的冲击有显著差异。

3. 就业人口的年龄和学历分布

2021年印尼15岁以上劳动人口的年龄分布情况如表6所示。20~49岁年龄段的劳动人口占比较高，各段占比均在10%左右，合计占全部劳动人口的68.1%。各年龄段的失业率也存在一定差异，失业率最高的为新成长起来的劳动人口，15~19岁年龄段的失业率高达23.9%，20~24岁年龄段的失业率为17.7%，25~29年龄段的失业率为9.3%，而50岁以上劳动人口的失业率则只有2%~3%。这种结构性差异一方面反映印尼新生代人口的就业形势

表6　印尼劳动人口年龄分布情况（2021年）

单位：人

年龄段	就业人口	失业人口	劳动人口合计
15~19岁	4676824	1469332	6146156
20~24岁	12055519	2597807	14653326
25~29岁	14864041	1516745	16380786
30~34岁	15569058	893483	16462541
35~39岁	15956237	667887	16624124
40~44岁	15629288	552795	16182083
45~49岁	14628212	498954	15127166
50~54岁	12775660	284918	13060578
55~59岁	9950218	201166	10151384
60岁及以上	14945466	418965	15364431
总计	131064305	8746008	140152575

资料来源：BPS。

十分严峻，另一方面也是印尼用工制度中的长期劳动合同制的自然结果，长期劳动合同制使高年龄段人口的就业弹性相对较弱。

2017~2021年，印尼就业人口的学历分布仍然呈现受教育程度较低的特征，如表7所示，小学及以下学历的就业人口是主体，2017年占比为42.12%，随后有所下降，到2021年为37.41%，但仍然是就业人口最多的学历层次。第二主体是高中学历人口，从2017年的占比27.86%逐步上升到2021年的31.13%。从纵向看，印尼就业人口的学历层次在逐渐提高，高中、大专和大学学历人口占比有所增加，但目前结构仍然表现为高学历尤其是大学学历人口占比较低，小学及未上学就业人口占比较高的特征，这成为制约印尼劳动生产率提高的基础因素之一。

表7　印尼就业人口的学历分布（2017~2021年）

单位：%

	小学及以下	初中	高中	大专	大学
2017年	42.12	17.49	27.86	2.72	9.36
2018年	40.82	18.04	28.98	2.77	9.38
2019年	39.83	17.85	29.95	2.69	9.69
2020年	39.89	18.27	30.51	2.70	9.63
2021年	37.41	18.54	31.13	2.74	10.18

资料来源：BPS。

4. 就业人口行业分布

2017~2021年，印尼就业人口分布最多的行业为农林牧渔业、批发零售和修理服务业、制造业，呈现出以传统行业为主的特征（详见表8）。其中，农林牧渔业吸纳的就业人口最多，2017~2021年其占比在29%左右波动。尽管该行业就业人口最多，但它对GDP的贡献只排到第2位，2021年第一季度和第二季度的贡献率分别为13.21%和14.27%。批发零售和修理服务业近五年就业人口占比略有上升，从2017年的18.57%提高到2021年的19.33%，该行业对经济的贡献排在第3位。制造业对GDP的贡献在19%左右，吸纳的就业人口近五年占比为14%左右，近两年下滑了1个百分点，与印尼制造业的滑坡有关。

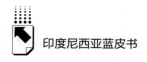

表8 印尼就业人口行业分布（2017~2021年）

单位：%

行业	2017年	2018年	2019年	2020年	2021年
农林牧渔业	29.68	28.97	27.53	29.76	29.79
采矿业	1.15	1.16	1.11	1.05	1.04
制造业	14.51	14.68	14.91	13.61	13.69
电力、燃气的生产与供应	0.25	0.27	0.28	0.24	0.21
供水、垃圾处理与回收	0.34	0.38	0.39	0.38	0.38
建筑业	6.72	6.70	6.74	6.28	6.09
批发零售和修理服务业	18.57	18.58	18.77	19.23	19.33
运输与仓储业	4.18	4.35	4.39	4.35	4.08
住宿和餐饮业	5.71	6.15	6.65	6.65	7.04
信息与通信业	0.68	0.72	0.72	0.73	0.14
金融和保险业	1.42	1.44	1.38	1.21	1.16
房地产业	0.25	0.31	0.31	0.31	0.36
商业服务业	1.37	1.33	1.51	1.40	1.45
公共管理、国防与社会保障	3.79	3.77	3.84	3.56	3.58
教育	4.94	4.88	4.98	4.69	4.99
医疗健康与社会服务	1.47	1.49	1.54	1.56	1.77
其他服务业	4.96	4.82	4.94	4.99	4.88

资料来源：笔者据BPS资料整理。

从分省数据来看，就业人口的行业分布一定程度上体现了各地的经济结构特征。雅加达工商服务业较发达，因而农林渔业从业人数最少，占比仅为0.09%；东爪哇、东加里曼丹、西爪哇、中爪哇、邦加-勿里洞的矿业资源丰富，矿业就业人口较多，矿业就业人口在各地的占比分别是东爪哇（9.23%）、东加里曼丹（8.46%）、西爪哇（7.62%）、邦加-勿里洞（7.6%）、中爪哇（7.18%）；制造业则在西巴布亚、北加里曼丹和巴布亚省的发展均非常滞后，制造业就业人口在其份额中非常低，分别为西巴布亚（0.12%）、北加里曼丹（0.15%）和巴布亚省（0.18%）。

从动态角度考察，印尼各行业的就业吸纳能力展现出显著差异。如表9所示，各行业在2018年至2020年的就业弹性系数（经济增长率与就业人数增长率的比值）最高的是采矿业，达到 10.46 倍，意味着采矿业每增长（或下降）1 个百分点，可带动该行业就业人口增长（或下降）10.46%，从侧面反映该行业自动化程度较低，劳动密集程度较高。批发零售和修理服务业的就业吸纳能力也较强，每增长 1 个百分点，可带动该行业就业人口增长 7.34%。制造业和电力、燃气的生产与供应行业的就业弹性为负，说明近几年两行业的劳动生产率在提高，行业增加值规模虽然在扩大，但用工人数更少。

表 9　印尼各行业的就业弹性系数（2018~2020 年）

行业	平均增速		就业弹性系数（倍）
	就业增速(%)	行业 GDP 增速(%)	
农林牧渔业	2.23	2.68	0.83
采矿业	-3.97	-0.38	10.46
制造业	-2.88	0.38	-7.65
电力、燃气的生产与供应	-6.08	0.80	-7.61
供水、垃圾处理与回收	1.20	5.88	0.20
建筑业	-2.34	1.15	-2.03
批发零售和修理服务业	2.61	0.36	7.34
运输与仓储业	0.91	-4.93	-0.18
住宿和餐饮业	4.89	-2.54	-1.92
信息与通信业	1.58	10.00	0.16
金融和保险业	-7.48	4.92	-1.52
房地产业	-0.01	4.03	0.00
商业服务业	3.27	2.10	1.55
公共管理、国防与社会保障	-2.08	2.29	-0.91
教育	-1.14	4.45	-0.26
医疗健康与社会服务	3.29	10.14	0.32
其他服务业	2.62	2.98	0.88
总　体	0.86	1.41	0.61

资料来源：BPS。

5. 最低工资水平和劳动效率

印尼最低工资主要以省为单位发布，考虑经济增长和通货膨胀等因素。

如表 10 所示，2014~2021 年印尼平均最低工资在疫情前每年均有显著增长，2014 年佐科执政初期，对最低工资做了较大幅度的调整，2016~2020 年每年增长幅度在 5%~10%。2021 年疫情导致的经济压力仍未消除，许多企业生存困难，因而各地政府多数维持最低工资不变，仅少数地方做了调整，全国平均增长 0.57%，平均数为 269 万印尼盾（约合人民币 1240 元）。各省最低工资差异较大，以 2021 年为例，西爪哇省最低工资为 442 万印尼盾，明古鲁省为 177 万印尼盾，各省最低工资在 140 万印尼盾至 450 万印尼盾。[①]

表 10　印尼平均最低工资（2014~2021 年）

年份	2014 年	2015 年	2016 年	2017 年	2018 年	2019 年	2020 年	2021 年
各省平均最低工资（万印尼盾/月）	158	179	197	207	227	246	267	269
增速(%)	22.17	13.00	9.90	5.42	9.39	8.23	8.82	0.57

资料来源：Kemenaker。

从平均工资来看，印尼工人总体月平均净工资（扣除个税和社会费用等）在 2019 年 2 月为 278 万印尼盾，2020 年 2 月提高到 291 万印尼盾，2021 年 8 月则又下降到 274 万印尼盾。印尼工人的周平均工作时长 2019 年为 43 小时，2020 和 2021 年下降为 40 小时。月工资最高的三个省份分别是廖内群岛省（406 万印尼盾）、雅加达特区（403 万印尼盾）和巴布亚省（395 万印尼盾），最低的 3 个省份分别是中爪哇省（207 万印尼盾）、东努沙登加拉省（210 万印尼盾）和西努沙登加拉省（213 万印尼盾）。

印尼劳工部长曾指出印尼人工的劳动效率远远落后于邻国，甚至低于中低收入国家平均水平。[②] 2019 年印尼单位员工产值为 24600 美元，比

① *Laporan Perekonomian Indonesia 2021*, BPS, 2021, p.169.
② Ade Miranti Karunia, "Kepala BKKBN：Menaker：Produktivitas Pekerja RI Masih Tertinggal," Kompas.com, December 22, 2021, https：//money.kompas.com/read/2020/12/22/143538226/menaker-produktivitas-pekerja-ri-masih-tertinggal.

2018 年增长了 1.5%，[①] 但低于东盟地区平均水平（25300 美元）（详见图 3）。

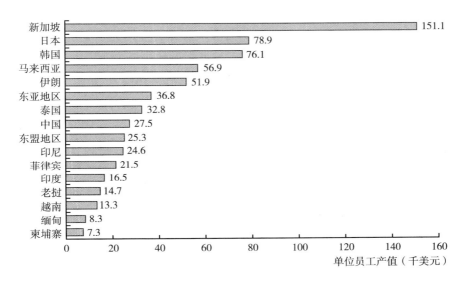

图 3　印尼工人劳动效率国际对比（2019 年）

资料来源：APO Productivity Databook。

二　教育与科技发展

（一）印尼教育发展现状

1.教育总体发展成就

印尼 1945 年独立以后，印尼政府从无到有，逐步发展壮大教育行业，并致力于教育质量的提高。佐科政府更是将其作为提升人力资本、支撑印尼经济崛起的优先事项，并取得了一定成效。2021 年，印尼 15 岁及以上人口的识字率达到 96.04%，其中城市地区为 97.80%，农村为 93.65%；男性为

---

① *APO Productivity Databook 2021*，APO，2021，p.185.

97.43%，女性为94.65%。2018～2021年，15岁及以上人口平均受教育年限从8.58年增长到8.97年，超额完成"2020～2024年印尼国家中期建设规划"目标。其中，城市平均受教育年限为9.91年，农村平均受教育年限为7.70年，城乡间仍存在较大差距；男性平均受教育年限为9.23年，女性平均受教育年限为8.7年，男性的教育受到更多重视。

教育事业的发展成效之一是教育普及率提升。2019年以来，印尼义务教育各阶段毛入学率始终保持高位，小学基本做到应学尽学，初中平均毛入学率在90%以上，高中及中职的毛入学率保持在80%以上，高校的毛入学率则在30%以上（详见表11）。各阶段的教育普及率已经基本实现"2020～2024年印尼国家中期建设规划"目标。

表11 印尼各阶段教育普及率（2019～2021年）

单位：%，万人

教育阶段	小学			初中		
年份	2019年	2020年	2021年	2019年	2020年	2021年
毛入学率	107.46	106.32	106.20	90.57	92.06	92.80
净入学率	97.64	97.69	97.80	79.40	80.12	80.59
学生数量	2524	2520	2485	998	1011	1009
教育阶段	高中和中职			高校		
年份	2019年	2020年	2021年	2019年	2020年	2021年
毛入学率	83.98	84.53	85.23	30.28	30.85	31.19
净入学率	60.84	61.25	61.65	20.38	21.15	21.59
学生数量	985	1022	1023	831	848	885

资料来源：笔者据BPS资料整理。

教育的发展一定程度上提高了劳动者文化素质，2021年印尼全部劳动人口中，城市和农村劳动人口高中及以上学历的比重总体都占到了25%以上，其中城市劳动人口中高中及以上学历的占比更高，农村劳动人口中小学及以下文化程度的人口比例较多（详见图4），教育发展还存在较明显的城乡差距问题。

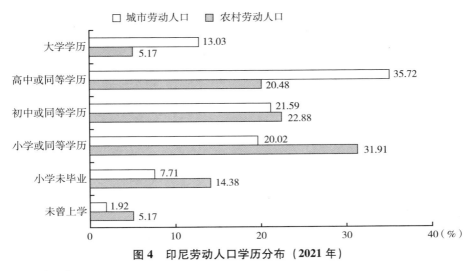

图4 印尼劳动人口学历分布（2021年）

资料来源：BPS，Susenas Maret。

2. 学校类型与规模

印尼实行9年制义务教育，2015年曾尝试推行12年制，但最终未能成功，在"2020~2024年印尼国家中期建设规划"中再次提出要加快实施12年制义务教育。印尼中小学校有公立、私立之分，一般来说，公立学校的价值取向更加多元包容和世俗化，而私立学校则往往有一定的宗教导向，主要由印尼两大伊斯兰组织穆罕穆迪亚协会和伊斯兰教士联合会创办，还有少数基督教会的私立学校和华人创建的三语学校。① 高校情况则比较复杂，官方将高校分为4类：一般公立高校（122所）、政府部门直属高校（187所）、私立高校（3044所）和宗教学院（1240所）。宗教类高校占比为27%（详见图5），公立私立皆有。印尼高校实行双轨管理体制，宗教类学校一律由印尼宗教部管辖，普通学校则由文化和教育部（以下简称文教部）管辖。在4593所高校中，学术类高校占比为74.09%；职业类高校占比为25.91%。2021年，有16所印尼高校进入世界大学名单，其中4所进入前500强，分别是卡查玛

---

① Henry Wijaya、肖丽娴：《印尼基础教育发展问题比较研究》，载隋广军、左志刚主编《印度尼西亚经济社会发展报告（2018）》，社会科学文献出版社，2018，第339页。

达大学（UGM，排名 254 位）、印尼大学（UI，排名 290 位）、万隆工学院（ITB，排名 303 位）以及埃尔朗卡大学（UNAIR，排名 465 位）。

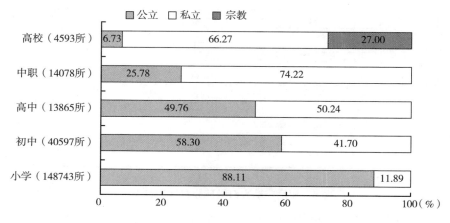

图 5　印尼学校数量与构成（2021 年）

注：高校数据截至 2020 年 12 月。
资料来源：笔者据 BPS 资料整理。

各类学校学生规模如图 6 所示。2021 年，印尼小学学生规模达到 2485 万人，初中为 1009 万人，高中及中职 1028 万人，大学为 885 万人。2017~

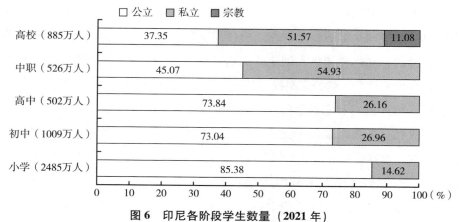

图 6　印尼各阶段学生数量（2021 年）

注：高校数据为 2020 年 12 月。
资料来源：笔者据 BPS 资料整理。

2021年，高校学生数量一直保持增长势头，而小学生数量下降明显，2021年较上年减少了35万多人，初中学生数量有所波动，但总体问题不大。

印尼高校在校生以本科为主，2020年本科生人数为711.37万人，占比为83.856%；其次为大专，占比为10.436%，其中以3年大专生为主；硕士、博士研究生数量较少，占比分别为3.758%和0.52%（详见表12）。

表12 印尼各类高校在校生规模（2020年）

单位：人，%

类别	大专				本科	硕士	博士	职培	专培
	1年	2年	3年	4年					
人数	2788	6934	668922	206685	7113663	318789	44099	108354	12989
占比	0.033	0.082	7.885	2.436	83.856	3.758	0.52	1.277	0.153

注："职培"指的是为本科或同等学力的毕业生提供的特殊专业知识教育；"专培"是职培的进阶，指为职培毕业生提供的高级专业知识教育。

资料来源：BPS。

印尼大学生就读专业选择具有较明显的实用特征，2020年学生数量前3位的学科分别是教育学、经济学和社会学，学生规模占比均为20%左右，紧随其后的是工学，占比为16.2%，接下来是医学、农学和理学，占比均在10%以下。课程数量开设最多的是教育学，其后为工学、社会学、医学、经济学和农学。人文和艺术专业的学生数量较少、课程数量也相对较少（详见表13）。

3.办学条件

印尼各级学校现有教师超过333万人，总体保持上升态势。同时，教师学历（指至少持有大专4年或大学本科文凭）达标占比也有明显提升。2021年，小学、初中阶段教师学历达标占比平均为95.95%，比上一年提高了3.52%。生师比方面，2021年小学为15∶1，初中为14∶1，高中和中职为16∶1，高校是31∶1（详见表14）。教学班人数在小学阶段大约为每班22人，初中和高中均为每班29人。

表13　印尼高校在校生的学科分布（2020年）

学科	学生规模		课程设置	
	数量（人）	占比（%）	数量（门）	占比（%）
教育学	1831748	21.59	6032	21
经济学	1771864	20.89	3599	12
社会学	1648219	19.43	4302	15
工　学	1374528	16.2	5390	18
医　学	658633	7.76	4034	14
农　学	414890	4.89	1988	7
理　学	274693	3.24	1219	4
宗教学	256044	3.02	1692	6
人　文	170221	2.01	731	2
艺　术	82373	0.97	426	1

资料来源：BPS。

表14　印尼教师数量及学历达标情况（2019~2021年）

类别	小学			初中			高中和中职			高校		
年份	2019	2020	2021	2019	2020	2021	2019	2020	2021	2019	2020	2021
教师人数（万人）	160	158	165	64	68	71	61	64	68	31	31	29
学历达标占比（%）	88.35	91.02	94.9	94.45	93.84	97	86.17	89.96	96.67	—	—	—
生师比	16:1	16:1	15:1	15:1	15:1	14:1	16:1	16:1	16:1	27:1	27:1	31:1

注：教师人数四舍五入为万人。

资料来源：笔者据BPS资料整理。

　　印尼高校教师在身份上被区分为两种类型：专任教师身份和非专任教师身份。2020年，印尼共有30.90万高校教师：专任教师27.27万人，占比为88.25%；非专任教师3.63万人，占比为11.75%。高校教师学历以硕士为主，占比为73.33%，博士学历教师占比为16.67%，本科学历教师占比为7.11%（详见表15）。年龄结构上以中青年教师为主，26~35岁的教师占比为29.38%，36~45岁教师占比为28.24%，46~55岁教师占比为23.83%，65岁以上教师占比为2.58%，25岁以下占比为0.37%。

表 15　印尼高校教师学历层次（2020 年）

单位：人

类别	大专	本科	硕士	博士	职培	专培	总计
专任教师	919	9916	211082	47115	948	2703	272683
非专任教师	1195	12052	15504	4385	798	2389	36323
合　计	2114	21968	226586	51500	1746	5092	309006

资料来源：BPS。

在硬件设施方面，印尼基础教育阶段的学校还面临较大的不足（详见表 16）。2020～2021 学年，基础教育各阶段的学校中小学阶段图书馆配备比例最低。教室设施完好程度为良好的平均比例仅为 51.62%，即有一半的在用教室存在不同程度的设施损坏情况。配备有充足数量厕所学校占比也只在50% 左右，10% 左右的学校未配备厕所。清洁设施配备方面，整体而言，2020 年超过 50% 的印尼学校配备了肥皂、自来水等清洁设施。

表 16　印尼基础教育阶段学校基本设施情况（2020～2021 学年）

单位：%

阶段	图书馆配备比例	教室设施完好程度			厕所配备数量情况			清洁设施配备情况		
		良好	轻度损坏	严重损坏	基本满足	有限	无	基本满足	有限	无
小学	77.46	42.86	57.13	0.01	40.80	45.60	13.60	55.83	21.23	22.49
初中	95.64	49.43	50.56	0.01	52.50	34.60	12.90	50.59	23.57	25.84
高中	103.61	57.13	42.87	0	59.54	28.91	11.55	57.50	22.09	20.41
中职	96.09	57.04	42.96	0	57.80	32.22	9.97	58.94	23.22	17.84

注：厕所和清洁设施为 2020 年数据。
资料来源：BPS。

在网络设施方面，2021 年的问卷调查显示印尼 77.42% 的在校生有机会使用网络，86.83% 的人拥有手机，17.3% 的人有电脑可用，且近 4 年网络和手机的普及程度在不断提高，而电脑用户人数在下降。疫情期间，印尼各

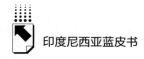

地不同程度地开展了线上教学，但如何保障线上教学质量是一大难题，网络速度和相应的电脑等设施配备是重要因素之一，尚有 22.58% 的学生缺乏上网条件。①

（二）印尼教育面临的主要问题及政府改革措施

1. 教育发展的地区和城乡不平衡问题

印尼是世界上最大的群岛国家，除了爪哇岛和苏门答腊岛距离较近外，其他各大岛屿均相距甚远，互联互通较为困难。同时，各个岛屿的人口分布与经济发展水平又极不平衡，爪哇岛与外岛之间的发展差距不断扩大，教育资源也大多集中在爪哇岛、苏门答腊岛，偏远地区教育较为落后，一些偏僻小岛要建设学校非常困难。总的来说，印尼教育呈现东部较弱、中西部相对较高的格局，部分省份学校数量详见图 7。另外，城乡间教育发展程度的差距也十分明显。2021 年，印尼城市 15 岁及以上人口学历分布以高中学历为主（35.72%），农村以小学学历为主（31.91%）。城市 15 岁及以上人口受教育年限平均为 9.91 年，农村平均为 7.7 年。

在对印尼初中学生的学业能力评估中，地区差异明显。总体上，爪哇岛的雅加达和日惹教育质量较高，学生在学业能力评估中得分优势明显，其次是爪哇岛的其他地区，学生的学业能力评估得分最低的地区是苏拉威西岛（详见表 17）。

2. 教育质量亟待提高

辍学问题是印尼提高教育发展质量的挑战之一。2021 年，印尼小学生毕业率为 97.37%，即有 2.63% 的学生中途辍学，初中生毕业率为 88.88%，高中生毕业率为 65.94%（详见图 8）。其中，女生在各阶段的毕业率均略高于男生，城市学生毕业率均高于农村学生。另外，高校的学生中途辍学率在 2020 年约为 7%。

---

① *Statistik Pendidikan Indonesia 2021*，BPS，2021，p.159.

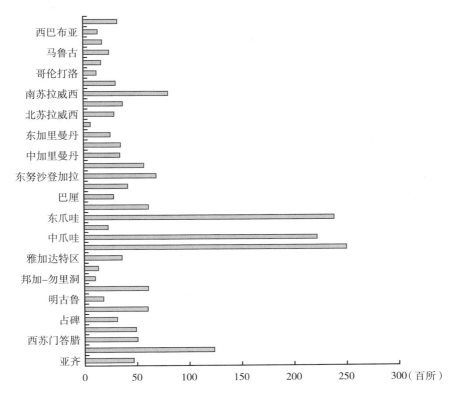

图 7　印尼部分省份义务教育阶段学校数量（2021 年）

资料来源：笔者据 BPS 资料整理。

表 17　印尼初中学生的学业能力评估（AKSI）得分（2019 年）

区域	爪哇岛		苏门答腊岛	加里曼丹岛	苏拉威西岛	巴厘岛和努沙登加拉群岛	马鲁古群岛和巴布亚岛
	雅加达和日惹	其他					
阅读	52.3	50.2	48	49	46.4	46.5	46.7
数学	42.1	41.2	39.2	39.5	37.7	37.8	36.9
科学	45.4	44	42.5	43	41.3	41.2	40.9

资料来源：Puspendik，2019。

2021 年印尼的教育质量在瑞士洛桑国际管理学院（International Institute for Management Development，IMD）发布的全球竞争力排名的 64 个经济体

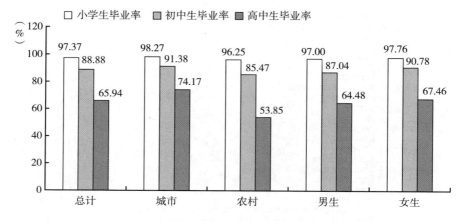

图 8　印尼基础教育各阶段学生毕业率情况（2021 年）

资料来源：BPS，Susenas Maret。

中，排第 58 位，低于泰国（第 56 位）、蒙古国（第 54 位）和马来西亚（第 39 位），高于印度（第 59 位）和菲律宾（第 60 位），总体上排名靠后。在经济合作与发展组织（OECD）所做的学生能力国际测试（PISA）中，2006~2018 年，印尼连续 5 次参与，三项评价即阅读、科学、数学的学生平均得分在 12 年间未有明显提高（详见图 9），印尼学生的得分较低，三个科目的达标比例都没有超过 50%，这意味着有一半以上的印尼学生没有通过最低能力测试。2018 年的测试中，一共有 399 所教育单位的 12098 名印尼学生参加，在 78 个参评国家或地区中，印尼学生的数学科目得分排第 72 位，科学科目得分排第 70 位，阅读科目得分排第 73 位。①

从毕业生就业情况看，2017~2019 年，印尼中职及高校毕业生一年内就业率均低于 70%（详见图 10），其中中职毕业生一年内就业率最低。2019 年，毕业后一年内就业率，印尼本科毕业生为 65.00%，大专毕业生为 55.08%，中职毕业生为 44.90%。这从侧面反映出教育质量与用人需求存在一定的脱节。

---

① *PISA 2018 Insights and Interpretations*，OECD，2019，pp. 6-8.

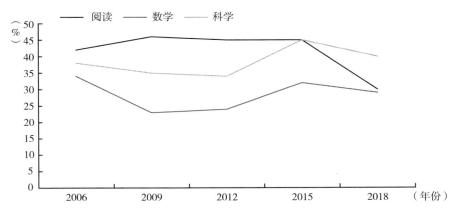

图9 印尼学生能力国际测试（PISA）达标状况（2006~2018年）

注：2006~2015年为印尼初中生最低能力达标数据，2018年为印尼初中和高中生平均达标数据。

资料来源：PISA。

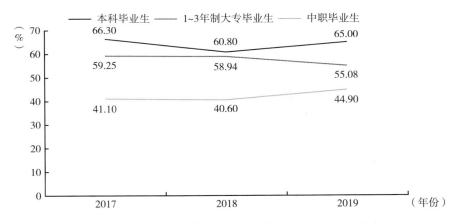

图10 印尼中职及高校毕业生一年内就业率（2017~2019年）

资料来源：Sakernas。

3. 教育投入和师资力量存在不足

2003年印尼颁布的《国民教育体系法》规定，国家预算（APBN）和地方预算（APBD）用于教育投入的比例不低于其预算支出的20%，并从2009年开始至今每年实际投入已达成20%的目标。该比例从国际对比角度看属于较高水平，是韩国、日本的 2 倍，与马来西亚、新加坡相当，[①] 但由于印尼财政支出总体规模有限，占 GDP 比重偏低，因而当教育支出以 GDP 为参照时，其比例就明显低于周边国家和国际水平。2019 年印尼教育支出约为 318 亿美元，占 GDP 比重为 2.84%，显著低于邻国马来西亚、越南以及泰国的 4.16%、4.06% 和 2.96%（详见表 18）。2021 年，印尼教育支出占 GDP 比重为 3.1%，在 IMD 的国际竞争力排名的 64 个经济体中居第 55 位；平均年教育支出为 454 美元，排第 61 位。

表 18　印尼教育支出占 GDP 比重国际对比 （2015~2019 年）

	印尼	马来西亚	越南	泰国
2015 年	3.58	4.89	4.46	3.76
2016 年	3.5	4.75	4.34	3.63
2017 年	2.67	4.67	4.08	3.35
2018 年	3.00	4.48	4.16	3.05
2019 年	2.84	4.16	4.06	2.96

资料来源：World Bank。

　　另外，印尼教育体系师资存在较明显的缺口，成为制约教育质量提高的另一关键因素。印尼教师区分为专任教师和非专任教师，前者工资由政府或基金会解决，收入有保障，而非专任教师工资问题一般由学校自行解决，虽然承担与专任教师基本相同的职责，但工资待遇远不及专任教师，为生计常常需要从事其他兼职工作，因而其教学质量难以得到保障。如表 19 所示，印尼基础教育阶段和职业中学的非专任教师和非专任教辅人员占有相当大的比例。

---

① Fika Nurul Ulya, "Bank Dunia: Belanja Pendidikan RI Terbesar di Dunia, tetapi...." Kompas. com, June 24, 2020, https://money.kompas.com/read/2020/06/24/164200726/bank-dunia--belanja-pendidikan-ri-terbesar-di-dunia-tetapi-? page=all.

表19 印尼基础教育和职业中学教师构成（2020年）

单位：人

数量	专任教师	非专任教师			教辅人员	
		辅助教师	计时教师	兼职教师	专任	非专任
小学	902930	1163	178879	423745	22752	102480
初中	426448	229	44398	168975	47765	70214
高中	204581	—	22019	82750	22706	36292
中职	202812	—	20138	79841	24354	31110

注：小学为2020~2021学年数据，初中、高中和中职为2019~2020学年数据。

资料来源：笔者据BPS资料整理。

在教师任职能力方面，2019年的教师能力测试（UKG），印尼小学、初中和中职教师的平均分值未达到及格线（60分），高中教师的平均分数略超过及格线，为62.3分（详见图11）。说明印尼当前教师队伍不仅人数上存在缺口，在能力上也难以满足要求，实现"2020~2024年印尼国家中期建设规划"中所提出的印尼教育工作者要由"知识的传承者"向"学习的促进者"转变的发展目标，还面临巨大挑战。

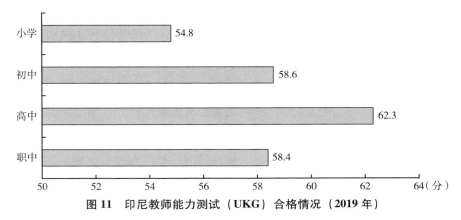

图11 印尼教师能力测试（UKG）合格情况（2019年）

资料来源：Neraca Pendidikan Daerah，2019。

4. 非全日制教学模式面临挑战

与多数国家的做法不同，印尼基础教育和职业中学阶段的学制安排并非完全的"全日制"。如表20所示，总体上，96.06%的学校实行的是"半日制"教学安排，其中92.30%的学校只要求在上午上学，学校方面不提供午餐，3.76%的学校只要求在下午上学。教学投入时间太少，教学效果与教学质量必然大打折扣（详见表20）。

表 20　印尼基础教育和职业中学学制情况

单位：%

学校类别	上午	下午	全日制(上午+下午)
小学	90.02	3.12	6.86
初中	93.71	3.57	2.72
高中	94.15	4.30	1.53
中职	91.31	4.06	4.63
平均	92.30	3.76	3.94

资料来源：笔者据 BPS 资料整理。

5. 政府推出的主要教育改革措施

针对教育体系存在的问题和弊端，印尼政府近年来陆续推出了一些改革措施。主要的改革措施包括：2016 年，前文教部部长穆哈吉尔·艾芬迪（Muhadjir Effendy）曾试图在中小学全面推行全日制教学模式，但因教师数量、薪酬待遇并没有同步提高，最终不了了之。2017 年，文教部推出教育分区制，将全国划分为 2580 个教育区域，在中小学阶段推行就近招生制度，并对各个教育分区的师资分配、学校设施的配备也进行相应安排，推动各区教育资源的均等化，目的在于打破一些城市名校对教育资源的垄断。这项政策推行至今已近 5 年，但面临行政壁垒与既得利益格局诸多挑战，招生途径与份额也一变再变。2019 年 10 月，佐科任命 Gojek 公司总裁为文教部长。外界普遍认为，任命一个非政治人士为文教部长，显示佐科破局教育改革困境的决心。新任部长推行的最大改革举措是改变学生能力评价体系，从 2021 年 9 月起废除初中、高中和中职的全国统一考试（UN），改为学生能力评估（AKSI）。AKSI 由 3 部分组成：基础能力评估（AKM）、个性调查、学习环境调查，前两者由政府组织评估，第三项由学校校长和老师组织开展。AKM 主要考查学生阅读和数学能力；个性调查旨在体现学生的态度、价值观念、信仰、习惯等方面特征，目的在于引导学校教育注重发展学生潜能和综合素质；学习环境调查指考察班级层面的教学活动和学习投入情况，意在了解学习质量以及学风学貌。① 有批评者认为，印尼现行教育并没有触及教育的本质，也没有教会学生如何进行"批判性思维"；② 政府进行的教育改革经常以劳工市场为导向，太过急功近利；教育改革没有长远规划，容易被政治操纵。③

（三）印尼科技发展现状分析

1. 国家创新能力与创新要素

总体上看，印尼研发投入强度较低，科技竞争力的全球排名靠后。如表 21 所示，印尼与印度、马来西亚、新加坡、日本和韩国相比，2017～2019 年研发投入的绝对数和相对于 GDP 的强度均明显较低，其中研发投入占 GDP 比重多年来仅为 0.31%，相当于邻国马来西亚的 1/4。有大学校长批评说，2021 年印尼政府研发预算约为 20 亿美元，对应的印尼人口为 2.7 亿；邻国马来西亚研发预算为 97 亿美元，人口仅为 3200 万；韩国有 5100 万人，研发预算为 730 亿美元，④ 以人均水平计算的研发支出差距更加巨大。印尼国内研发投入主要由政府主导，而一般国家约有 70%的研发活动由私营部门开展，例如，私营部门研发投入占全社会研发投入的比例韩国为 77%，日本为 78%，中国和美国均在 70%以上，新加坡和马来西亚在 50%～60%。⑤

---

① Trisna Wulandari, "11 Perbedaan Asesmen Nasional dengan Ujian Nasional, Cek Penjelasannya," Detik. com, July 17, 2021, https: // www. detik. com/edu/sekolah/d-5646733.

② Anggi Afriansyah, "Tantangan Pendidikan," Kompas. id, October 21, 2021, https: //www. kompas. id/baca/opini.

③ Anggi Afriansyah, "Harapan pada Pendidikan," Kompas. id, January 17, 2022, https: // www. kompas. id/baca/opini.

④ Insi Nantika Jelita, "Dana Riset Indonesia Hanya US $ 2 M, Beda Jauh dengan Korsel," Media Indonesia, May 30, 2021, https: //mediaindonesia. com/ekonomi/408271/dana – riset – indonesia-hanya-us2-m-beda-jauh-dengan-korsel.

⑤ Nyoman Ary Wahyudi, "Menristek Blak-Blakan Dana Riset Indonesia Sangat Beda dengan Negara Lain," Bisnis. com, December 12, 2020, https: //kabar24. bisnis. com.

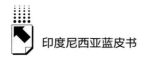

表 21　印尼研发投入强度与其他国家对比 （2017～2019 年）

单位：亿美元，%

国家	2017 年		2018 年		2019 年	
	研发支出	占 GDP 比重	研发支出	占 GDP 比重	研发支出	占 GDP 比重
印　尼	98.8	0.31	108.3	0.31	113.8	0.31
印　　度	769.1	0.84	890.23	0.85	957.9	0.86
马来西亚	114.6	1.27	127.9	1.28	134.7	1.29
新加坡	131.9	2.62	149.7	2.62	151.6	2.64
日　本	1855.3	3.50	1895.1	3.50	1906.5	3.50
韩　国	854.3	4.30	894.7	4.32	902.7	4.35

资料来源：Global R&D Funding Forecast。

在 2021 年全球创新指数排名中，印尼在东南亚国家中排名倒数第 4，排在新加坡、马来西亚、泰国、越南、菲律宾和文莱之后。[1] 制约印尼创新能力的主要原因，可从技术贸易和创新要素等方面进行分析（详见表 22）。

首先，在基础支持和环境要素方面，印尼 2020 年 GDP 达到 11867 亿美元，世界排名第 16 位，在为创新活动提供总体经济资源支持方面具备相当的能力。但印尼 2020 年在人均 GDP 的世界排名中排第 104 位，2021 年印尼劳动人口中受高等教育的比例为 12.92%，2019 年印尼知识产权保护力度在 141 个国家中排第 51 位，较上年下降 7 位，2019 年印尼营商便利指数为 73 分，处于中下水平，2018 年印尼海关效率评价处于中等水平。因此，印尼劳动人口的个人收入、受教育情况和印尼的制度相关环境情况在支撑国家创新能力方面还存在明显不足。

其次，在技术贸易要素方面，2020 年高技产品出口额为 64.12 亿美元，较上年增加 1.31 亿美元，在全部出口商品中的占比为 8.43%，较上年提高了 0.33 个百分点，说明印尼出口的技术竞争力在改善。高技产品尤其是信息通信类产品的进口，是获得国外技术溢出的重要渠道，2020 年，印尼的信息通信技术 （ICT） 产品进口在全部商品进口中的份额提高到 9.43%，较

[1]　Emir Chairullah，"Wapres Ingatkan Berinovasi atau Mati，Media Indonesia，" February 7，2022，https：//mediaindonesia.com/humaniora/469764/wapres-ingatkan-berinovasi-atau-mati。

上年提高 1.8 个百分点，同时，ICT 服务进口在全部进口服务中的份额也提高了 2.43 个百分点，相关服务出口占服务出口比重较上年增加了 6.35%。知识产权使用费支出 16.41 亿美元，反映印尼使用的国外技术规模较大。

再次，在创新资源要素方面，印尼拥有专职科研研发（R&D）研究人员 7.5 万人（2018 年），每百万人 R&D 研究人员数量为 280 人，对比之下，日本和韩国每百万人中科研人员数量分别为 5331 人和 7980 人。据统计，印尼科教部、科学院以及技术研究应用局三个单位的科研人员中，有博士学位的只占 14.08%（2020 年）。[①] 另外，印尼的高等院校入学率（占学龄人口比重）为 36.31%（2018 年），高校毕业生中，专业为科学技术、工学和数学领域的占比为 19.42%，相比之下，印度和俄罗斯的该比例为 32.65% 和 31.06%。以上数据说明印尼在人力资本方面的创新要素显著落后。创新资源要素的资金支持和创新产出方面，印尼的 R&D 支出占 GDP 比重为 0.31%（2019 年），远低于中国、印度等发展中国家。2020 年，印尼的专利申请数量为 8160 项，专利授权数量为 1309 项，专利授权数量远低于巴西的 5280 项/年、印度的 23141 项/年。[②]

表 22 印尼技术贸易和创新要素评价

维度	指标	数值及年份	指标情况说明
基础支持和环境要素	GDP	11867 亿美元（2020 年）	世界排名第 16 位
	人均 GDP	4349.5 美元（2020 年）	世界排名第 104 位
	每百人互联网用户数	53.73 人（2020 年）	较上年增加 6.06 人
	每百人移动电话用户数	131.66 人（2020 年）	较上年增加 2.96 人
	劳动人口中受高等教育的比例	12.92%（2021 年）	较上年增加了 0.59%
	每千人新企业密度	0.332 个（2016 年）	较上年增加了 0.003
	知识产权保护力度	4.6（2019 年）	1~7 分评价，7 为最好
	营商便利指数	73（2019 年）	1~100 分评价，1 为最好
	海关效率	2.67（2018 年）	1~5 分评价，5 为最好
	私营部门信贷占 GDP 比重	38.688%（2020 年）	较上年增加 0.93%

① *Laporan Kinerja 2020 Kemristek*，Kemristek，2020，p. 14.
② Emir Chairullah，"Wapres Ingatkan Berinovasi atau Mati，" Media Indonesia，February 7，2022，https：//mediaindonesia. com/humaniora/469764/wapres-ingatkan-berinovasi-atau-mati.

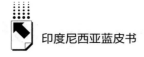

续表

维度	指标	数值及年份	指标情况说明
技术贸易要素	高技产品出口占出口比重	8.43%（2020年）	较上年增加0.33%
	高技产品出口额	64.12亿美元（2020年）	较上年增加1.31亿美元
	ICT产品出口占商品出口比重	3.33%（2020年）	较上年减少0.19%
	ICT产品进口占商品进口比重	9.43%（2020年）	较上年年增加1.8%
	ICT服务出口占服务出口比重	13.42%（2020年）	较上年增加6.35%。
	ICT服务进口占服务进口比重	10.12%（2020年）	较上年增加2.43%。
	FDI净流入占GDP比重	1.807%（2020年）	较上年减少4.26%
	知识产权使用费收入	0.84亿美元（2020年）	较上年增加0.25亿美元
	知识产权使用费支出	16.41亿美元（2020年）	较上年减少1.64亿美元
创新资源要素	R&D研究人员数量	7.5万（2018年）	较上年增加1万人
	每百万人R&D研究人员数量	280人（2018年）	较上年增加36人
	R&D支出占GDP比重	0.31%（2019年）	
	高等院校入学率	36.31%（2018年）	较上年减少0.13%
	专利申请数量	8160项（2020年）	较上年减少3321件
	专利授权数量	1309项（2020年）	
	科技期刊论文数	26948篇（2018年）	较上年增加12368篇

资料来源：BPS、UN、WB、WEF、WIPO、UNESCO。

　　针对印尼科技发展迟缓的问题，佐科政府对相关机构进行了改革。2021年4月，将原科技与高等教育部进行调整，其中的科技管理部门与印尼科学院、国家核电局、国家航空航天局以及其他政府部门名下的研究机构合并，成立国家研究创新署（BRIN）。① 印尼民主斗争党主席梅加瓦蒂担任BRIN的顾问委员会主席。新机构的成立使印尼政府可以集中人力资源、资金和相关设施，致力于国家科技发展的关键领域。

　　2. 数字经济竞争力

　　经济社会的数字化转型被认为是人类社会发展的一种趋势。《2021年世界数字竞争力报告》从人才和知识（报告中称为Knowledge）、技术应用和

---

① Djoko Santoso，"Memasuki 2022 dengan Memacu Riset Nasional，" Media Indonesia，January 3，2022，https://mediaindonesia.com/kolom-pakar/461873/memasuki-2022-dengan-memacu-riset-nasional.

资本投入（报告中称为 Technology）、市场环境和基础支撑（报告中称为 Futrue Readness）三个维度对全球 64 个经济体的数字经济竞争力进行了排名，以反映各国将数字技术应用于商业、政府和社会管理方面的潜力，在数字经济、数字社会发展中的竞争力。如表 23 所示，目前来看，印尼在 64 个参与综合排名的经济体中处于靠后位置，但总体处于进步态势。其中，人才和知识维度排名在 2017~2021 年 5 年间基本上处于停滞不前略有下降的状态，但在其他两个维度上的排名有显著提升，技术应用和资本投入维度，从 2017 年的第 56 位提升至 2021 年的第 49 位，市场环境和基础支撑维度，从 2017 年的第 62 位提升至 2021 年的第 48 位。综合三个维度排名的变化，可以看出，印尼近五年在加大数据技术应用方面的资本投入和应用推广，尤其是电子商务、电子政务的发展方面，相关联制度正逐步完善，但在决定数字经济核心竞争力的人才储备和知识创造方面仍然乏力。

表 23　印尼数字竞争力排名（2017~2021 年）

	2017 年	2018 年	2019 年	2020 年	2021 年
人才和知识维度	第 58 位	61	56	63	60
技术应用和资本投入维度	第 56 位	59	47	54	49
市场环境和基础支撑维度	第 62 位	62	58	48	48
综合排名（64 个样本）	第 59 位	62	56	56	53
亚太排名（14 个样本）	第 13 位	14	13	12	12

资料来源：IMD World Digital Competitiveness，2021。

三　公共基础设施建设

（一）公共基础设施建设目标

2020~2024 年为印尼实施"2005~2025 年国家长期建设规划"的收尾阶段，是关系到能否实现长期规划目标的关键时段，为此，佐科政府在

"2020~2024年国家中期建设规划"中把"加强基建，支持经济发展和基础服务"作为关键任务之一，明确了相关效果目标（技术经济指标）、战略性项目和预算投入目标。

第一，技术经济目标。政府从民生基本设施、交通运输、能源供应和网络普及等方面设定了一系列建设目标，例如，家庭自来水普及率到2024年要达到38.9%的家庭拥有管道供应的清洁饮用水，而目前（2020年）该比例仅为31.7%；全社会年人均电力消费到2024年要由2020年的1089度增加到1400度；4G网络普及率到2024年则要实现100%覆盖（详见表24）。

表24　印尼基础设施建设的技术经济目标（2020~2024年）

指标	2020年	2021年	2022年	2024年
住房保障率(拥有可负担合格住所的家庭比例,%)	59.54	62.32	65.10	70
城市住房保障率(%)	63.24	—	68.2	73
每1万车辆交通事故死亡率的降低幅度(%),以2010年为基数	56	55	60	65
农地现代化灌溉比例(累计,%)	0	5.0	5.0	19.6
家庭自来水普及率(%)	31.7	33.7	35.0	38.9
岛内主干道通行效率(小时/100公里)	2.16	2.20	2.09	1.90
各港口岛际直航航线开通比例(%)	24	25	26	27
铁路TQI1级和2级质量达标率(%)	82.83	83	87	94
航空运输准点率(%)	86	87	88	90
建设公交发达、经济社会发展良好的大型城市数量(座)	6	6	6	6
电气化比例(%)	99.20	100	100	100
全社会年人均电力消费(度)	1089	1203	1268	1400
能源领域温室气体排放降低数(百万吨)	64.4	67	91	142
4G网络普及率(%)	97.5	98	98.5	100

注：表中2020年列示数值为已实现数。
资料来源：Kementerian PPN/Bappenas，2021。

在各类基础设施建设中，交通基础设施建设被摆在十分突出的位置。印尼的交通基础设施落后导致物流成本过高的问题一直较为突出，官方数据显示，物流成本占据了印尼 GDP 的 23.5%，远超邻国如马来西亚 13% 的水平。[1] 为此，佐科政府非常重视交通基础设施建设和投入，政府计划在 2019 年已建成的总长 3387 千米新公路的基础上，在 2020~2024 年再新建 3000 千米公路。2019 年印尼海上高速航线已有 14 条，计划 2020~2024 年间每年增加 20 余条新航线。铁路方面，计划把铁路总长从 2019 年的 6164 千米扩建至 2024 年的 7451 千米。航空货运线路因疫情在 2020 年出现下降，但政府仍计划将 2020 年的 28 条航线增加到 2024 年的 43 条（详见表 25）。

表 25　印尼交通基础设施建设目标（2020~2024 年）

指标	2020 年	2021 年	2022 年	2024 年
国/省/县市公路良好率(%)	90/68/57	93/69.5/58.5	94/72/60	97/75/65
新建高速公路(千米)	246	339.8	327.7	2500*
新建公路总长(千米)	255.5	919.9	347	3000*
铁路总长(千米)	6325	6355	6487	7451
建成符合标准港口数量(个)	1	2	3	7
建设海上高速航线数量(条)	21	26	35	25
建设渡轮港口数量(个)	19(完成 5 个)	20(完成 6 个)	14(完成 6 个)	36*
建设新机场数量(座)	7	10	10	21*
航空货运路线增加至(条)	28	39	42	43

注：表中 2020 年列示的数据为实际实现数。* 为五年累计完成数量。
资料来源：Kementerian PPN/Bappenas，2021。

第二，国家重大基础设施建设项目。这些项目由印尼国家建设规划部牵头，统筹各省协同建设。目前已确定的重大项目有 45 个，已陆续开工建设或即将开始建设。[2] 45 个重大项目分为 4 个类别，包括民生基本设施、经济发展基础设施、大型城市建设、能源和通信设施建设（详见表 26）。

① Novita Intan, "Menkeu: Biaya Logistik di Indonesia Tinggi, Capai 23 Persen," Republika, March 19, 2021, https://www.republika.co.id/berita/qq7826370/menkeu-biaya-logistik-di-indonesia-tinggi-capai-23-persen.

② "Rapat Bersama 34 Gubernur, Bappenas Dampingi Daerah Siapkan Tiga Proyek Prioritas 2022," Bappeda, February 24, 2021, http://bappeda.jatimprov.go.id/2021/02/24/rapat-bersama-34-gubernur-bappenas-dampingi-daerah-siapkan-tiga-proyek-prioritas-2022/.

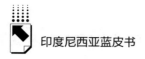

表 26　印尼国家重大基础设施建设项目（2020~2024 年）

建设领域	建设目标
民生基本设施	100 万套城市公寓 1000 万户接入管道饮用水 4 个危急河域的恢复工程 18 个多功能水库 爪哇北海岸 5 大城市的海岸防护 90% 的家庭用上安全合格的卫生（废水处理）设备
经济发展基础设施	10 个大型港口标准化建设 望加锡-巴里巴里铁路 爪哇岛高速铁路：雅万高铁；雅加达-三宝垄中速铁路 环苏门答腊高速公路：亚齐-楠榜 18 个落后、偏远岛屿的环岛公路 环巴布亚公路：马拉奇-索龙 37 条巴布亚航空货运线路
大型城市建设	雅加达、泗水、万隆、棉兰、三宝垄以及望加锡 6 个大型城市的区域公交系统
能源和通信设施建设	在 7 个地区兴建炼油厂及配套设施 覆盖 400 万用户的城市天然气管网 2219 千米环加里曼丹天然气管道 装机容量 27000 兆瓦的发电厂，19000 千米电路的输电线路，38000 兆伏安培的变电站 通信基础设施：34 个省份高速网络和国家数据中心建设

资料来源：Kementerian PPN/Bappenas，2021。

　　第三，国家战略优先项目。印尼政府对重要基建项目实行三级规划遴选制度：首先，由经济事务统筹部、海洋事务统筹部及其他政府部门制定基建项目规划。其次，由优先基础设施加速建设委员会（KPPIP，优基会）从上述部门的基建项目中筛选国家战略优先（PSN）项目，PSN 项目相对于国家重大项目而言层次略低。PSN 项目从 2016 年开始设定，当年共确定了 225 个项目，随后几乎每年根据实际情况做出相应调整，至 2021 年调整为 208 个项目。PSN 准入机制较为严格，需要符合战略、运营和附加标准 3 大方面的指标。再次，由优基会从 PSN 项目库中挑选优先执行（PIP）项目，入选 PIP 项目的条件更为严格，共有 8 个方面的标准。2021 年确定的 208 个 PSN 项目，总计划投资金额高达5698.5万亿印尼盾（约合3837亿美元），其中34.57%的资金将投向爪哇岛，13.66%投向苏门答腊岛，其他各岛安排的投资相对较少（详见表27）。

表27　印尼国家战略优先项目地区分布（2021年）

指标	爪哇岛	苏门答腊岛	马鲁古群岛和巴布亚岛	加里曼丹岛	苏拉威西岛	巴厘岛和努沙登加拉群岛	合计*
项目数量（个）	84	44	10	16	22	20	208
投资金额（万亿印尼盾）	1969.8	778.4	566.6	505.8	276.9	58.6	5698.5
占比（%）	34.57	13.66	9.94	8.87	4.85	1.03	100

注：＊合计中还包含其他未予列明的国家战略优先项目。

资料来源：Komenko Perekonomian。

目前的208个国家战略优先项目涉及12个领域，其中57个项目属于水库大坝与农田灌溉领域，服务于农业发展；56个项目属于道路桥梁领域，服务于交通基础设施建设；19个项目属于工业区与经济特区领域，其他领域项目类型情况详见图12。

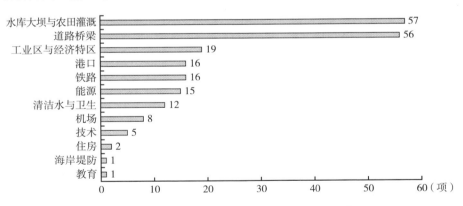

图12　印尼国家战略优先项目领域分布（2021年）

资料来源：Komenko Perekonomian。

（二）基础设施建设投入情况

相较于前总统苏西洛时代基建预算常年低于100万亿印尼盾的投入，佐科政府显著加大了对基建的财力投入。如图 13，2016~2022 年，在有限的财政资金中，政府用于基建的投入在 269.1 万亿~417.4 万亿印尼盾（相当于 180 亿~276 亿美元），占当年财政支出的 14%~19%。尤其是 2021 年印尼财政资金基建预算达到 417.4 万亿印尼盾，较上年增长 48.4%，创历史新高，实际支出 402.8 万亿印尼盾，预算执行率达到 96.5%。2021 年是印尼财政基建支出首次突破 400 万亿印尼盾大关的一年，反映出印尼政府推动基础设施建设，同时拉动经济从疫情中复苏的迫切愿望。

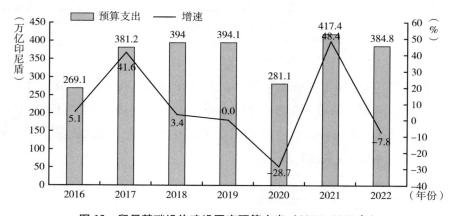

图 13　印尼基础设施建设国家预算支出（2016~2022 年）

资料来源：PUPR。

这些基建预算资金主要由住房与公共工程部、交通部和通信信息部三个部门负责执行。2021 年，住房与公共工程部基建预算安排为 155.9 万亿印尼盾，占国家基建预算的 37%，主要负责水库大坝、道路桥梁等工程项目；交通部的预算安排为 34.2 万亿印尼盾，主要负责铁路、机场、港口等工程项目；通信信息部的预算安排为 16.5 万亿印尼盾，主要建设国家数据中心以及骨干网络。①

---

① Cahya Puteri Abdi Rabbi, "Belanja Infrastruktur 2021 Cetak Rekor Terbesar Rp 402 Triliun," Katadata, January 5, 2022, https://katadata.co.id/maesaroh/berita/61d5dcbac885a/belanja-infrastruktur-2021-cetak-rekor-terbesar-rp-402-triliun.

（三）建设进度情况及主要挑战

1. 国家战略优先项目完成情况

2020 年，因疫情的发生，印尼的基础设施建设一度陷入停滞，2021 年则加大了投资和建设力度。从 PSN 项目完成情况来看，2016~2021 年共有 128 个 PSN 项目已建设完成，投资金额达 716.4 万亿印尼盾，[①] 其中，2018 年完成 32 个项目建设，投资金额为 207.4 万亿印尼盾；2019 年完成 30 个项目建设，投资金额为 165.3 万亿印尼盾；2020 年完成 12 个项目建设，投资金额为 123.1 万亿印尼盾；2021 年完成 24 个项目建设，投资金额为 125.9 万亿印尼盾（详见表 28）。这两年受疫情影响，PSN 项目投资金额和完成数显著少于 2018 和 2019 年。根据计划，2022 年将要完成 29 个 PSN 项目建设。PIP 项目方面，2017~2021 年 6 月，已完成 11 个项目建设，投资金额

表 28　已完成国家战略优先项目数量（2016~2021 年）

年份	项目数量（个）	投资金额（万亿印尼盾）	具体内容
2016 年	20	33.3	7 座机场，1 条高速公路，1 个港口，1 个天然气管道，4 座边境口岸
2017 年	10	61.4	2 条高速公路，1 条便捷通道，1 座机场，1 个天然气设施，3 座边境口岸，1 座大坝，1 条灌溉沟渠
2018 年	32	207.4	2 条铁路，4 座大坝，1 条灌溉渠，10 条高速公路，5 个经济特区，1 座机场，4 个冶炼厂，4 个工业区，1 个海洋渔业中心
2019 年	30	165.3	4 座机场，9 条道路，1 个工业区，5 个经济特区，2 个冶炼厂，4 座大坝，1 个港口，2 个宽带网络，2 条铁路
2020 年	12	123.1	1 座机场，1 条铁路，2 条高速公路，1 个饮用水供应系统，3 个工业区，3 座大坝，1 个港口
2021 年	24	125.9	5 条高速公路，2 个饮用水供应系统，11 座大坝，1 个港口，1 座立交桥，1 条便捷通道，1 个工业区，1 个自助屋援助项目，1 座科技园

资料来源：KPPIP。

[①] Maesaroh, "Sebanyak 24 Infrastruktur Strategis Selesai Tahun Ini, Cek Daftarnya," Katadata, December 30, 2021, https://katadata.co.id/maesaroh/berita/61cd769fe9738/sebanyak - 24 - infrastruktur-strategis-selesai-tahun-ini-cek-daftarnya.

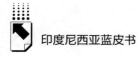

为 77.45 万亿印尼盾。① 2021 年 12 月，印尼经济事务统筹部长称，已完工的 128 个 PSN 项目直接和间接地创造了 1100 多万个就业岗位，其中 3 个供水项目的受惠人群已达 200 多万人。②

2. 面临的主要挑战

第一是疫情的影响，2020 年初因疫情冲击，印尼政府被迫转移更多预算资金至公共卫生医疗领域，以集中精力应对疫情，导致实际基建资金支出比 2019 年减少 113 万亿印尼盾，基建一度陷入停滞。第二是资金缺口较大。例如，2020 年印尼 PSN 项目需要筹资总计 5607 万亿印尼盾，财政资金可负担其中的 11%，国有企业或地方所有企业（BUMN/BUMD）负担了 20%，剩下的 69% 需由民间资本解决。③ 但由于民间资本参与积极性不高，2020 年实际只完成了 123.1 万亿印尼盾的 PSN 项目投资，距离计划目标相去甚远。第三是征地困难。因历史原因，印尼土地确权工作至今进展缓慢，再加上土地管理制度尚未完全理顺，导致基建项目征地过程中容易发生管理权限冲突和利益纠葛，征地成为基建推进的一大阻碍，需要中央、地方政府以及当地民众三方沟通协商，有些谈判旷日持久。为此，2020 年印尼颁布了第 66 号总统条例，专门授权给优基会和国家资产管理机构，负责统筹加速征地事宜。

① *Laporan KPPIP Semester I 2021*，KPPIP，2021，p. 61.
② Dimas Waraditya Nugraha，"Pembangunan Proyek Strategis Nasional Bantu Serap 11 Juta Tenaga Kerja," Kompas. id，December 15，2021，https：//www. kompas. id.
③ *Laporan KPPIP Semester I 2021*，KPPIP，2021，p. 53.

专题报告
Special Reports

B.5
印度尼西亚新冠肺炎疫情防控
与国际卫生合作[*]

李云龙 马文婧[**]

摘　要： 新冠肺炎疫情对印尼经济社会造成了较大冲击，在三轮疫情高峰期间，日确诊病例数曾突破6万例，印尼政府采取了多方面措施控制疫情，前期主要是实施大规模社交活动限制、加大防疫宣传等，后期则包括加大检测、追踪和治疗的"3T"能力建设、扩大疫苗接种等措施。同时，印尼也积极开展双边或多边的卫生防疫合作，重点是疫苗的引进和防疫物资的互通有无，以加强自身防疫能力，也推动东南亚国家的共同防疫。中国对印尼的疫苗支持，尤其是帮助印尼实现疫苗的本土化生产是共建人类命运共同体的典范。

关键词： 印度尼西亚　新冠肺炎疫情　疫情防控　国际合作　公共卫生

[*] 基金项目：国家社科基金项目"人类命运共同体视角下全球突发公共卫生事件国际合作模式研究"（21BGJ002）。

[**] 李云龙，华中师范大学政治与国际关系学院博士研究生，研究方向为全球治理、周边安全与东南亚问题；马文婧，中南财经政法大学工商管理学院博士研究生，研究方向为产业政策调整与绿色发展。

一 印尼新冠肺炎疫情形势及影响

截至 2022 年 5 月,新冠肺炎疫情已造成全球约 5.14 亿人感染、近 625 万人死亡,严重威胁了全人类的生命与健康安全。[①] 新冠肺炎疫情同样给印尼人民的生命和健康造成重大损失,严重阻滞了印尼经济发展,并对政治和社会稳定造成了一定程度影响。根据世界卫生组织(以下简称世卫组织)发布的数据,截至 2022 年 5 月 7 日,印尼累计感染人数已超 600 万人,累计死亡人数为 15.6 万人,是东南亚地区疫情最严重的国家之一,感染人数仅次于越南(详见图 1),患者病死率高达 2.59%,是东南亚新冠肺炎患者病死率第二高的国家,仅次于缅甸。[②]

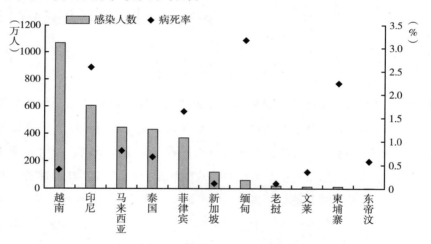

图 1 东南亚主要国家新冠肺炎感染人数和病死率

注:以上数据截至 2022 年 5 月 7 日。
资料来源:世界卫生组织。

---

① World Health Organization, "WHO Coronavirus (COVID-19) Dashboard," May 9, 2022, https://covid19.who.int.

② Our World in Data, "Mortality Risk of COVID-19," 2022, https://ourworldindata.org/mortality-risk-covid.

（一）严重冲击医疗卫生系统，威胁民众生命与健康安全

自新冠肺炎疫情出现以来，印尼经历了三次疫情高峰，分别是首轮疫情高峰、第二轮"德尔塔"（Delta）疫情高峰，以及受"奥密克戎"（Omicron）疫情侵袭的第三轮疫情高峰。"德尔塔"疫情期间，印尼连续多日新增感染病例突破 3 万例，单日新增感染人数曾为东南亚国家之最，达 5.6 万余人，单日新增死亡病例最高达 2069 例。① 2022 年 2 月 15 日，印尼单日新增病例突破 5.7 万例，次日新增病例突破 6.4 万例。② 尽管疫情发生以来，印尼收到中国、新加坡、日本、美国、联合国、世卫组织等的多批医疗物资紧急援助，但多轮严重疫情使印尼本就脆弱的医疗和公共卫生防控体系不堪重负。在每日新增数万例病例和上千名重症患者的情况之下，雅加达、日惹、茂物、巴米加三等爪哇岛的重灾区医院氧气、药品、床位供应以及医护人员多次出现严重不足，很多医院在室外设置临时帐篷用于收容患者，一些医院甚至因此被迫暂停接收新病例。③ 大批前来医院求医的新冠患者由于难以及时获得医疗救助而被迫返回家中或滞留在医院的临时帐篷内，缺医少药的状况使这些患者的病情急剧恶化，许多重症患者死于家中。④ 这些被迫返回家中隔离的病患往往导致其他家庭成员感染，进一步加剧了印尼疫情形势的恶化。⑤

---

① World Health Organization, "WHO Coronavirus（COVID-19）Dashboard-Indonesia," February 2, 2022, https：//covid19. who. int/table.

② World Health Organization, "WHO Coronavirus（COVID-19）Dashboard-Indonesia," March 12, 2022, https：//covid19. who. int/table.

③ Gemma Holliani Cahya, "Covid Surge Pushes Indonesia's Health System to the Brink," July 7, 2021, https：//www. theguardian. com/global-development/2021/jul/08/covid-surge-pushes-indonesias-health-system-to-the-brink.

④ Reliefweb, "Hospitals Are Overflowing as Second COVID-19 Wave Worsens in Indonesia, yet to Reach Its Peak," July 8, 2021, https：//reliefweb. int/report/indonesia/hospitals-are-overflowing-second-covid-19-wave-worsens-indonesia-yet-reach-its-peak.

⑤ Akanksha Sharma, Masrur Jamaluddin, Hilary Whiteman, "Indonesia Has Thousands of Empty Hospital Beds, So Why Are COVID-19 Patients Dying at Home?," August 13, 2021, https：//www. cnn. com/2021/08/13/asia/indonesia-volunteer-undertakers-intl-dst-hnk/index. html.

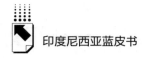

（二）引发印尼经济下行

新冠肺炎疫情严重破坏了印尼的生产和生活秩序，导致失业率飙升，2020年印尼出现了自1998年以来最严重的一次经济衰退，经济增长率为-2.07%。印尼政府为了应对新冠肺炎疫情，出台了多项防控措施，包括关闭商业活动、暂停学校上课、限制社交距离等，但这些措施在有效阻断疫情传播的同时，也严重影响了印尼经济活动，使印尼成为东南亚失业率最高的国家之一。根据印尼中央统计局（BPS）发布的数据，受新冠肺炎疫情影响，印尼的调查失业率从2019年8月的5.23%增长至2020年8月的7.07%，增长了近2个百分点。2021年经济有所恢复，但8月份的调查失业率仍有6.49%，高于疫情前1.26个百分点。就业形势下滑造成印尼贫困形势恶化，疫情发生前已经下降至个位数的贫困率由于疫情重回两位数。2020年9月印尼贫困率一度高达10.19%，贫困人口有近2800万人。① 作为东南亚地区第一大经济体，印尼在2001年至2019年GDP年均增长了5.28%，是该地区经济发展最具活力的国家之一，但新冠肺炎疫情的冲击使印尼经济遭受巨大打击，服务业尤其是作为国家外汇收入支柱的旅游业损失惨重，经济在2020年出现衰退，2021年则有所反弹。

政府为了应对疫情和经济衰退，实施了一系列针对性的经济纾困措施，包括增加政府补贴、减税和降息等经济刺激政策。这些措施增加了印尼财政赤字和债务规模，导致2020年财政赤字占印尼GDP的比例达到6.1%，2021年有所好转，但仍有4.65%，高于疫情前（2.2%）的水平。② 尽管

---

① Ridho Al Izzati, "Indonesia's Poverty Situation during the COVID-19 Pandemic," July 26, 2021, https：//smeru. or. id/en/article/indonesia%E2%80%99s-poverty-situation-during-covid-19-pandemic.

② Moody's Investors Service, "Rating Action：Moody's Affirms Indonesia's Baa2 Issuer Rating；Maintains Stable Outlook," February 10, 2022, https：//www. moodys. com/research/Moodys-affirms-Indonesias-Baa2-issuer-rating-maintains-stable-outlook--PR_461496? cy=emea&lang=en.

2021 年印尼的经济有所复苏，GDP 增长 3.69%，但制造业、贸易、建筑业和农业等 GDP 的主要支柱行业的恢复仍然缓慢。

（三）产生更多社会矛盾，威胁社会安全

正常的生活、就业、学习和宗教活动被打乱，国家经济发展遭遇大衰退，新冠肺炎疫情导致的多重不利因素促使某些社会矛盾激化和复杂化，对印尼国内政治安全与社会稳定产生了一定的负面影响。

第一，新冠肺炎疫情使政府的一些能力不足和腐败问题凸显出来，受到民众严厉指责。例如，卫生部长特拉万（Terawan Agus Putranto）由于应对新冠肺炎疫情不力和发表傲慢和反科学的疫情防控言论遭到民众严厉批评，多个民间团体甚至发起"罢免卫生部长"的在线请愿。[①] 2020 年，印尼社会事务部长巴图巴拉（Juliari Batubara）、海洋渔业部长艾迪·普拉博沃（Edhy Prabowo）分别因涉及新冠肺炎疫情社会救助金贪腐案和龙虾苗出口许可证审批贪腐案被肃贪委逮捕，另外还有 3 名部长因抗击疫情和应对经济衰退不力而被撤换。[②]

第二，疫情防控在一定程度上降低了相关政策和法案制定过程的公众参与和透明度，引发民众不满。例如印尼国会于 2020 年 6 月审议了《潘查希拉意识形态指导法案》，由于该法案没有经过公开辩论，遭到了一些民众和穆斯林团体的公开抗议[③]；10 月，印尼国会通过了旨在改善印尼投资环境、吸引外资的《创造就业法》综合法案，但新冠肺炎疫情严重阻碍了民众在该法案酝酿和出台过程中的参与度，国会中的一些党派、宗教团体和工会组织认为该法案偏向投资方而漠视劳工利益，导致以印尼劳工

---

① Tri Indah Oktavianti, "Civil Society Coalition Starts Petition Demanding Dismissal of Health Minister Terawan," October 5, 2020, https://www.straitstimes.com/asia/se-asia/indonesias-civil-society-petitions-to-remove-health-minister-terawan-over-his-handling.

② 林永传：《印尼总统佐科改组内阁》，中国新闻网，2020 年 12 月 22 日，https://www.chinanews.com.cn/gj/2020/12-22/9368885.shtml。

③ Alexander R Arifianto, Jefferson Ng, "Pancasila Guidance Bill: Tweaking Indonesia's Ideology?," July 8, 2020, https://www.rsis.edu.sg/rsis-publication/rsis/pancasila-guidance-bill-tweaking-indonesias-ideology/#.YsaEinZBxD8.

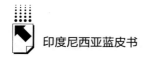

和学生为主体的反对法案的抗议游行示威活动不断。①

第三，一些极端组织和犯罪团伙利用疫情煽动民众并制造骚乱，比较典型的例子是"伊斯兰捍卫者阵线"（FPI）头目里齐克（Rizieq Shihab）在印尼疫情期间公然组织集会、袭击警队，该组织与印尼政府的冲突和对抗不断，给印尼的疫情防控带来巨大的压力，也加剧了印尼社会的动荡与分裂。②

二　疫情防控策略和举措

2020年3月印尼开始出现本土病例且新增病例数飙升，印尼中央政府开始正式采取措施应对国内疫情形势。印尼通过成立国家应对新冠肺炎疫情专班小组、国家应对新冠肺炎疫情和经济恢复委员会，出台大规模社交限制政策（PSBB）、社区活动限制法令（PPKM）以及推进以"3M"、"3T"和新冠疫苗注射为重点的疫情防控措施。但整体上来看，印尼国内应对疫情的防控措施出台和实施有明显的滞后性，且政策制定与实施面临中央与地方政府、地方政府之间在主观认知和客观条件等方面的差异。此外，印尼的国家经济脆弱性、宗教因素、国内卫生体系和卫生资源的匮乏程度，以及民众对于病毒和疫情认识不足等现实状况，一定程度上也阻碍了这些国内措施发挥效用。

（一）成立国家新冠肺炎疫情应对专门机构

1. 国家应对新冠肺炎疫情专班小组

2020年3月2日，印尼首次出现本土确诊病例，3月3日即组成一个由佐科直接领导的国家应对新冠肺炎疫情小组，3月13日正式成立国家应对新冠肺炎疫情专班小组（Gugus Tugas Percepatan Penanganan COVID-19，以

---

① 杨晓强、于灵芝：《印度尼西亚：2020年回顾与2021年展望》，《东南亚纵横》2021年第1期，第55页。

② 夏方波、陈琪：《印尼政府为何此时对伊斯兰极端组织出手?》，清华大学战略与安全研究中心，2021年2月4日，https：//ciss. tsinghua. edu. cn/info/zlyaq/3122。

下简称国家抗疫专组），由国家灾害管理局（BNPB）负责协调，包含卫生
部、国家警察和政府军等部门，其领导成员详见图2。国家抗疫专组设置了
5个方面工作目标：一是提高卫生部门的防治能力；二是协调中央各部委及
地方政府的防疫行动；三是加强对新冠肺炎疫情传播和发展形势预测；四是
增强决策制定的科学性和协调性；五是增强预防、筛查和应对新冠病毒的资
源准备和能力。[①] 在印尼3月11日出现首例新冠死亡病例之后，国家抗疫
专组加大部署，加强新冠患者监测、隔离和传播链追踪，加大社区防控措

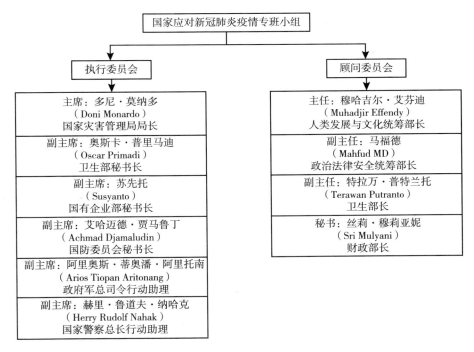

图2 印尼应对新冠肺炎疫情专班小组领导结构

资料来源：笔者据媒体报道制图。

---

① CNBC Indonesia, "Jokowi Tunjuk Doni Monardo Jadi Panglima Pemberantas Corona," March 13,
2020, https: // www. cnbcindonesia. com/news/20200313212424 - 4 - 144838/jokowi - tunjuk -
doni-monardo-jadi-panglima-pemberantas-corona.

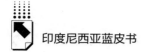
施，协调资源加强医院收治病患的能力，① 并建立新冠肺炎疫情信息官方网站作为疫情和相关防控措施的权威发布渠道。4月13日，佐科签发2020年第12号总统令，宣布新冠肺炎疫情为"国家灾难"，要求中央政府各部门、各地方政府在国家抗疫专组的统筹下通力协作，一致抗疫。②

2. 改组国家抗疫专组为国家应对新冠肺炎疫情和经济恢复委员会

2020年7月20日，佐科发布2020年第82号总统令，取消原国家抗疫专组，改组为国家应对新冠肺炎疫情和经济恢复委员会（Komite Penanganan COVID-19 dan Pemulihan Ekonomi Nasional），以统筹疫情防控和经济恢复等两方面的重要事项。③ 委员会由经济事务协调部长担任主席，财政部长、卫生部长和内政部长担任副主席。同时，任命国有企业部长为行政长官，负责协调和整合战略资源。委员会下设两个工作组，一个是由国家灾害管理局长领导的国家应对新冠肺炎疫情小组（Satgas Penanganan COVID-19）和国有企业部副部长布迪（Budi Gunadi Sadikin）领导的国家经济复苏和转型小组（Satgas Pemulihan dan Transformasi Ekonomi Nasional），后者主要职责是监测检测设备的可用性，推进新冠疫苗研发以及制定经济复苏计划。省、市地方政府则根据国家应对新冠肺炎疫情小组负责人的建议组成地方应对新冠肺炎疫情小组，并在国家应对新冠肺炎疫情小组的指导下开展疫情防控工作。④ 国家应对新冠肺炎疫情和经济恢复委员会的成立有效地统筹了疫情防控和经济恢复两项任务的协调，一定程度上弥补了先前国家抗疫专组在统筹中央和地方政府抗疫协调方面的能力不足。

---

① Gemma Holliani Cahya, "Indonesia Scrambles to Contain Coronavirus as Most Hospital Not Ready," March 14, 2020, https：//www.thejakartapost.com/news/2020/03/13.

② 林永传：《印尼总统佐科宣布新冠肺炎疫情为"国家灾难"》，中国新闻网，2020年4月14日，https：//www.chinanews.com.cn/gj/2020/04-14/9155899.shtml。

③ CNN Indonesia, "Jokowi Bubarkan Gugus Tugas Percepatan Penanganan COVID-19," July 20, 2020, https：//www.cnnindonesia.com/nasional/20200720212317 - 20 - 526884/jokowi - bubarkan-gugus-tugas-percepatan-penanganan-covid-19.

④ Kementerian Badan Usaha Milik negara, "Komite Penanganan COVID-19 dan Pemulihan Ekonomi Nasional," July 21, 2020, https：//bumn. go. id/media/press-conference/komite-penanganan-covid-19-dan-pemulihan-ekonomi-nasional-wz.

（二）出台全国性疫情管控措施

1. 大规模社交限制政策

2020年3月31日，在印尼出现首例确诊新冠病例近一个月后，政府出台了的大规模社交限制政策（Pembatasan Sosial Berskala Besar，PSBB），[①]此时印尼国内新冠患者已增至2000余人，单日新增逼近200人，近200人死亡，疫情呈快速蔓延趋势。[②] PSBB出台的依据是2018年关于卫生检疫的第6号法律，该政策对人员和货物的流动做出了一定限制，包括关闭学校、公共场所（不包括超市、市场、体育场等必要的公共场所），限制交通运输和宗教活动等，以阻断疫情。地方政府可在疫情严重时向中央政府申请执行对本地实施PSBB，且须每两周评估政策执行情况，若到期后仍有疫情传播，可申请继续延长PSBB。[③] PSBB政策在一定程度上是印尼中央政府与地方政府在疫情封控方面的态度的一种折中。一方面，2020年3月疫情扩散后，爪哇岛、雅加达、万隆、三宝垄、梭罗和泗水地区疫情形势严峻，地方领导人倾向于采取严格的防疫措施，例如，3月16日，东爪哇玛琅市长苏蒂亚吉（Sutiaji）宣布，为了防止新冠肺炎疫情的传播，该市两天后将开始关闭进出玛琅的所有通道，所有来访或离开该市的人员都将推迟至14天之后，[④] 这一政策使玛琅市成为印尼第一个采取"封城"措施的城市。此外，包括雅加达省长阿尼斯（Anis Baswedan）在内的多位官员也向佐科提议对雅加达、巴厘岛和巴淡岛等外国人入境的热点地区实

---

① Henri Siagian，"Ini Makna，Kriteria，dan Aturan Lengkap PSBB，" April 1，2020，https：//mediaindonesia. com/politik-dan-hukum/300418/ini-makna-kriteria-dan-aturan-lengkap-psbb.

② World Health Organization，"WHO Coronavirus（COVID-19）Dashboard Indonesia，" February 2，2022，https：//covid19. who. int/table.

③ Rusmini Wiyati，"Pembatasan Sosial Berskala Besar，" May 11，2020，https：//dinkes. okukab. go. id/wp-content/uploads/2020/05/Permenkes-Nomor-9-Tahun-2020. pdf.

④ Muhammad Aminudin，"'Lockdown'，Wali Kota Tutup Akses Keluar-Masuk Malang Mulai Rabu，" March 16，2020，https：//news. detik. com/berita-jawa-timur/d-4941231/lockdown-wali-kota-tutup-akses-keluar-masuk-malang-mulai-rabu.

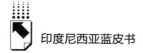

行封控，以防止境外游客输入病例的风险。^① 但另一方面，中央政府不倾向采取"封城"措施，希望采取较为温和、对经济影响较小的管控措施。^② 3月底 PSBB 的最终出台，使地方政府得以申请执行有限度的"封城"措施。

阿尼斯于 2020 年 4 月 4 日申请在首都雅加达实施 PSBB，并于两天后获得卫生部批准，4 月 10 日正式实施，为期 14 天，雅加达成为了印尼首个实施大规模社交限制的城市。^③ 实施 PSBB 期间，印尼警察和武装部队在首都及周边巡逻，超过 5 人的人群将被驱散劝离，在主要道路和公交车站设立检查站。雅加达的摩托车、出租车被限制载客，餐厅禁止堂食，酒店被要求接收隔离人员。政府要求市民尽量待在家中，减少户外活动，且活动范围仅限于住宅附近区域，外出需要佩戴口罩。雅加达的学校、娱乐场所等公共设施被关闭，公共交通载客量被限制在 50% 以下，乘客保持 1.5 米的安全距离，工作场所实行员工"一半在办公室，一半在家"工作制度。^④ 随着疫情形势的恶化，万丹、西爪哇、东爪哇、廖内群岛以及南苏拉威西等多个省市陆续申请了 PSBB。大规模社交限制为遏制疫情发挥了积极成效，雅加达实施 PSBB 一个月后，新增感染和死亡病例明显放缓。^⑤

该政策在实施的过程中也面临诸多困难。其一，中央政府仅发挥授权地方政府实施的作用，PSBB 政策的启动、延长的申请决定权在地方政府手

① Marchio Irfan Gorbiano, Budi Sutrisno, "Jokowi Refuses to Impose Lockdown on Jakarta," March 30, 2020, https://www.thejakartapost.com/news/2020/03/30/jokowi-refuses-to-impose-lockdown-on-jakarta.html.

② The Jakarta Post, "No Lockdown for Indonesia, Jokowi Insists as COVID-19 Cases Continue to Rise," March 24, 2020, https://www.thejakartapost.com/news/2020/03/24/no-lockdown-for-indonesia-jokowi-insists-as-covid-19-cases-continue-to-rise.html.

③ Rakhmat Nur Hakim, "Disetujui Menkes, PSBB DKI Jakarta Mulai Berlaku Selasa 7 April 2020," April 7, 2020, https://nasional.kompas.com/read/2020/04/07/11582841/disetujui-menkes-psbb-dki-jakarta-mulai-berlaku-selasa-7-april-2020? page=all.

④ DetikNews, "Yang Perlu Diketahui dari PSBB Jakarta yang Berlaku Hari Ini," April 10, 2020, https://news.detik.com/berita/d-4971980/yang-perlu-diketahui-dari-psbb-jakarta-yang-berlaku-hari-ini.

⑤ German-Indonesia Chamber of Industry and Commerce, "Sanctions for Breaches of PSBB in DKI Jakarta," May 26, 2020, https://indonesien.ahk.de/en/infocenter/news/news-details/sanctions-for-breaches-of-psbb-in-dki-jakarta.

中，导致难以在全国范围内形成统一的抗疫措施。地方领导人的抗疫理念、财力和实施条件存在差异，无法协调行动。例如，南苏拉威西的罗斯县（Kabupaten Maros）在已经处于南苏拉威西疫情"震中"、中央政府和南苏拉威西省长多次施压以及邻近县市均已实施 PSBB 措施的情况下，仍不愿意申请实施 PSBB。[①] 罗斯县领导人认为周边实施的 PSBB 并未起到真正作用，来自望加锡的大量车辆仍然往返于望加锡—罗斯公路上，罗斯县实施 PSBB 可能是徒劳；同时，该县缺少充足的财政资金作为社会救助金，而这是申请 PSBB 的基本条件之一。其二，由于对 PSBB 的政策内容了解不足，以及违反 PSBB 的惩罚性措施出台不及时，[②] 至少 20 个地区的民众遵守 PSBB 措施的程度不理想，一定程度上导致 PSBB 措施有效性不足。例如，雅加达实施 PSBB 期间，进出雅加达的流动人口数量仍然居高不下，为了能返回家乡庆祝开斋节假期，一些在雅加达务工的民工甚至藏身于货车中躲避出行禁令的检查；[③] 茂物实施 PSBB 期间，政策遵守率也仅为 30%。[④]

2. 社区活动限制法令

为了改善 PSBB 存在的问题，印尼政府于 2021 年初出台了"社区活动限制法令"（Pemberlakuan Pembatasan Kegiatan Masyarakat，PPKM），以取代 PSBB。两者在限制措施的内容上并无本质差异，但政策实施的主体、模式以及实施的精细化程度有所不同。从实施主体看，PSBB 申请主体是地方政府，是一种自下而上的实施模式；而 PPKM 实施主体是中央政府，是一种自上而下的实施模式。一旦中央政府决定在某个疫情严重地区实施 PPKM，

---

① Pemerintah Kabupaten Maros，"Pemberlakuan PSBB Maros：Butuh Pertimbangan Matang！"May 7，2020，https：//maroskab. go. id/2020/05/07/pemberlakuan – psbb – maros – butuh – pertimbangan–matang/.

② 雅加达省有关违反 PSBB 的惩罚性规定直到 2020 年 4 月 30 日才公布，这距离 4 月 10 日开始在该地区实施 PSBB 已经过去 20 天之久。

③ Amy Chew，"Indonesians Dodge Jokowi's Travel Ban，Raising Fears of Coronavirus Spike in Provinces，"May 7，2020，https：//www. scmp. com/week – asia/health – environment/article/3083367/indonesians–dodge–jokowis–travel–ban–raising–fears.

④ "Restrictions Not Enough，"Kompas. id，April 27，2020，https：//www. kompas. id/baca/english/2020/04/27/restrictions–not–enough/.

地方政府需要与中央政府紧密配合，严格执法。① 从政策精细化程度看，PSBB 只是笼统地规定了静态的限制措施，没有考虑到疫情风险的动态变化；而 PPKM 政策根据疫情形势的变化而做出动态调整，动态地实施"一般社区活动限制"、"微型社区活动限制"以及"紧急社区活动限制"等不同等级、不同对象的限制措施。

PPKM 政策提升了中央政府在疫情防控中的主动权，有助于防疫措施在全国范围内协调一致，提高限制措施的时效性、协调性与有效性。2021 年 1 月 11 日，PPKM 首先在雅加达、西爪哇、万丹、中爪哇、日惹特区、东爪哇以及巴厘 7 个省市开始实施，并逐步扩大至印尼全国 34 个省市，各地根据疫情形势多次延长 PPKM。为了更好地应对"德尔塔"疫情，并尽可能减少疫情防控措施对社会经济的影响，印尼于 2021 年 7 月 25 日开始实施 PPKM 分级管理制度（详见表 1），以便实施更为精细化的疫情防控措施。随着 2022 年初"奥密克戎"病毒来袭，印尼疫情形势出现了"德尔塔"与"奥密克戎"叠加的双重风险，每日新增感染和死亡人数呈现新一轮增长之势，印尼多地延长 PPKM 措施加以应对。

表 1　社区活动限制法（PPKM）分级管理制度（2021 年）

等级	确诊病例数	住院病例数	死亡病例数	风险等级
一级	少于 20 例	少于 5 例	少于 1 例	低
二级	20~50 例	5~10 例	少于 2 例	中等
三级	50~100 例	10~30 例	2~5 例	高
四级	多于 150 例	多于 30 例	多于 5 例	极高

注：表中数据为每 10 万人中的病例数。
资料来源：Dkatadata. co. id。

---

① "PSBB Diganti PPKM, Prioritas di Ibu Kota Tujuh Provinsi," JawaPos, January 8, 2021, https：//www. jawapos. com/nasional/08/01/2021/psbb-diganti-ppkm-prioritas-di-ibu-kota-tujuh-provinsi/.

（三）加大公共卫生与防疫宣传

针对民众屡屡违反防疫措施的情况，印尼政府除了出台惩戒性措施以外，还通过加大防疫宣传提高民众遵守防控措施的程度。佐科在多个场合向民众宣传"3M"健康倡议，即戴口罩（Mencuci Tangan）、保持距离（Menjaga Jarak）和勤洗手（Menjauhi Kerumunan）。国家应对新冠肺炎疫情和经济恢复委员会新闻发言人在每日的疫情信息发布会上，反复向印尼民众传达"3M"健康倡议。[①] 印尼中央统计局于 2020 年 9 月 7 日至 14 日开展了一项新冠大流行期间的印尼民众行为调查，近 1/6 的受访民众认为自己不太可能或根本不可能感染新冠病毒，30% 左右的受访民众对于新冠病毒的危害不太清楚。[②] 这表明，近一半的印尼民众对于新冠病毒传播和危害缺乏正确的认知。印尼的许多市场摊贩、街头小贩由于缺乏防疫意识，未能切实履行"3M"健康倡议，极大增加了传染风险。为了提高民众对于新冠病毒传播能力和危害严重性的警惕，最大限度地阻断疫情传播链，政府通过电视、报刊、网站新闻以及社交媒体等多种途径向公众持续宣传有关新冠病毒的危害。

（四）提高检测、追踪和治疗能力

新冠患者的检测、追踪和治疗是应对新冠肺炎疫情的核心能力，即印尼政府所提出的"3T"能力，即检测（Testing）、追踪（Tracing）和治疗（Treatment），[③] 并对这三个方面加大了建设力度。

1. 提高病毒检测能力

新冠病毒的早期检测至关重要，是掌握本国疫情数据的基本途径，是开

[①] Sekretariat Kabinet Republik Indonesia, "Jubir Reisa: Terapkan 3M dalam Keseharian Agar Putus Mata Rantai Pandemi," September 18, 2020, https://setkab. go. id/jubir-reisa-terapkan-3m-dalam-keseharian-agar-putus-mata-rantai-pandemi/.

[②] Titis Nurdiana, "Survei BPS: Masyarakat Berpendidikan Rendah Yakin Tak Tertular Covid 19," September 28, 2020, https://nasional. kontan. co. id/news/survei-bps-masyarakat-berpendidikan-rendah-yakin-tak-tertular-covid-19.

[③] VOI, "Strengthening 3M And 3T Is the Key to Controlling the COVID-19 Pandemic," February 11, 2021, https://voi. id/en/news/32642/strengthening-3m-and-3t-is-the-key-to-controlling-the-covid-19-pandemic.

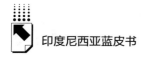

展有效防控的基本前提。病毒检测早期检测可以迅速筛查疑似患者，尽早对病患采取隔离和治疗措施，以进一步降低病毒传播的风险。印尼的病毒检测能力在疫情初期严重不足，检测能力提升缓慢，一定程度上妨碍了印尼"窗口期"的疫情防控取得成效。检测能力较弱的主要原因是检测实验室少、检测试剂盒供应不足，以及拭子采集人员不足和检测方法不规范等。① 截至2020年4月29日，印尼完成67784人次检测，仅占总人口的约0.02%，相当于每百万人口进行了247人次检测。相比之下，文莱、新加坡和马来西亚每百万人口检测达到30694人次、20815人次和4764人次，印尼的新冠病毒检测率在东盟国家中仅高于缅甸百万人140人次。② 2021年初，印尼也仅有630个聚合酶链式反应（Polymerase Chain Reaction，PCR）检测实验室，且区域分布不均，病毒检测能力有限。③ 印尼政府自2020年6月开始提升PCR检测试剂盒产能，并将一所生产禽流感疫苗的工厂改建为检测试剂盒工厂，以实现月产量200万盒的目标。同时，通过国际卫生合作，获得其他国家和国际组织捐助或采购的检测试剂盒。佐科还要求政府提高病毒检测能力，以达到日检测100万次的目标，并运用世卫组织建议的快速抗原检测法（Rapid Antigen Tests，RAT）提升检测效率。④ 随着检测设施的完善、检测手段的丰富、检测价格的降低以及检测效率的提升，印尼的病毒检测能力有了很大的提升，至2022年2月21日，印尼日均检测能力已超过30万次。⑤

---

① Purwa Kurnia Sucahya, "Barriers to COVID-19 RT-PCR Testing in Indonesia: A Health Policy Perspective," *Journal of Indonesian Health Policy and Administration*, 2 (2020): 36.

② Giovanni van Empel, Joko Mulyanto, Bayu Satria Wiratama, "Undertesting of COVID - 19 in Indonesia: What Has Gone Wrong?", *Journal of Global Health*, 2 (2020): 1.

③ VOI, "Strengthening 3M And 3T Is the Key to Controlling the COVID-19 Pandemic," February 11, 2021, https://voi. id/en/news/32642/strengthening - 3m - and - 3t - is - the - key - to - controlling-the-covid-19-pandemic.

④ VOI, "Whatever the Strategy for Handling The COVID-19 Pandemic, Jokowi Is Reminded to Strengthen 3T," Especially Tracing, August 3, 2021, https://voi. id/en/news/72436/whatever - the - strategy - for-handling-the-covid-19-pandemic-jokowi-is-reminded-to-strengthen-3t-especially-tracing.

⑤ Our World in Data, "Coronavirus (COVID - 19) Testing," February 21, 2022, https:// ourworldindata. org/coronavirus-testing.

2. 提升病患密接者追踪能力

病患密接者追踪能力（流调能力）也是印尼疫情防控的一个薄弱环节。世卫组织建议的病患密接者追踪比例至少应为1∶30，即在追踪确诊病例时的接触者时应至少找出30名曾经与该确诊病例近距离接触（1米内）15分钟的人并对其进行检测。但根据印尼卫生部的数据，截至2021年7月4日，印尼每周新冠病患接触者追踪检测率仅为1∶1.29，意味着每名患者平均仅追踪到一名密切接触者，远低于世卫组织建议的标准。① 追踪能力低下的主要原因，是由于许多病患者未提供他们与接触者的完整信息，而追踪到的接触者由于担心失去工作或遭到歧视而拒绝接受检测。② 为了提高病患密接者追踪能力，雅加达市政府曾开展招募活动，聘请1545名病例接触追踪员和10名数据员，以加强和扩大首都地区的病患密接者追踪能力和流调范围。③ 2021年8月，面临着严峻的"德尔塔"疫情形势，佐科表示，应对新冠肺炎疫情的政策时常因为疫情数据的变化而有所调整，但"3T"能力建设是任何时候都必须要坚持的，尤其是病患密接者追踪能力。④

3. 保障新冠病患收治能力

病患治疗是"3T"能力的最后一个环节，是有效降低感染患者死亡率的关键步骤，也是疫情防控的最后一道防线。病患的治疗效率高度依赖本国医疗体系的医疗资源，而目前印尼医疗资源极不完善，根据世卫组织的统计，印尼人均医生数和床位数等基本医疗资源都较为匮乏，每万人仅拥有4名医生和12张床位，处于落后水平（详见图3），导致医院难以应对大规模

① 《数字印尼：检测阳性率接近一半，病患跟踪率几乎为零!》，腾讯网，2021年7月7日，https：//new. qq. com/rain/a/20210707A0AKBQ00。

② 《印尼疫情趋向失控　专家：巅峰期或在10月》，〔新〕《联合早报》2020年8月21日，https：//www. zaobao. com. sg/znews/sea/story20200821-1078490。

③ 《专家：雅城须提升病例接触追踪能力　遏阻疫情扩散》，〔新〕《联合早报》2020年11月16日，https：//www. zaobao. com. sg/news/sea/story20201116-1101255。

④ VOI，"Whatever the Strategy for Handling the COVID-19 Pandemic, Jokowi Is Reminded to Strengthen 3T," Especially Tracing, August 3, 2021, https：//voi. id/en/news/72436/whatever-the-strategy-for-handling-the-covid-19-pandemic-jokowi-is-reminded-to-strengthen-3t-especially-tracing.

疫情的发生。另外，印尼新冠疫苗注射率较低也是导致高死亡率的一个主要原因之一。为改善这一局面，佐科积极增建医疗设施以提高收治新冠病患的能力，将 2018 年亚运会的亚运村改造成可容纳 7000 多名患者的急救医院，[①]在加朗岛将部分难民营改造为应急医院，印尼武装部队和红十字会还在梭罗市建设了方舱医院，为该地区提供 100 张病床。但"德尔塔"和"奥密克戎"疫情不断使感染人数创新高，2022 年 2 月 15 日，印尼单日新增病例数突破 5.7 万例，次日单日新增病例数突破 6.4 万例，而医疗体系建设尚需时日，短期内难以根本扭转收治能力不足的困境。

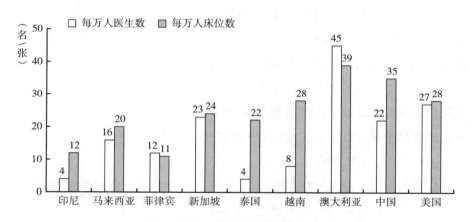

图 3 印尼医疗资源状况的国际对比

资料来源：世界卫生组织。

4. 推进新冠疫苗接种，构建病毒免疫屏障

新冠疫苗接种是建立免疫屏障的关键，其接种效率关乎印尼能否尽早实现群体免疫和重启经济活动。2020 年第四季度，全球新冠疫苗研发取得重大进展，10 月全球已约 40 种疫苗进入了临床试验阶段，其中 10 款疫苗进

---

① Olympic Council of Asia, "Former Asian Games Athletes' Village Turned into COVID - 19 Hospital," March 23, 2020, https：//ocasia. org/news/567 - former - asian - games - athletes - village-turned-into-covid-19-hospital. html.

入三期临床试验阶段。[1] 佐科政府于 2020 年 10 月 5 日启动新冠疫苗采购和接种工作，与欧美国家疫苗接种优先考虑老年人和高危人群不同，印尼的疫苗接种策略是将壮年劳动人口放在首位，主要考量是把有限的疫苗资源优先注射给需要外出工作、感染风险较高的青壮年群体，以支持国家经济复苏。[2] 相比其他东盟国家和全球平均水平，印尼新冠疫苗接种速度明显过慢，截至 2022 年 2 月 5 日，接种率为 47.04%（详见表 2）。主要原因在于：一是印尼是一个拥有 1.7 万多个岛屿的群岛国家，人口超过 2.7 亿，特殊的地理条件和庞大人口基数决定了其新冠疫苗的存储、配送和注射是一项挑战；二是伊斯兰宗教领袖对于新冠疫苗是否符合伊斯兰清真规定的担忧增加了一部分民众对注射疫苗的犹豫；三是一些民众对于新冠疫苗的安全性和有效性存在担忧。[3] 为消除民众疫苗注射的忧虑，印尼政府做了大量工作，佐科率先注射新冠疫苗并向全国电视转播，[4] 并承诺向全民提供免费的新冠疫苗；与印尼最高穆斯林机构 MUI 协作，为新冠疫苗颁发"清真认证"；[5] 出动海军为印尼渔民接种疫苗，动用武装和警察部队加快注射，挨家挨户提供上门注射疫苗服务；[6]

---

[1] 《世卫组织：10 种新冠疫苗已进入三期临床试验》，央视网，2020 年 10 月 12 日，https：//tv. cctv. com/2020/10/13/ARTIQQOFln3gOROuTIzOgUb4201013. shtml。

[2] Ali H. Mokdad, Laksono Trisnantoro, Samuel Ostroff, Ruri Syailendrawati, Iqbal Elyazar, "Indonesia Charts an Innovative Path on COVID – 19 Vaccination," December 30, 2020, https：//www. thinkglobalhealth. org/article/indonesia – charts – innovative – path – covid – 19 – vaccination.

[3] Ardila Syakriah, "Only One in Three Indonesians Willing to Pay for Vaccine：Survey," December 15, 2020, https：//www. thejakartapost. com/news/2020/12/14/only – one – in – three – indonesians–willing–to–pay–for–vaccine–survey. html.

[4] 《印尼总统佐科接种中国新冠疫苗》，新华网，2021 年 1 月 13 日，http：//www. xinhuanet. com/photo/2021–01/13/c_ 1126978899. htm。

[5] Nicky Aulia Widadio, "Indonesia：Muslim Body Declares Chinese Vaccine Halal," January 8, 2021, https：//www. aa. com. tr/en/asia – pacific/indonesia – muslim – body – declares – chinese – vaccine–halal/2103519.

[6] Nina A. Loasana, "Jokowi Aims to Speed Vaccination through Door-To-Door Vaccine Push," October 21, 2021, https：//www. thejakartapost. com/news/2021/10/21/jokowi – aims – to – speed–vaccination–through–door–to–door–vaccine–push. html.

通过给予奖励吸引偏远地区民众注射疫苗。[①] 经过不懈努力，截至 2021 年底，印尼已接种超 2.8 亿剂新冠疫苗，第一剂疫苗覆盖率已接近 80%，达到了先前制定的 2021 年底实现 70% 国民注射第一剂疫苗的目标。[②]

表 2　东盟国家新冠疫苗接种率统计

国　家	启动日期	全程接种率(%)(截至 2022 年 2 月 5 日)
泰　国	2021 年 2 月 28 日	69.61
缅　甸	2021 年 1 月 27 日	34.64
印　尼	2021 年 1 月 13 日	47.04
菲律宾	2021 年 3 月 1 日	53.32
越　南	2021 年 3 月 8 日	76.03
马来西亚	2021 年 2 月 24 日	78.8
柬埔寨	2021 年 2 月 10 日	82.3
老　挝	2021 年 4 月 2 日	52.72
新加坡	2020 年 12 月 30 日	81.23
文　莱	2021 年 3 月 3 日	92.21
全　球		53.17

资料来源：笔者据东盟网站、世卫组织网站公布数据整理。

三　疫情防控的国际合作

由于抗疫物资、药物和疫苗供应不足，以及医疗卫生体系不堪重负，印尼的新冠肺炎疫情防控面临不少困难，因此，印尼积极开展与其他国家和国际组织的新冠肺炎疫情防控合作。这些合作既包括短期项目，也包括中长期项目，短期项目主要是获取急需的口罩、呼吸机、防护服等抗疫物资，以及学习国外的抗疫经验；中期项目则致力于获得充足、安全、有效的新冠疫

---

① VOI, "Jokowi Orders COVID-19 Vaccination to Be Speeded Up, Especially for People in Remote Areas," December 16, 2021, https://voi.id/en/news/114616.

② Cabinet Secretariat of the Republik of Indonesia, "President Jokowi: Indonesia's COVID-19 Vaccination Coverage Surpasses Target," January 3, 2022, https://setkab.go.id.

苗，使印尼尽快建立病毒免疫屏障，让国民经济和社会生活恢复正常；并希望成为东南亚地区乃至全球的医疗卫生用品、药品和疫苗的生产中心。中国是支持印尼疫情防控的主要伙伴，中印尼两国在抗疫物资协调、防控经验与病毒信息共享、新冠疫苗研发与生产等方面合作成果显著，成为抗疫国际合作的成功典范。

（一）积极寻求抗疫物资援助和生产合作

1. 中印尼间的抗疫物资援助

在中国新冠肺炎疫情初期面临着医疗防控物资短缺的局面时，印尼是最早响应世卫组织号召向中国提供防疫物资的国家之一。2020 年 1 月 28 日，印尼亚洲浆纸公司向华侨慈善基金会捐款 1440 万美元，用于治疗新冠肺炎患者；[①] 2 月 1 日，印尼政府向中国援助的一批医用口罩、手术设备等医用物资搭乘赴华执行撤侨任务的专机被送达武汉。[②] 此外，印尼各界华侨华人积极组织募捐活动，向中国捐赠了大量的医用防控物资和抗疫资金。[③]

当印尼于 2020 年 3 月出现首例本土病例、国内感染患者迅速增长之时，新冠肺炎疫情也在欧美国家大规模出现。基于印尼国内医用物资可能出现短缺的预期，截至 2020 年 4 月底，包括美国、英国、意大利等在内的全球 80 个国家出台了禁止或限制医用防控物资出口的措施。[④] 此时，中国已基本控制住国内疫情，复工复产工作也在有序开展。针对印尼疫情，中国积极向印

---

① Xinhuanet，"Indonesia's Sinar Mars Group Donates 14.4 Mln USD to Aid China Coronavirus Control，" January 28，2020，http：//www. xinhuanet. com/english/2020-01/28/c_ 138739023. htm.

② Ministry of Foreign Affairs of the Republic of Indonesia，"The Statement of the Indonesian Foreign Minister on the Deployment of the Evacuation Team to Repatriate Indonesian Nationals in Hubei，" February 1，2020，https：//kemlu. go. id/portal/en/read/1010/view/the - statement - of - the - indonesian-minister - of - foreign - affairs - on - deployment - of - evacuation - team - to - repatriate - indonesian-nationals-in-hubei.

③ 林永传：《印尼侨领张锦雄：华侨华人积极投身抗疫助力稳定经济》，中国新闻网，2020 年 8 月 14 日，https：//www. chinanews. com. cn/hr/2020/08-14/9264870. shtml。

④ Andrea Shalal，"WTO Report Says 80 Countries Limiting Exports of Face Masks，Other Goods，" April 24，2020，https：//www. reuters. com/article/us - health - coronavirus - trade - wto/wto - report-says-80-countries-limiting-exports-of-face-masks-other-goods-idUSKCN2253IX.

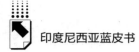

尼提供抗疫物资和防控经验支持。从 2020 年 3 月底开始，来自中国企业、政府和民间组织援助的大批医疗防控物资源源不断地抵达印尼，① 例如，一些中国的企业如阿里巴巴、抖音、平安集团、德龙镍业、振石控股等积极向印尼捐赠了急需的医用口罩、检测试剂盒、医用防护服等防控物资，② 中国政府援助印尼的首批抗疫物资于 2020 年 3 月 26 日晚抵达雅加达，包括检测试剂、医用 N95 口罩、医用外科口罩、医用防护服、便携式呼吸机等；③ 随着"奥密克戎"疫情造成的印尼防控形势恶化，中国继续向印尼提供防控物资，中国空军甚至出动运-20 运输机为印尼运送防控物资。④ 中印尼两国的公共卫生专家就疫情防控多次组织视频会议，《新冠肺炎疫情防控方案》《新冠肺炎诊疗手册》等汇总了中国第一手防控经验的重要参考资料也被及时分享给印尼方面。⑤ 疫情发生以来，中国国家主席习近平与佐科总统多次通电话，探讨两国在抗击疫情、经济发展和地区安全等方面的合作，为两国的抗疫合作引领方向。⑥

2. 与其他国家的抗疫合作

除了中国，印尼还积极与其他国家开展抗疫合作。随着"德尔塔"疫情于 2021 年 7 月开始在印尼出现，呼吸机、制氧机等医用设备一度陷

---

① "China's Aid to Indonesia," in *Minding the Grassroots：Celebrating 70 Years of Sino-Indonesia Relations amid the Coronavirus Pandemic*, ed. Ardhitya Eduard Yeremia, Klaus Heinrich Raditio, ISEAS Publishing, 2020.

② Jitsiree Thongno, "Coronavirus：Alibaba, Jack Ma Donate Masks, Test Kits to Indonesia, Malaysia, Philippines and Thailand," March 20, 2020, https：//www. scmp. com/news.

③ 《中国援助印尼抗击新冠肺炎疫情首批物资运抵雅加达》，人民网，2020 年 3 月 27 日，http：//world. people. com. cn/n1/2020/0327/c1002-31649992. html。

④ 《运-20 向越南印尼运送疫苗抗疫物资》，环球网，2022 年 2 月 9 日，https://mil. huanqiu. com/article/46kMslnDFJF。

⑤ 甄有理：《来论：中印尼携手同行，疫后书写新篇章》，澎湃新闻，2020 年 8 月 21 日，https：//www. thepaper. cn/newsDetail_ forward_ 8824863。

⑥ 《肖千大使：中方将继续在力所能及范围内对印尼提供抗疫支持和帮助》，〔印尼〕《千岛日报》2021 年 9 月 25 日，第 3 版。

入短缺，印尼从新加坡、澳大利亚、美国和阿联酋等国寻求了紧急物资援助。[1] 此外，印尼政府与世卫组织、全球疫苗免疫联盟（GAVI）、盖茨基金会（Bill & Melinda Gates Foundation）等国际组织开展合作，以获得防控经验、抗疫物资和疫苗援助。同时，印尼在国内疫情缓解时，也尽己所能为地区和全球疫情防控贡献自己的力量。截至 2020 年底，印尼向 9 个国家、10 个国际组织和 82 个非政府组织提供了口罩、检测试剂盒等防控物资。[2] 印尼还与英国、日本等国签订卫生领域的谅解备忘录和合作备忘录，针对卫生人员、卫生服务、卫生信息技术和疾病防控等领域开展合作。[3]

（二）参与全球新冠疫苗合作，消弭"疫苗鸿沟"

1. 印尼与中国的疫苗合作树立了新冠疫苗国际合作典范

印尼与中国开展的新冠疫苗合作时间最早、最广泛且最具成效。2020年 7 月，中国科兴公司计划与印尼生物制药公司（Bio Farma）于 2020 年 8 月开展新冠灭活疫苗三期临床试验，佐科高度重视并出席启动仪式，印尼西爪哇省长利特万·卡米尔（Ridwan Kamil）更是作为志愿者参与临床试验。[4] 10 月中国疫苗获批在印尼紧急使用，印尼成为全球第二个、东南亚地区第一个批准使用中国疫苗的国家。2021 年 3 月，中国重组新冠疫苗三期临床试验也在印尼开展。两国开展的新冠疫苗合作为疫苗联合研发和使用积累了经验，为东南亚国家大规模疫苗援助和生产合作奠定了基础。印尼于 2020 年 12 月迎来科兴公司的两批共计 300 万剂新冠疫苗，

① Niniek Karmini, "Indonesia Short on Oxygen, Seeks Help as Virus Cases Soar," July 11, 2021, https：//apnews.com/article/business － health － indonesia － coronavirus － pandemic － cc5770f40c607bfcd45d4ad8a97d8fcc.

② Fitriani, "Indonesia's Foreign Policy and the COVID － 19 Pandemic," October 26, 2021, https：//www.thinkglobalhealth.org/article/indonesias-foreign-policy-and-covid-19-pandemic.

③ 杨晓强、于灵芝：《印度尼西亚：2020 年回顾与 2021 年展望》，《东南亚纵横》2021 年第 1 期，第 59 页。

④ 《佐科维全力支持我国开展新冠疫苗临床试验》，〔印尼〕《千岛日报》，2020 年 7 月 22 日，https：//www.qiandaoribao.com/2020/07/22/佐科维全力支持我国开展新冠疫苗临床试验。

成为首个接受中国疫苗的东南亚国家。为了表达对于中国疫苗的信任，并呼吁民众积极参与疫苗接种，印尼总统佐科接种了科兴公司的克尔来福新冠疫苗（CoronaVac）并进行全程直播，成为印尼国内接种新冠疫苗第一人。① 在当时，西方发达国家纷纷囤积疫苗以求自保，美国、英国的新冠疫苗优先供应本国，印尼难以及时从西方疫苗生产国家获取大批量的新冠疫苗，而中国处于疫苗需求量非常庞大的时期，仍然将一部分疫苗产能供应给印尼等国，有力地支持了印尼防疫工作，截至2022年1月底，印尼通过双边援助和采购的形式已从中国获得超过2.5亿剂新冠疫苗，中国成为印尼最大的新冠疫苗供应国之一，② 体现了中国实实在在践行人类命运共同体理念的努力。

在全球的抗疫过程中，存在一道"疫苗鸿沟"，在2021年底，当发达国家普遍达到60%以上的全程接种率且已经开始推进加强针的接种时，低收入国家却只有约3.19%的人接种了疫苗。③ 据联合国儿童基金会的数据，G20成员人均疫苗接种剂量是撒哈拉以南非洲国家的15倍。④ 疫苗分配不公平是全球"疫苗鸿沟"产生的根源，新冠疫苗技术与产能主要掌握在西方发达国家及中俄等发展中国家手中，一些西方发达国家大量抢购、囤积疫苗，甚至储存有几倍于本国人口数量的疫苗，而相对落后的发展中国家往往难以获得有效的疫苗分配。针对该问题，印尼通过与中国的合作，打造自身的疫苗生产能力，既有效提升自身的疫苗可及性，也为地区防疫贡献力量。在2021年G20全球卫生峰会上，佐科提出印尼要成为东南亚的新冠疫苗制

---

① 《印尼总统佐科接种中国新冠疫苗》，新华网，2021年1月13日，http：//www.xinhuanet.com/photo/2021-01/13/c_1126978899.htm。
② 笔者据中华人民共和国外交部、Bridge Consulting、东博社以及相关媒体网站公开资料整理。
③ Our World in Data, "Coronavirus (COVID-19) Vaccinations," https：//ourworldindata.org/covid-vaccinations.
④ United Nations International Children's Emergency Fund, "G20 Members Have Received 15 Times More COVID-19 Vaccine Doses Per Capita Than Sub-Saharan African Countries," October 27, 2021, https：//www.unicef.org/press-releases/g20-members-have-received-15-times-more-covid-19-vaccine-doses-capita-sub-saharan.

造中心，以支持全球疫苗生产和公平分配。① 习近平在与佐科的电话中表示，中方将继续同印尼开展疫苗合作，并助力印尼建设成为东南亚地区的新冠疫苗生产中心，共同抵制"免疫鸿沟"。② 2021 年 7 月，印尼国有生物制药公司艾塔纳（Etana）与中国沃森生物公司（Walvax Biotechnology）开展信使核糖核酸（mRNA）新冠疫苗研发和本地化生产合作，后者向印尼 Etana 公司提供技术支持，以实现该疫苗在印尼年产量 7000 万剂的目标。③此外，印尼与中国安徽智飞、科兴公司，以及韩国吉内辛（Genexine）、美国大甬星（Arcturus Therapeutics）等制药公司及世卫组织开展合作，通过技术转让、联合生产等途径，努力将自身打造成为地区和全球的疫苗生产中心。④

2. 与其他国家的疫苗合作

2020 年底以来，印尼除继续深化与中国的疫苗合作，还开展了与英国阿斯利康（AstraZeneca）、美国辉瑞（Pfizer）与莫德纳（Moderna）等疫苗研发和生产企业的合作，采用援助或采购的形式获取了大量急需的新冠疫苗。随着西方国家疫苗储备水平的上升，美国、英国等一些西方国家开始加大对印尼的疫苗交付力度。截至 2021 年 12 月 30 日，美国政府、联合国儿童基金会向印尼捐赠了 2800 万剂辉瑞疫苗。⑤ 自英国出台"全球英国"政策

① The Ministry of Foreign Affairs of the Republic of Indonesia, "Global Health Summit: President Jokowi Calls for Measures to Address Vaccine Gap," May 22, 2021, https://kemlu. go. id/ hanoi/en/news/13323/global-health-summit-president-jokowi-calls-for-measures-to-address- vaccine-gap.

② 《习近平同印尼总统佐科通电话》，新华网，2021 年 4 月 20 日，http://www. xinhuanet. com/2021-04/20/c_ 1127353406. htm。

③ Koya Jibiki, Tomoya Onishi, "China and U. S. Share Tech in ASEAN for Vaccine Diplomacy Edge," September 26, 2021, https://asia. nikkei. com/Spotlight/Coronavirus/COVID - vaccines/China-and-U. S. -share-tech-in-ASEAN-for-vaccine-diplomacy-edge.

④ Tom Allard, Kate Lamb, "EXCLUSIVE Indonesia in Talks with WHO To Become Global Vaccine Hub: Minister," September 16, 2021, https://www. reuters. com/world/asia-pacific/exclusive- indonesia-talks-with-who-become-global-vaccine-hub-minister-2021-09-16/.

⑤ U. S. Embassy in Georgia, "U. S. Sends COVID-19 Vaccines Worldwide [Rolling Updates]," https://ge. usembassy. gov/u-s-sends-covid-19-vaccines-worldwide-rolling-updates/.

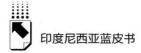

以来，东南亚地区成为英国提升全球影响力、对冲英国脱欧负面影响的重要地区。英国阿斯利康疫苗是除美国辉瑞以外最早一批进入世卫组织紧急使用清单的一款疫苗，印尼作为东南亚地区第一大国家，自然也成为英国大力推广阿斯利康疫苗的优先对象。2021 年 2 月 22 日，阿斯利康疫苗获得印尼食品和药物管理局（BPOM）紧急使用授权。① 印尼乌里玛理事会于 3 月发布法令允许阿斯利康疫苗用于紧急目的，该款疫苗成为继中国科兴疫苗之后第二款获得"清真认证"的新冠疫苗。② 2021 年 6 月，第一批英国援助印尼的阿斯利康疫苗抵达印尼。③ 至 2022 年 2 月初，英国、日本、意大利、澳大利亚和新西兰等国通过援助或采购形式已向印尼供应超 5 亿剂阿斯利康疫苗和原液，阿斯利康疫苗成为印尼最大的新冠疫苗供应商。④ 2021 年 8 月，印尼批准俄罗斯卫星五号（Sputnik V）疫苗的紧急使用，以扩大印尼疫苗的来源。⑤ 日本也是印尼寻求新冠疫苗合作的主要国家，2021 年 7 月和 10 月，日本向印尼共捐赠了 415 万剂疫苗成品，日本于 2022 年 1 月宣布向印尼再次提供 272 万剂阿斯利康疫苗，以支持印尼应对"奥密克戎"疫情。⑥ 印尼通过与全球主要新冠疫苗供应国的积极合作，有力支撑了其国内新冠疫苗接种工作，为印尼在短时期内构建全民免疫屏障提供了重要基础。

---

① Mike Nafizahni, "Get to Know with AstraZeneca Vaccine," March 5, 2022, https://corona. jakarta. go. id/en.

② Ninek Karmini, "Indonesian Muslim Body Clears AstraZeneca Use in Emergency," March 19, 2021, https://abcnews. go. com/Health/wireStory/indonesia-resumes-astrazenecas-covid-19-vaccine-76553203.

③ BBC, "Covid: UK Sends Nine Million Vaccines to Vulnerable Countries," July 29, 2021, https://www. bbc. com/news/uk-politics-58004934.

④ Dian Fath Risalah, "2, 7 Juta Dosis Vaksin Astrazaneca Hibah Australia Tiba di Indonesia," February 9, 2022, https://republika. co. id/berita/r7174l370/27-juta-dosis-vaksin-astrazaneca-hibah-australia-tiba-di-indonesia.

⑤ Reuters, "Indonesia Approves Russia's Sputnik V Vaccine for Emergency Use," August 25, 2021, https://www. reuters. com/world/asia-pacific/indonesia-approves-russias-sputnik-v-vaccine-emergency-use-2021-08-25/.

⑥ Tempo. co, "Japan Donates Another 2. 72M Doses of COVID-19 Vaccines to Indonesia," January 14, 2022, https://en. tempo. co/read/1549747/japan-donates-another-2-72m-doses-of-covid-19-vaccines-to-indonesia.

（三）促进东盟抗疫合作，提升地区公共卫生安全

多边合作是应对新冠肺炎疫情全球大流行的重要方面，作为东盟的"领头羊"，印尼通过引领地区卫生合作来促进东盟的疫情防控体系改善，增强东盟国家应对公共卫生威胁的韧性。一方面，印尼利用作为2020～2021年东盟卫生部长会议（AHMM）轮值主席国的身份，领导东盟成员国加强区域公共卫生风险沟通合作，推动实时和透明的信息共享，协调跨境应对措施，扩大数字技术和人工智能在抗击疫情中的作用，并加强东盟与其他伙伴的抗疫合作。[①] 2021年7月，东盟卫生部长抗击新冠肺炎疫情视频会议召开，会议讨论了各国新冠疫苗接种情况、变异病毒以及经济复苏等议题，会议启用了东盟突发公共卫生事件门户网站，向东盟成员国和对话伙伴国以及社会公众提供东盟地区突发卫生事件的相关信息。[②] 另一方面，作为东盟重要的三个对话与合作伙伴，中国、日本和韩国在支持印尼和东盟卫生防控体系发挥着重要的作用，"东盟+3"机制为促进地区卫生合作、提升东盟国家卫生能力建设提供了重要的合作平台。在"东盟+3"合作框架下，东盟与中、日、韩接连举行了新冠肺炎问题特别外长视频会议和新冠肺炎问题卫生部长视频会议，为各方的卫生合作指明方向。2020年4月，"东盟+3"领导人特别会议发表了《东盟与中日韩抗击新冠肺炎疫情领导人特别会议联合声明》，强调在早期传染病预警机制建设、实时分享抗疫经验、强化国家和地区的卫生能力建设等方面的重要性。[③] 5月，"东盟+3"流行病学培训网络举行了一系列视频会议，就各国应对新冠肺炎疫情的最新进展、流行病学

---

① ASEAN Portal for Public Health Emergencies, "ASEAN Health Ministers Enhance Cooperation in Fighting COVID-19 Pandemic," April 7, 2020, https://aseanphe.org/asean-health-ministers-enhance-cooperation-in-fighting-covid-19-pandemic/.

② 《东盟卫生部长会议发表联合声明》，中华人民共和国驻文莱达鲁萨兰国大使馆经济商务处，2021年7月27日，http://bn.mofcom.gov.cn/article/ztdy/202107/20210703180766.shtml.

③ 《东盟与中日韩抗击新冠肺炎疫情领导人特别会议联合声明（全文）》，新华网，2020年4月15日，http://m.xinhuanet.com/2020-04/15/c_1125856102.htm。

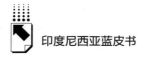

防控经验展开了交流。①

此外，印尼还在其他地区性和全球性合作机制中积极发挥影响力，为地区和全球公共卫生安全出谋划策。佐科在出席 2020 年和 2021 年 G20 峰会时多次呼吁各国开展卫生合作，加快疫后经济复苏和转型。印尼担任 2022 年 G20 轮值主席国，预期仍然会将加快建立全球新冠病毒免疫屏障、推动疫后经济复苏作为议题之一。② 印尼还通过亚太经合组织（APEC）、环印度洋区域合作联盟（IORA）、东亚峰会等地区合作机制推动公共卫生国际合作，例如，佐科在博鳌亚洲论坛 2021 年年会中呼吁国际社会继续深化抗疫和卫生领域的合作，并努力加快国家和世界经济复苏。

① ASEAN Portal for Public Health Emergencies, "ASEAN, China, Japan, Korea Epidemiology Experts Share Disease Surveillance Experiences on COVID－19," June 1, 2020, https：//aseanphe. org/asean－china－japan－korea－epidemiology－experts－share－disease－surveillance－experiences-on-covid-19/.

② Jakarta Globe, "Jokowi Arrives in Rome to Attend G20 Meeting," October 30, 2021, https：//jakartaglobe. id/news/jokowi-arrives-in-rome-to-attend-g20-meeting.

B.6
印度尼西亚贫困问题治理
及中印尼减贫合作

金 新 姚懿珊*

摘 要: 为有效治理贫困问题,印尼成立了"国家加速减贫小组"等治理机构,出台了能源补贴等扶贫政策,实施了"生产性家庭"等贫困治理项目,并与其他国家和国际组织开展了减贫合作,取得了一定的贫困治理效果。近年来,中国与印尼的减贫合作逐步增加并取得良好成效,同时双方在基础设施建设、产业投资等方面的合作也产生了减贫效果。报告最后从政策沟通、风险评估、电商扶贫等方面提出了进一步加强两国减贫合作的一些建议。

关键词: 印度尼西亚 贫困现状 贫困治理 减贫合作

印度尼西亚是东南亚人口最多的国家,在人力资源方面拥有巨大发展潜力,同时也存在着大量贫困人口,贫困问题成为困扰印尼的一大顽疾。印尼政府非常重视本国的贫困治理工作,将其作为现阶段印尼的优先发展事项,并同国际社会开展了积极的减贫合作,中国与印尼的减贫合作是其中的重要组成部分。本报告对印度尼西亚贫困问题与贫困治理现状进行考察,并对中印尼减贫合作问题进行探讨。

---

* 金新,博士,西安交通大学马克思主义学院国际问题研究中心副教授、博士生导师,亚欧研究中心研究员;姚懿珊,西安交通大学马克思主义学院硕士研究生。

一 印尼贫困问题及主要成因

（一）印尼贫困问题现状

印尼人口基数较大，贫困人口数量多、占比高，贫困问题较为严重。产业结构不平衡、教育水平落后、金融危机与新冠肺炎疫情等外部冲击都是导致或加剧印尼贫困问题的重要原因。

印尼政府对贫困线（Garis Kemiskinan，GK）的确定标准是一个人的收入能否维持一个月的基本生活所需的最低支出，包括食品和非食品。GK 包括食品贫困线（GKM）和非食品贫困线（GKNM），食品贫困线是满足人均食品需求 2100 千卡的最低支出，非食品贫困线是满足住房、人员配备、教育和卫生等非食品需求的最低支出。印尼各地区根据自身情况还设置了 67 条地方的贫困线，雅加达以外各省的城市和农村地区的贫困线各不相同；国家贫困线由各地方贫困线加权平均获得。2020 年，印尼中央政府公布的城市人口贫困线为月收入低于 475000 印尼盾，农村人口贫困线为月收入低于 437000 印尼盾，分别约合 31 美元和 29 美元。联合国开发计划署制定的国际绝对贫困线标准以 2011 年不变价格（基于购买力平价 PPP）计算为日收入 1.9 美元，按 2022 年最新 PPP 计算的为日收入 2.15 美元，显然，印尼国家标准显著低于国际标准。

按照印尼国家贫困线标准，截至 2021 年 3 月，印尼贫困率为 10.14%，贫困人口为 2754 万（详见图 1），其中城市贫困人口为 1218 万，乡村贫困人口为 1537 万。其中极端贫困人口约为 1086 万人，极端贫困率为 4%。从趋势上看，如图 2 所示，印尼自 2007 年以来，按照国家标准计算的贫困发生率总体呈下降趋势，由 2007 年的超过 16%下降到近年的 10%左右。

从地区分布来看，印尼东部边远地区的贫困显著要高于其他地区。2020 年数据显示，东努沙登加拉、马鲁古、西巴布亚和巴布亚是印尼贫困率最高的几个省份（详见图 3）。印尼政府也将对极端贫困防治工作重点放在西爪

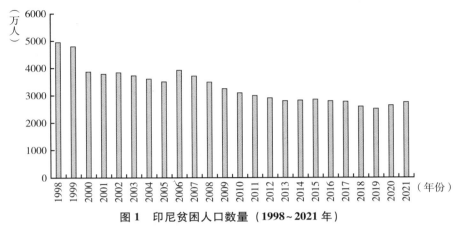

图1 印尼贫困人口数量（1998~2021年）

资料来源：BPS。

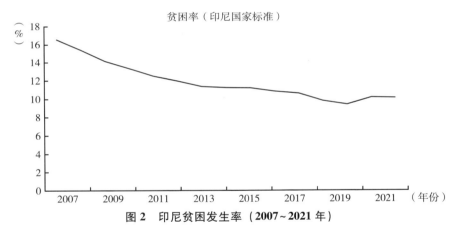

图2 印尼贫困发生率（2007~2021年）

资料来源：BPS。

哇、中爪哇、东爪哇、东努沙登加拉、马鲁古、西巴布亚和巴布亚7个省份，优先在其中的35个地区开展工作，这35个地区占印尼全国极端贫困人口的20%，即210万人，约涉及89.9万户家庭。①

---

① TNP2K，"Pengurangan Kemiskinan Ekstrem di 7 Provinsi dan 35 Kabupaten Prioritas Tahun 2021，"http：//tnp2k. go. id/acceleration-policies/pengurangan-kemiskinan-ekstrem-di-7-provinsi-dan-35-kabupaten-prioritas-tahun-2021.

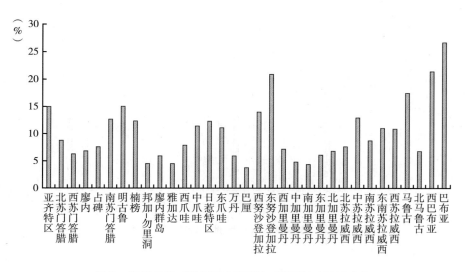

图3 印尼各省（除哥伦打洛外）贫困率（2020年）

资料来源：BPS。

（二）产生贫困问题的主要成因

贫困是长久以来困扰印尼社会的顽疾，其产生有着多方面的内在根源，而一些全球性突发事件也对贫困问题带来负面效应，归纳起来主要包括以下方面。

第一，产业发展不平衡导致农业人口转移缓慢。印尼是传统农业国家，农业劳动人口一直占据印尼就业市场的主要组成部分。截至2021年8月，印尼总就业人口为1.3亿，从事农业、林业和渔业的就业人口约为3700万，在所有行业中人数最多。由于农业产品附加值低，且受环境气候等不确定因素影响大，使大量从事农业劳动人口收入相对较低且不稳定，容易成为贫困人口。另外，印尼目前人均国民收入水平仍处于中下水平，全社会储蓄率较低，资本形成和社会投资积累相对缓慢，使印尼工商业发展相对缓慢，新增就业吸纳能力较弱，限制了农业人口向非农部门转移，大量就业人口"锁定"在低附加值产业部门，收入提升困难。

第二，教育水平相对落后导致劳动力素质提升困难，内生脱贫动力较弱。对比印尼贫困家庭和非贫困家庭可以发现，印尼贫困家庭大多人口较多且受教育程度低（详见表1），贫困家庭的平均人口数约比非贫困家庭成员人数多1人，贫困家庭户主比非贫困家庭户主平均受教育年限少2.42年，只有1.81%的贫困家庭户主受过大学教育，贫困家庭失业比例更高，主要收入来源为农业的比例高达51.33%，高于非贫困家庭约20个百分点。印尼教育目前存在全日制未普及、师资力量不足等严重挑战。2016年印尼教育和文化部曾提出在小学和中学全面实行8小时学制，即全日制教育，但这一方案的推广过程非常艰难，农村学生普遍存在回家务农需求的问题难以解决，最终不了了之。印尼教师非专任教师占比较高，非专任老师普遍薪酬低，且地区间、城乡间分布不均衡。教育发展的滞后制约了印尼劳动力素质的提高，也妨碍了农村富余劳动力向非农部门转移，自主创业就业能力的提升也较为困难，从而使内生脱贫动力不足。

表1 印尼贫困家庭与非贫困家庭对比（2021年）

	贫困家庭	非贫困家庭
家庭成员人数(人)	4.49	3.51
户主平均年龄(岁)	50.18	48.35
户主平均受教育年限(年)	6.14	8.56
户主受教育程度(%)		
小学未完成	29.86	16.71
小学	37.74	28.15
初中	15.05	16.15
高中	15.54	28.70
大学	1.81	10.29
主要收入来源(%)		
失业	12.90	12.22
农业	51.33	31.60
制造业	6.08	9.13
其他	29.69	47.05

资料来源：BPS。

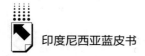
第三，金融危机与新冠肺炎疫情等外部冲击使印尼贫困问题更加凸显。印尼是在1998年亚洲金融危机中受创最严重的国家之一，印尼盾兑美元汇率暴跌，印尼国内生产总值当年下降超过13%，远远超过泰国和韩国下降的幅度，引发了印尼就业困难、贫困人口增多等诸多社会问题。2020年以来的新冠肺炎疫情对印尼造成的负面影响亦不容小觑，根据印尼国家统计局数据，印尼基尼系数从2019年的0.380上升到2020年的0.385，[1] 贫困率从2019年的9.22%上升到2020年的10.19%，新冠肺炎疫情在一定程度上加重了印尼贫困问题。

二　印尼贫困治理情况分析

印尼政府自民主改革以来就积极开展贫困问题治理，佐科政府将减贫作为政府优先发展事项，形成了初步的治理体系、治理模式和政策体系，实施了一系列扶贫项目，取得了一定成效。

（一）贫困治理政府机构

印尼贫困治理由政府主导，多方联动。2010年第15号总统条例颁布以来，印尼国家加速减贫小组成为印尼贫困治理的直接负责机构。围绕条例中提出的贫困治理四项基本战略，印尼成立了3个工作组分别对3个减贫方案进行落实。[2]

1. 国家加速减贫小组

印尼国家加速减贫小组（Tim Nasional Percepatan Penanggulangan Kemiskinan，TNP2K）是一个跨部门的组织机构，从中央层面推动全国的减

---

① Statistics Indonesia, "Gini Ratio Menurut Provinsi dan Daerah 2020-2021," https：//www.bps. go. id/indicator/23/98/1/gini-ratio-menurut-provinsi-dan-daerah. html.

② TNP2K, "Peraturan Presiden Republik Indonesia Nomor 15 Tahun 2010 Tentang Percepatan Penanggulangan Kemiskinan," http：//tnp2k. go. id/downloads/peraturan – presiden – republik – indonesia-nomor-15-tahun-2010-tentang-percepatan-penanggulangan-kemiskinan.

贫工作。由印尼副总统担任其负责人，印尼公共工程和公共住房部、教育和文化部、社会事务部、内政部等国家部门的部长均为其会员，共同参与协商。各省扶贫协调小组和区/市扶贫协调组（TKPK）是地方层面的扶贫机构，负责地方层面减贫计划的落实。

而 TNP2K 旨在协调各部委/机构之间的减贫工作，改善减贫政策的执行效率，提升减贫方案的落实效果。TNP2K 的主要任务包括制定减贫政策和方案；促进各部委/机构之间协同执行减贫方案；监督和管理减贫方案和项目的实施；建立记录社会援助受益人姓名和地址的印尼全国性数据库等。

2. 社会援助政策工作组

社会援助政策工作组负责落实以社会援助方式开展的减贫工作。该工作组是以社会中最贫困人口和家庭为服务对象的综合性社会援助计划小组，旨在保障贫困人口的基本生活，涉及教育、保健服务、食品、卫生和清洁饮水等方面，减轻贫困人口的生活负担，提高贫困人口的生活质量。

3. 社会健康保险政策工作组

社会健康保险政策工作组负责落实以社区发展为基础的减贫方案。该工作组旨在通过以社区赋权为基础的扶贫方案，帮助贫困社区的贫困人口利用自身的潜能和资源来摆脱贫困。工作组协助贫困人口挖掘自身能力，并积极鼓励贫困人口参与地区的经济社会发展活动。社区赋权减贫方案主要覆盖印尼农村、郊区等发展落后但有一定发展潜力的贫困地区，通过社区参与的方式制订社区扶助方案，并且社区参与方案执行的每一个阶段，自行管理社区团体实施的活动，以更好地促进社区成员的全面参与，加强社区贫困人口之间的信任感。[1]

4. 经济能力改善政策工作组

经济能力改善政策工作组负责落实对小企业赋能的减贫方案，即为小微企业提供支持，为其创造更好的发展环境，使小微企业能够在市场竞争中生

---

[1] TNP2K, "Social Health Insurance Policy Working Group," http：//tnp2k.go.id/program/social-health-insurance-policy-working-group.

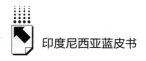

存和发展，实现创业带动就业和脱贫。政府通过这一工作组主要向小微企业提供培训、商务咨询等方面的服务，以及协助小微企业获得政府担保的银行贷款或股权融资。

（二）主要减贫措施和成效

多年以来，印尼政府贫困治理政策框架包括四项基本战略：加强社会保障、改善对贫困人口的公共服务、社区赋能和包容性经济发展。在该政策框架下印尼实施了一系列扶贫项目。

在社会保障方面，印尼政府出台了一系列针对贫困人口的生活保障计划。例如能源补贴计划，其中的电力补贴政策实施已久，政府不断对政策进行优化，改变过去对生产或销售商进行补贴的做法，将补助资金直接发放到贫困人口手上，使补助资金能够直接让真正的贫困人口受益。再如，社会保障卡（KPS）项目。KPS 由印尼政府向贫困家庭发放，作为贫困家庭享受相关补助的依据，可用于如领取补贴大米，获取贫困学生补助现金，以及困难家庭现金补助等。印尼政府目前大约已向 1550 万户贫困家庭发放了 KPS，覆盖了印尼低收入家庭总数的 25%。[1]

在公共服务方面，比较典型的项目有生产性家庭项目（Productive Family Programmes），该项目由家庭福利存款（Family Welfare Deposit）、创建生产性家庭活动（Creation of Productive Family Activities）、智能印尼计划（Smart Indonesia Programme）和健康印尼方案（Healthy Indonesia Programme）四个部分组成。家庭福利存款旨在通过使用家庭福利卡（KKS）和 SIM 卡向贫困家庭提供数字金融服务，为贫困人口设立存款账户以便更方便地获得政府的各类经济援助；创建生产性家庭活动旨在通过创业服务促进贫困人口通过自主创业来实现脱贫；智能印尼计划则为贫困家庭的学生提供教育援助；健康印尼方案则是通过 BPJS 保健中心的支持为弱势群体提供

---

① TNP2K, "About the Social Protection Card," http：//tnp2k. go. id/program/about-the-social-protection-card.

健康保险。

在包容性经济发展政策方面，疫情期间政府发布了名为 BPUM 以给予小微企业纾困支持的计划，为小微企业提供贷款担保等资金支持。此外，政府还推出了工资补贴援助、食品援助、就业培训卡、电费补贴等政策，以支持贫困家庭度过疫情难关。

此外，印尼政府还积极与国际社会合作推动减贫工作。例如 2016 年，联合国工业发展组织（UNIDO）与印尼工业部签署了"2016～2020 年 UNIDO-印尼国家计划"，UNIDO 承诺提供 4000 万美元用于支持印尼工业发展和减贫工作。[1] 2020 年，世界银行向印尼提供 3 亿美元贷款，用于支持印尼金融市场发展和政府减贫目标。[2]

印尼政府的减贫工作取得了一定成效，贫困人口总体呈下降趋势，贫困发生率降低。按照印尼国家标准，贫困人口已由 1998 年高峰时期近 5000 万人下降至 2007 年的 3700 余万人，再降至目前的 2754 万人（截至 2021 年 3 月），贫困率也 2007 年的 16% 下降为 2021 年的 10.14%。

三　中印尼减贫合作

中国是印尼在贫困治理领域的主要合作伙伴之一，尤其是近十年来，两国减贫合作不断增加，取得了一系列成果，同时也面临一些挑战。

（一）中印尼减贫合作开展情况

1. 专门性减贫合作

中国与印尼专门性减贫合作主要依托于区域性多边合作机制开展。例

---

① The Jakarta Post，"UNIDO Pledges $40m for Industry，Environment，" May 17，2016，https：// www. thejakartapost. com/news/2016/05/17/economy – brief – unido – pledges – 40m – industry – environment. html.

② The Jakarta Post，"World Bank Approves $300m Loan to Improve Indonesia's Financial Sector，" March 23，2020，https：//www. thejakartapost. com/news/2020/03/23/world – bank – approves – 300m – loan – to – improve – indonesias – financial – sector. html.

如，在东盟合作机制框架内，早在 2014 年 11 月 13 日，李克强总理在出席东盟与中日韩（10+3）领导人会议时，中国提议实施"东亚减贫合作倡议"，并提供 1 亿元人民币，开展乡村减贫推进计划，建立东亚减贫合作示范点。另外，中国还通过中国-东盟社会发展与减贫论坛、"东盟+3 村官交流项目"等机制，在减贫经验交流与人才培训方面为印尼减贫工作提供支持。中国-东盟社会发展与减贫论坛创设于 2007 年，至 2021 年已成功举办 15 届。如今论坛已经成为各方分享社会发展与减贫政策经验的重要平台。"东盟+3 村官交流项目"、减贫研修班等项目，也为推动中国与印尼双方减贫经验交流与合作发挥了重要作用。十几年来，东盟国家已派出四百余名官员来华参加培训，学习中国减贫工作经验。

此外，中国还通过亚投行机制开展与印尼的减贫合作。例如，2016 年 6 月，亚投行宣布和世界银行联合融资，为印尼的贫民窟改造项目提供贷款支持。印尼媒体认为："改造贫民窟是印尼历届政府扶贫工作的重点内容，却一直受到征地、资金等问题掣肘，相信亚投行和世行的资金将为印尼改善贫民生活条件、实现包容性增长做出贡献。"[①]

2. 其他合作项目间接产生的减贫效果

除专门性的减贫合作之外，中国与印尼在基础设施建设、产业投资等方面的一系列合作也通过促进印尼民生基础条件改善、地区发展平衡等渠道，间接地支持了印尼的减贫工作。例如，中印尼合资公司负责的雅万高铁项目的建设，为印尼创造了大量就业岗位，为沿线城镇的经济发展带来重要机遇。再如，由中国电力建设集团参与投资建设的印尼明古鲁燃煤电站项目，是明古鲁省目前在建的最大外资项目，累计为当地提供了超过 2000 个就业岗位，[②] 投产运营后不仅将提供就业岗位，还能缓解明古鲁省长期以来的电

---

① 中华人民共和国国务院新闻办公室：《中国经验助力印尼贫民窟"脱贫梦"》，2016 年 10 月 17 日，http：//www. scio. gov. cn/m/ztk/dtzt/34102/35265/35285/document/1494294/1494294. htm。

② 中华人民共和国驻印度尼西亚大使馆经商参处：《中企投建印尼明古鲁燃煤电站首台机组并网发电》，2019 年 12 月 18 日，http：//id. mofcom. gov. cn/article/dzhz/201912/20191202923455. shtml。

力短缺问题，改善贫困地区民众的生活状况。

另外，中国企业对印尼产业的投资也有助于改善印尼贫困地区经济发展落后的状况。例如，2019 年 4 月，中国化学工程公司投资东加省犀牛（邦唐）油气田开发，项目预期不仅能缓解印尼东北部地区各岛屿居民用气和天然气发电问题，还将促进当地经济的发展。[①] 2019 年 12 月，中国与印尼还签署了加强渔业合作的协议，将支持印尼渔业发展，为贫困发生率较高的渔民群体减贫提供支持。2021 年 12 月，由中国企业投资的东南苏拉威西省的德龙工业园区巨盾镍业项目投产，项目为印尼创造了 2.7 万个本地就业岗位，并为当地经济发展提供了新的"引擎"。

（二）加强中印尼减贫合作的对策建议

国际减贫合作是有利于民生发展、社会稳定的大事，也是构建人类命运共同体的切实体现。中印尼减贫合作不断推进受到两国政府和民众的肯定，但在实施中也须关注一些不利因素的影响，例如，两国的减贫合作需要依靠当地政府的配合和层层推进，因而需要注意印尼政府机构的效率差异，世界银行 2020 年发布的世界营商环境报告显示印尼排第 73 位，在开设企业、办理施工许可、纳税和执行合同 4 个关键项目方面排名靠后。[②] 另外，以投资开发形式进行的减贫合作需要注意印尼现实的经济基础和投资风险。此外，当前国际环境的变化也给各领域的国际合作带来了新的挑战，西方国家对我国的战略竞争力度加大，可能影响到社会发展领域的一些国际合作。

为此，本报告提出既要进一步深化减贫合作，又要注意采用更有效的合作方式和策略，包括加强与印尼政府的政策沟通，完善减贫合作机制；注重对贫困地区的实地调研，加强减贫项目前期风险评估；注重利用数字技术和

---

① 中华人民共和国驻印度尼西亚大使馆经商参处：《印尼 PT Badak NGL 与中国化学工程签订 EPC 合同》，2019 年 5 月 6 日，http：//id. mofcom. gov. cn/article/gccb/201905/20190502860029. shtml。

② The World Bank，"Doing Business 2020，" https：//www. doingbusiness. org/en/reports/global-reports/doing-business-2020.

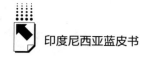

电子商务开展扶贫合作；坚持以民生为本，促进民心相通的原则等。

1. 强化政策沟通，完善合作机制

良好的政策沟通与合作对接是中印尼减贫合作高效落实的基础。中国应继续深化与印尼减贫工作机构的沟通与交流，邀请诸如 TNP2K 等减贫机构参观中国减贫成果，交流减贫经验。在减贫合作机制方面也需进一步完善，例如，当前中印尼减贫合作主要依托区域性多边合作机制，双边的专门减贫合作机制还比较缺乏，可以考虑建立这方面的专门合作机制。

同时，还应加强中印尼两国减贫合作的顶层设计，在合作原则上，坚持以民生为本，以促进民生相通为原则。要使合作项目更好地惠及民生，并加强合作项目的前期宣传力度与后期展示效果，让中印尼减贫合作成果更为人所知，为印尼民众所接受与认可。合作项目的选择也不能单纯依赖援助项目，应更多地开展一些互惠性合作项目。此外，减贫合作可以与人文交流项目相连接，人文交流促进民心相通，为减贫合作的实施推进提供有效保障，而减贫合作也可为人文交流带来看得见的实效。华人华侨在中印尼人文交流中扮演桥梁作用，印尼青年群体、受灾群体、非政府组织等都是人文交流的重要对象。发挥民间交流的作用，可以更加深入、全面了解到印尼贫困人口困难与需求，使中印尼减贫合作针对性与科学性更强。

2. 注重实地调研，加强风险评估

中国在减贫合作中要加强对印尼的实地调研与风险评估，深入民间了解到贫困地区的具体状况、贫困人群的切实需求，因地制宜地开展减贫合作项目，减少项目实施过程中不确定因素带来的阻碍。

一方面，深入实地调研，因地制宜地开展扶贫项目，是中国减贫事业所获得的宝贵经验。实地调研可以增进对贫困地区、贫困人口的了解，制定更具针对性的减贫方案，更好地规避减贫项目实施过程中的风险，让减贫工作真正融入印尼贫困人口的生产生活中，使中国"精准扶贫"的理念在印尼得到推广应用。

另一方面，涉及资源开发和基础设施建设的减贫合作项目尤其要注意实施风险。由于资源和基建往往涉及印尼国内资源利益分配和环境保护问题，需要得到属地居民的支持，因此中方项目执行部门需要加强对当地环境与民情的调研，防范自然灾害，避免与当地风俗习惯产生冲突等风险。

3. 发挥数字经济优势，开展电商扶贫合作

印尼在国民经济15年中期建设规划（2011~2025年）中明确提出，将数字基础设施建设作为实现互联互通的重点领域。印尼数字技术与电商的快速发展为中印尼减贫合作提供了新平台。2021年上半年印尼电子商务交易额增长了63.4%，交易额为186.7万亿印尼盾（约合131.5亿美元）。截至2021年8月中旬，超过1500万印尼中小微企业加入了电子商务平台，占中小微企业总数的22%。[1] 印尼政府希望借由《东盟电子商务协定》推动国内电商行业发展，实现2025年挖掘40%数字经济潜力的目标。目前跨境电商交易量占印尼电商交易量的比例不到5%，跨境电商有巨大增长空间。[2]

在新冠肺炎疫情尚未结束的情况下，中印尼线下合作项目开发存在一定的困难，线上商务合作为中印尼减贫合作打开了一扇新的窗口。中印尼两国可以积极开拓思路，开展电商扶贫项目，通过以电商平台为支撑的扶贫项目，为贫困地区民众赋能，使印尼的一些农特产品、手工艺品及纺织品经营商户可以借助电商平台扩大销路，扩大对中国的出口，带动印尼贫困人口增收脱贫。

---

[1] 中华人民共和国驻印度尼西亚共和国大使馆经济商务处：《印尼1500万中小微企业进入电子商务平台开展数字贸易》，2021年8月26日，http://id.mofcom.gov.cn/article/sbmy/202108/20210803192330.shtml。

[2] 中华人民共和国驻印度尼西亚共和国大使馆经济商务处：《东南亚最大电商市场印尼将完成〈东盟电子商务协定〉核准》，2021年8月24日，http://id.mofcom.gov.cn/article/sbmy/202108/20210803192328.shtml。

B.7
印度尼西亚经济增长质量研究

林创伟 高峰 谭娜*

摘　要： 本报告基于全球 81 个主要国家的 2009~2020 年面板数据，使用主成分分析法构造了经济增长质量指标体系，考察了印尼的经济增长质量。研究发现：印尼虽是东盟第一大经济体，但经济增长质量方面的表现不尽如人意，低于 81 个样本国家的平均水平，在东盟主要经济体中的排名靠后，尤其是效率指数方面。与金砖五国对比，显著落后于中国，但与其他四国较为接近。从趋势上看，印尼经济增长的效率指数从 2016 年起有所提升，主要受初级产品出口占比下降以及工业化发展等因素驱动；受印尼政府经济发展政策"求稳"导向的影响，印尼经济增长稳定性指数优于部分东盟国家和中国以外的金砖国家，但在经济增长可持续性指数方面，印尼在近五年有所下降，主要受制于研发和人力资本投资不足，以及对自然资源开发的过多依赖。

关键词： 印度尼西亚　经济增长质量　东盟国家　实证研究

引　言

印尼目前是世界第十六大经济体，作为二十国集团（G20）成员，印尼

---

* 林创伟，博士，广东外语外贸大学国际经济贸易研究中心副研究员；高峰，广东外语外贸大学经济贸易学院博士研究生；谭娜，博士，广东外语外贸大学国际经济贸易研究中心副研究员。

也被列为新兴市场和新兴工业化国家。世界银行数据显示，2020 年印尼 GDP 总额为 1.06 万亿美元，居世界第 16 位，居亚洲第 5 位、东盟第 1 位。印尼经济总量占东盟经济总量比重超过 35%，人口为 2.702 亿，占东盟人口总数的 41%。然而，受新冠肺炎疫情影响，2020 年印尼经济增长率为 −2.07%，是 1997 年亚洲金融危机以来的首次负增长。不确定性的冲击给印尼经济增长带来了严峻的挑战，一方面，基于矿产、煤炭、石油和天然气等丰富的自然资源，印尼经济发展过度依赖资源产业和外国投资，存在增速慢、质量低和成本高的问题。[①] 另一方面，印尼长期存在着经济发展不均衡的问题。印尼各岛之间经济发展很不平衡，60% 的国内生产总值均来自爪哇岛。[②] 那么，从经济增长质量来看，印尼的经济增长质量到底如何？与其他东盟国家和新兴市场经济体相比，是否存在差距？在 21 世纪以来全球新兴市场国家经济整体向好而印尼经济增长表现平平的背景下，这一问题的研究具有重要意义。

经济增长质量作为发展经济学领域的一个重要问题，受到了学者们的广泛关注。有的学者从人均物资拥有和人口增长、生产力增长率、经济结构转型率、社会结构及意识形态、科技发展和经济增长的溢出效应等方面描述了发达国家的经济增长特征。[③] 此外，经济增长质量除了经济体量增长外，还包括与经济增长相关的其他福利效应，比如福利效应的公平性和经济增长的可持续性等。[④] 王积业把经济增长质量视为经济增

---

① Prasetyo, P. Eko et al., "Human Capital, Institutional Economics and Entrepreneurship as a Driver for Quality & Sustainable Economic Growth," *Entrepreneurship and Sustainability Issues* 7.4 (2020): 25-75.

② Basri, Chatib et al., "Making Economic Policy in a Democratic Indonesia: The First Two Decades," *Asian Economic Policy Review* 15.2 (2020): 214-234.

③ Kuznets, Simon, "Modern Economic Growth: Findings and Reflections," *The American Economic Review* 63.3 (1973): 247-258.

④ Thomas, Vinod et al., "The Quality of Growth," The World Bank, 2000; Barro, Robert. "Quantity and Quality of Economic Growth." *Central Banking, Analysis, and Economic Policies Book Series* 6 (2002): 135-162.

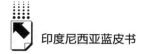
长的效率；[1] 刘树成[2]、随洪光等[3]则进一步将经济增长质量的内涵拓展到经济稳定性、可持续性、协调性和高效率等多个方面。

现有关于印尼和东盟经济增长质量的文献主要从经济增长[4]、经济结构或稳定性[5]等角度展开，而鲜有对印尼和东盟国家经济增长质量进行系统测度评价。本报告基于世界银行 2009~2020 年提供的 81 个国家的样本数据，利用主成分方法构建了经济增长质量指标体系，对印尼经济增长质量进行了深入考察，并与其他东盟国家及以金砖五国为代表的新兴市场经济体经济增长质量进行对比。

一　经济增长质量指标体系及其统计分析

（一）经济增长质量的指标体系构建

关于经济质量的测度，部分学者以全要素生产率等经济变量作为经济增长质量的代理变量，[6] 但单一经济变量并不足以全面反映经济增长质量，存在较大的局限性。[7] 因此，本报告通过构建一个综合性的评价指标体系来衡量经济增长质量，主要围绕经济增长的效率性、稳定性及持续性三个维度构

①　王积业：《关于提高经济增长质量的宏观思考》，《宏观经济研究》2000 年第 1 期，第 11~17 页。

②　刘树成：《论又好又快发展》，《经济研究》2007 年第 6 期，第 4~13 页。

③　随洪光、周瑾、张媛媛等：《基础设施投资仍然是有效的扩张性工具吗？——基于增长质量视角的流量效应分析》，《经济评论》2022 年第 1 期，第 66~81 页。

④　Nguyen, Ha Minh et al., "The Relationship between Urbanization and Economic Growth," *International Journal of Social Economics* 45.2（2018）：316-339.

⑤　Robiyanto, Robiyanto et al., "ASEAN Economic Community（AEC）and Economic Stability: A Review from Indonesia's Side," *International Journal of Economic Research* 13.2（2016）.

⑥　吴艳、贺正楚、潘红玉等：《消费需求对经济增长质量的影响及传导路径》，《管理科学学报》2021 年第 12 期，第 104~123 页。

⑦　魏敏、李书昊：《新时代中国经济高质量发展水平的测度研究》，《数量经济技术经济研究》2018 年第 11 期，第 3~20 页。

建指标体系。参考王薇和任保平[①]、汪丽娟[②]等的研究，本报告选择的指标如表 1 所示，包含正向指标、负向指标、适度指标三个指标类型。

表 1　经济增长质量评价指标

一级	二级	三级	指标定义	正向	负向	适度
				指标类型		
增长效率	要素生产率	资本生产率	GDP/固定资本形成额	√		
		劳动生产率	GDP/劳动力总数	√		
	市场效率	产品市场效率	商品贸易额占 GDP 的比重	√		
		要素市场效率	商业银行分支机构个数/每十万人口	√		
			失业率		√	
			技术产品出口额占 GDP 的比重	√		
	能源效率	通电覆盖率	通电率(%)	√		
		通电效率	通电所需时间(天)		√	
增长稳定性	要素供给稳定性	资本供给波动	广义货币(M2)增长率			√
		劳动供给波动	劳动参与率(15 岁及 15 岁以上的人口中从事经济活动的人口比例)	√		
	产出稳定性	产出波动	GDP 增长率	√		
		价格波动	通货膨胀			√
	结构稳定性	产业结构	制造业增加值/GDP	√		
		收支结构	净出口总额/GDP	√		
增长可持续性	远期增长动力	研发水平	科技期刊文章发表数量(篇)	√		
		人力资本水平	教育公共开支总额/GDP	√		
	生态环境代价	二氧化碳排放	二氧化碳排放量(百万吨)/GDP(2010 年不变价,亿美元)		√	
		可再生能源消耗	可再生能源消耗占最终能源消耗总量的百分比	√		

资料来源：笔者自制。

① 王薇、任保平：《我国经济增长数量与质量阶段性特征：1978～2014 年》，《改革》2015 年第 8 期，第 48～58 页。
② 汪丽娟：《中国对外直接投资对国内经济高质量发展的影响研究》，《国际商务（对外经济贸易大学学报）》2019 年第 5 期，第 56～72 页。

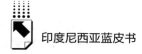

在具体测度指标选择上，对于经济增长效率，我们主要是从总体上来考察经济增长所带来的经济效率改善，包括要素生产率、市场效率、能源效率三个方面，分别选择资本生产率和劳动生产率、产品市场效率、要素市场效率以及通电覆盖率和通电效率作为基础测度指标。对于经济增长稳定性，由于经济增长过程中的周期波动主要是从要素供给稳定性、产出稳定性、结构稳定性三个方面来进行考察，因此我们也从这三个方面来测度经济增长的稳定性，分别选择资本供给波动（广义货币增长率）、劳动供给波动（劳动参与率）、产出波动（GDP 增长率）、价格波动（通货膨胀）、产业结构（制造业增加值/GDP）、收支结构（净出口总额/GDP）作为测度指标。对于增长可持续性，是从经济远期增长动力与生态环境代价角度考虑，对于远期增长动力方面，我们采用研发水平和人力资本水平作为基础测度指标，对于生态环境代价层面，我们选择二氧化碳排放、可再生能源消耗作为基础测度指标。其中，针对逆向指标我们采用了倒数形式，适度指标采用了绝对值的倒数形式。在此基础上，我们使用了主成分分析法对基础测度指标进行逐步的降维处理，最后得到各国经济增长质量的综合指标。

（二）资料来源与描述性统计

根据数据可得性，本报告样本包括 81 个国家 2009～2020 年的各项经济指标，资料来源于世界银行数据库。变量的描述性统计如表 2 所示，涉及 23 个变量。对个别变量的缺失值，我们使用线性插值法进行补齐，最终包括 972 个样本。

表 2　经济发展质量相关指标描述性统计（2009～2020 年）

变量	观测数	平均值	标准差	最小值	中位数	最大值
固定资本形成总额占 GDP 的比重（%）	972	22.99	6.79	5.62	22.40	81.02
GDP（2010 年不变价，亿美元）	972	3445.27	12628.40	12.41	502.25	146318.44
劳动力总数（亿人）	972	0.29	1.01	0.00	0.06	8.00
商品贸易占 GDP 的比重（%）	972	63.20	37.27	17.20	52.44	277.53
银行机构个数/每十万人	972	14.16	12.45	0.41	10.23	71.23
失业率（%）	972	7.01	5.77	0.14	5.12	29.22
商品出口中 ICT 产品比重（%）	972	3.85	8.10	0.00	0.46	49.02

变量	观测数	平均值	标准差	最小值	中位数	最大值
通电率(%)	972	78.73	29.28	5.30	97.83	103.00
通电所需时间(天)	972	101.63	70.75	22.00	82.50	450.00
广义货币增长率(%)	972	12.81	19.29	-20.01	10.90	485.55
劳动参与率(%)	972	63.60	10.60	37.30	63.27	86.84
通货膨胀率(%)	972	5.42	20.19	-7.95	3.60	557.20
制造业增加值占 GDP 的比重(%)	972	13.65	5.35	2.84	13.07	34.79
出口占 GDP 的比重(%)	972	35.92	24.12	4.98	30.38	203.33
进口占 GDP 的比重(%)	972	42.25	22.39	5.77	35.81	175.77
科技期刊文章数量(篇)	972	12573.60	50268.29	3.33	616.03	637912.75
国家教育支出占 GDP 的比重(%)	972	4.18	1.82	0.79	3.96	10.65
二氧化碳排放量(百万吨)	972	240.58	1106.22	0.20	18.83	10904.84
可再生能源消耗占最终能源消耗总量的比重(%)	972	38.83	28.32	0.47	31.68	95.18
经济增长效率	972	1.20	0.75	0.01	1.01	4.59
经济增长稳定性	972	1.60	0.54	0.04	1.57	6.52
经济增长可持续性	972	1.20	0.66	0.01	1.06	3.91
经济增长质量	972	1.70	0.82	0.08	1.54	6.36

资料来源：世界银行数据库。

二 印尼经济增长质量分析

依据上述 23 项变量，并借助主成分分析法，我们对印尼近年经济增长质量情况进行了解析，在经济增长效率、经济增长稳定性和经济增长可持续性三个方面的总体情况如图 1 所示。2009~2020 年，印尼经济增长质量综合指标变化不大，只在 2016~2017 年有所提升。

从分类指标来看，经济增长效率指数提升明显，在 2015~2017 年有较大幅度的提升，这一时期基本对应佐科的第一任期。作为一个发展中国家，印尼经济对初级产品依赖程度较高，工业发展水平相对落后，2014 年 10 月 20 日佐科宣誓就职，2015 年发布"关于 2015~2035 年全国产业发展总体规

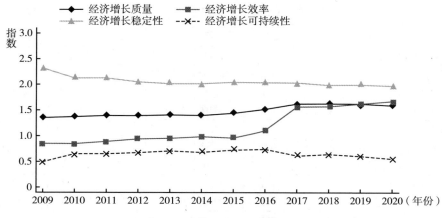

图 1　印尼经济增长质量变化趋势（2009~2020 年）

资料来源：根据世界银行数据库数据计算。

划"，作为指导印尼工业发展的一个主要纲领。统计数据显示，2016 年起，印尼的产品市场效率得到了显著提升，出口商品结构中初级产品占比逐渐下降，以 2020 年为例，初级产品占比、资源密集型制造品、非资源密集型制造品在出口中各约占 1/3，说明印尼政府促进工业发展的经济政策取得了一定的成效，印尼的经济效率和经济竞争力得到了提升。

从经济增长稳定性指数来看，经济增长稳定性在 2009~2012 年有下降趋势，随后保持稳定，这与印尼相应时期的经济政策有关。多年来，原材料出口一直是印尼经济增长的重要动力，长期依赖出口原材料的经济模式也导致印尼经济结构存在较强的依附性和脆弱性。佐科执政后，政府不仅加强对经济结构的引导调整，也尤其关注宏观经济稳定性，把宏观经济稳定作为了政府经济工作首要任务，为此，在政策上努力减少经常账户赤字，限制外债规模，将外汇储备维持在安全水平以上等，这些政策使 2012 年以来稳定性指数维持在 2 左右的水平。

从经济增长可持续性指数来看，除了个别年份有轻微波动以外，整体呈稳定趋势。虽然近年来印尼政府越来越重视可再生能源的开发利用，但我们的统计显示，可再生能源能耗占比指标并未有显著提升，因为目前可再生能源在整体能源供应中的占比还较小，2017~2020 年，可再生能源电力装机占电力系统总装机的比例约为 12%。

三 东盟国家经济增长质量对比分析

为在国际视野下考察印尼经济增长质量，我们将印尼相关指数与东盟国家进行横向比较，重点是与印尼经济规模较为接近的泰国、菲律宾、新加坡和马来西亚四个东盟国家进行对比。

从综合指数看，虽然印尼 GDP 总量位居东盟首位，但经济增长质量处于劣势，排在新加坡、马来西亚、越南、泰国、菲律宾之后，尤其是与新加坡和越南的差距较大。如图 2 所示，2009~2020 年，在五个东盟主要经济体中，印尼经济增长质量综合指数水平始终最低，且略低于全球平均水平，而新加坡作为东盟发达经济体，经济增长质量遥遥领先于其他东盟国家，泰国和马来西亚的经济增长质量水平及变化趋势较为相似，菲律宾的经济增长质量指数略高于印尼及全球平均水平。

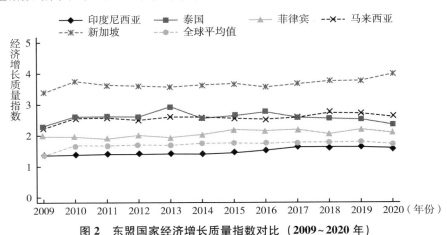

图 2　东盟国家经济增长质量指数对比（2009~2020 年）

资料来源：根据世界银行数据库数据计算。

从分项指数看，印尼经济增长质量在效率指数方面处于落后位置。如图 3 所示，2009~2020 年印尼经济增长效率在五个东盟国家中处于末位，且差距较大，在 2016 年之前，基本接近指数 1 的水平，略低于全球平均值，主要原因在于印尼资本形成率低，劳动人口众多但人均产值较低，出口中技术性产品占比不高，且电力覆盖等能源效率指标较低。佐科政府上台后，自 2016 年起，印尼经济增长效率指数开始明显提升，跃升至世界平均水平之上，目前效率指数已达到 1.5 以上。其他四个东盟国家中，新加坡的效率优势较大，并自 2019 年起有进一步扩大的趋势，这得益于新加坡的资本优势和技术优势。泰国、马来西亚、菲律宾三国效率指数较为接近，马来西亚的效率指数在 2013 年和 2018 年有一定的跃升。

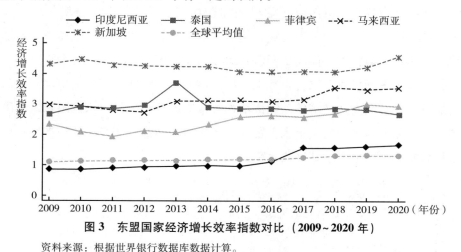

图 3　东盟国家经济增长效率指数对比（2009~2020 年）

资料来源：根据世界银行数据库数据计算。

　　从经济增长稳定性看（详见图 4），2009~2020 年印尼的经济增长稳定性指数在东盟五国中处于中间位置，且在趋势上没有明显变化。新加坡经济波动明显，但指数总体呈上升势头，而菲律宾经济波动向下。印尼经济增长稳定性指数趋势说明印尼近年在经济要素供给、产出增长和经济结构方面并无显著变革，在一定程度上反映当前政府政策仍以稳定为主，经济改革措施尚未引起根本变化。

　　从经济增长可持续性看（详见图 5），东盟五国自 2010 年起有了较大幅度的提升，稳定性指数增长均在 1 个单位左右。说明 2008 年全球金融危机后，各国对经济转型及可持续发展的愿望更加强烈。在东盟五国中，印尼与

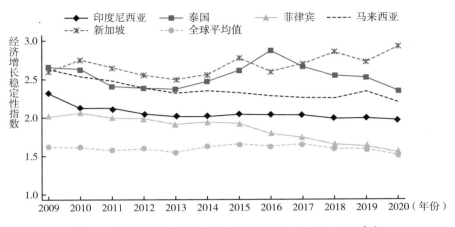

图 4 东盟国家经济增长稳定性指数对比（2009~2020 年）

资料来源：根据世界银行数据库数据计算。

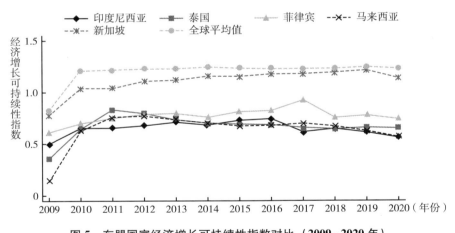

图 5 东盟国家经济增长可持续性指数对比（2009~2020 年）

资料来源：根据世界银行数据库数据计算。

泰国、菲律宾及马来西亚水平较为接近，但是与全球平均水平存在一定差距。五国中，新加坡经济增长可持续性明显优于其他东盟国家，接近全球平均水平。东盟五国经济增长可持续性均低于世界平均水平与该地区的能源消费结构有很大关系，东盟国家均高度依赖化石能源供应，新加坡更是将石油

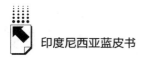

炼化产业作为支柱产业之一。因此，这些国家在二氧化碳排放等方面的表现欠佳，对新能源的利用还待大力提升。

综上，在东盟国家中，印尼经济体量虽然较大，但经济增长质量与其他东盟国家仍有明显差距，尤其效率指标方面，其原因在于要素效率方面的落后，例如国民储蓄率导致资本形成效率较差，劳动人口较多但生产效率较低，能源供应保障程度和利用效率不高等问题。内在根源与印尼区域经济发展长期存在不平衡有关，与交通和能源基础设施长期欠账有关，也与教育和科技创新体系存在不足有关。这些问题也从侧面印证了中国提出"一带一路"倡议，协助印尼加强基础设施建设的重大意义。另外，东盟五国的经济增长稳定性指数在发展趋势上有明显分化，提示域内国家经济发展战略和前景的差异。

四 印尼与金砖国家经济增长质量对比分析

印尼与金砖国家即中国、印度、俄罗斯、巴西和南非均为发展中大国，为此，我们对印尼与五个金砖国家经济增长质量方面的差异进行了横向比较。如图 6 所示，2009~2020 年印尼与中国以外的其他四个金砖国家在经济增长质量指数上均较为接近，且印尼、印度、俄罗斯和南非的指数水平均略弱于全球平均，但差距有缩小趋势。中国是金砖五国中经济增长质量最高的，优势较为明显，并且从 2017 年开始经济增长质量加速提升，这与中国提出的"由高速增长阶段转向高质量发展阶段"的政策背景有关。

从经济增长效率看（详见图 7），2009~2015 年，印尼及金砖国家经济增长效率指数变化不大，但 2016 年及以后分化趋势明显，中国、印尼、印度和俄罗斯的效率指数开始提高，尤其是中国效率指数提高最为明显，拉大了与其他国家的差距，巴西和南非在对比国家中，经济增长效率指数最低，且从 2016 年起呈略有下降的趋势。

从经济增长稳定性来看（详见图 8），2009~2020 年印尼经济增长稳定性弱于中国，但优于其他金砖国家，中国经济增长稳定性最高且优势明显，但整体上有下降趋势，反映中国经济规模上升到一定台阶后，继续高速增长

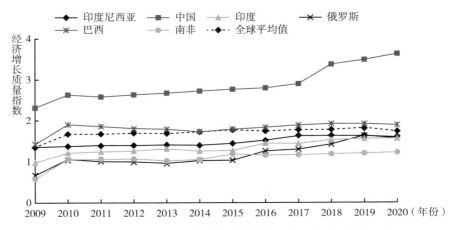

图6 印尼与金砖国家经济增长质量指数对比（2009~2020年）

资料来源：根据世界银行数据库数据计算。

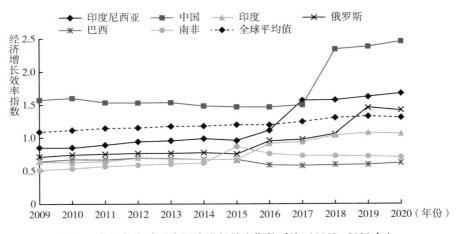

图7 印尼与金砖国家经济增长效率指数对比（2009~2020年）

资料来源：根据世界银行数据库数据计算。

的困难加大，迫切需要以外延式增长为主转变为以内涵式提质增效为主。印度、巴西和南非经济增长稳定性指数处于世界平均水平，而俄罗斯经济增长稳定性指数略高于上述三国。

从经济增长可持续性看（详见图9），金砖国家的经济增长可持续性指

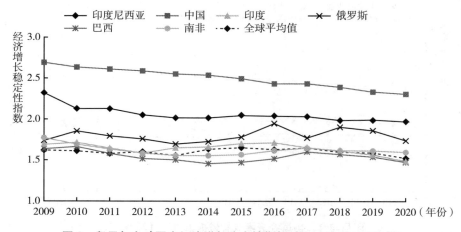

图8 印尼与金砖国家经济增长稳定性指数对比（2009~2020年）

资料来源：根据世界银行数据库数据计算。

数在2010年之后均有明显提升，其中，中国和巴西经济增长可持续性表现明显高于全球平均水平，且中国的上升态势非常明显，在2016超越巴西，经济发展的环境友好性不断增强。俄罗斯、巴西和南非的经济增长可持续性均弱于全球平均水平。相比之下，印尼经济增长可持续性指数较为落后，尤

图9 印尼与金砖国家经济增长可持续性指数对比（2009~2020年）

资料来源：根据世界银行数据库数据计算。

其从 2017 年起出现下滑，由高于俄罗斯转为落后于俄罗斯，在六个对比国家中处于最低水平，这可能与印尼工业发展带来的化石能源消耗增加，以及研发投入强度止步不前等原因有关。

五　研究结论

本报告基于全球 81 个主要经济体 2009~2020 年的数据，通过主成分分析法对涉及经济增长质量的各项指标进行综合，得到经济增长效率、稳定性、可持续性三个维度的指数以及综合指数。借助这些指数的横向比较和趋势分析，揭示了印尼经济增长质量的特征，主要有以下发现。

印尼经济体量虽然在东盟国家中最大，但经济增长质量综合指数排名处于末位，且低于 81 个国家的平均水平。尤其是效率指数方面，与其他四个东盟国家差距较大，而稳定性指数处于中间位置，可持续性指数也处于靠后位置，但差距较小，总体上印尼经济一定程度上体现出"大而不强"的特征。从趋势上看，印尼经济增长的效率指数从 2016 年起有所提升，这主要与产品市场效率显著提升有关，例如出口商品结构中初级产品占比逐渐下降，以及出台了促进工业化发展的相关政策。印尼经济增长稳定性优于部分东盟国家和中国以外的金砖国家，主要有两点原因。一是印尼政府经济发展政策导向非常"求稳"，在经济稳定与快速增长之间优先保证稳定目标，体现在印尼政府在过去相当长的一段时间内恪守财政赤字率不超过 3%，政府债务规模不超过 GDP30% 的原则以维持货币金融稳定，产业政策上扶持劳动密集型产业以维持就业维度；二是印尼经济的外贸依存度近年来一直在 30% 左右，远远低于全球 60% 左右的平均水平，以及东盟国家里新加坡（2020 年为320.56%）、泰国（2020 年为91.99%）、马来西亚（2020 年为116.43%）的水平，内需是其经济发展的主要动力，受国外市场变化的冲击较小。印尼经济增长可持续性近年有一定的下降趋势，与两个方面的原因有关：一是印尼对研发和人力资本投资不足，近年来印尼的研发经费占 GDP 的比重仅为 0.3% 左右；二是对能源等自然资源的过度依赖造成了印尼经济可持续性较差。

B.8
印度尼西亚金融包容性
与中小微企业发展

—— 基于西爪哇省的案例

Atang Hermawan　Budi Septiawan　谭　娜 *

摘　要： 本报告利用 2011~2021 年世界银行和问卷调查数据，分析了印尼金融发展包容性状况，以及金融包容性水平对印尼中小微企业的影响。分析表明，印尼金融发展的包容性水平还相对落后，明显低于邻国马来西亚，正规金融机构账户在成人中的普及率仅为五成左右，有贷款记录的比例更是低于二成，但从趋势上看已在不断改善，近五年金融普惠指数提高了近 10 个百分点，数字银行服务得到大力推广。西爪哇省的调查分析显示，小微企业中银行账户及线上银行服务普及率较高，但借贷率低；受访企业对现有金融服务的价值性评价较低，但对线上金融服务持积极评价；回归分析表明金融包容性水平对小微企业绩效有显著正向影响。报告最后就政府促进金融包容性发展的政策进行了简要讨论。

关键词： 印度尼西亚　金融包容性　中小微企业　数字金融　西爪哇案例

＊　〔印尼〕Atang Hermawan，巴松丹大学经济学院（Faculty of Economics and Business，Pasundan University）；〔印尼〕Budi Septiawan，巴松丹大学经济学院（Faculty of Economics and Business，Pasundan University）；通讯作者：谭娜，博士，广东外语外贸大学国际经济贸易研究中心副研究员，研究方向为国际金融，公司金融与资本市场等。

早在 2000 年，亚洲开发银行对印尼的经济发展状况评估时就指出："发展中小（微）企业是解决印尼贫穷问题的关键所在，印尼政府对中小（微）企业的支持力度将直接决定整个国家将来的人民生活水平、经济发展以及社会稳定。"① 那么，经过 20 多年的发展，目前印尼中小微企业发展现状如何？尤其是在 2020 年后，新冠肺炎疫情全球蔓延，印尼中小微企业生存和发展面临怎样的困境？另外，融资难、融资贵一直是制约各国中小微企业发展的重要阻碍。对于印尼中小微企业而言，其生存和发展十分需要具有包容性的金融环境。近年来，金融包容性发展或称金融普惠性（Financial Inclusion）成为各国金融领域的一个重要政策目标，其目的在于提高金融服务的可得性和覆盖面，致力于让经济体每一位成员能够以可负担的成本，以公平、透明的方式接触、获取和有效使用金融产品与服务。② 文献已探讨了金融包容性发展在减贫增收③、经济增长④、城乡统筹⑤等方面的影响。本报告以印尼为研究对象，综合利用世界银行数据库和问卷调查等方式构造多维金融包容性发展指标，评估分析印尼金融包容性发展状况，探讨金融包容性对促进印尼中小微企业发展的作用，尤其是以西爪哇省为案例，深入分析金融包容性促进中小微企业绩效提升的具体方面。

一 印尼中小微企业发展现状

中小微企业⑥在印尼经济社会发展中发挥着重要作用，同时也是大型企

---

① 王晖、李晓华：《印度尼西亚的中小企业融资》，《中国中小企业》2005 年第 6 期，第 41~42 页。

② Sarma M., Pais J., "Financial Inclusion and Development," *Journal of International Development*, 23（2011）；王修华、赵亚雄：《中国金融包容的增长效应与实现机制》，《数量经济技术经济研究》2019 年第 1 期，第 42~59 页。

③ 朱一鸣、王伟：《普惠金融如何实现精准扶贫？》，《财经研究》2017 年第 10 期，第 43~54 页。

④ Kpodar K. R., Andrianaivo M., "ICT, Financial Inclusion, and Growth Evidence from African Countries," *IMF Working Papers*, 73（2011）.

⑤ 白鹤祥：《普惠金融助力城乡一体化》，《中国金融》2014 年第 2 期，第 74 页。

⑥ 印尼政府 2021 年 2 月 2 日发布第 7 号政府令，对《中小微企业法》的中小微企业认定标准进行最新修改（UMKM, 2021）。该规定根据企业资本或年度销售业绩对中小微企业进行了分类（其中不包括企业的土地和房产的价值），具体是：（1）微型企业的营运资本最低应低于 10 亿印尼盾；（2）小型企业的营运资本最低应不低于 10 亿印尼盾，最高不超过 50 亿印尼盾；（3）中型企业的营运资本最低应不低于 50 亿印尼盾，最高不超过 100 亿印尼盾。

业的有益补充。根据印尼中小企业与合作社国务部数据，中小微企业的数量占全部企业总数的99.9%。从趋势上看，印尼中小微企业数量呈现稳定增长趋势（详见表1），截至2019年，印尼中小微企业合计6546.5万家，较2015年的5926.3万家增加了10.5%。

表1　印尼各类规模企业数量（2015~2019年）

单位：万家，%

企业类型	2015年		2016年		2017年		2018年		2019年	
	企业数	占比	企业数	占比	企业数	占比	企业数	占比	企业数	占比
微型企业	5852.2	98.74	6086.4	98.71	6210.7	98.70	6335.0	98.68	6460.1	98.67
小型企业	68.2	1.15	73.1	1.19	75.7	1.20	78.3	1.22	79.9	1.22
中型企业	5.9	0.10	5.7	0.09	5.9	0.09	6.1	0.09	6.5	0.10
大型企业	0.5	0.01	0.5	0.01	0.5	0.01	0.6	0.01	0.6	0.01

资料来源：笔者据2021年印尼中小企业与合作社国务部数据整理。

印尼中小微企业在吸纳大量劳动力、解决低收入人群就业，以及为经济提供基础活力等方面发挥重要作用。如表2所示，2019年占据主体数量的中小微企业，吸收了印尼97%左右的劳动力。随着印尼中小微企业数量的增加，其对劳动力的吸收也在增加，这对于社区发展、降低贫困率意义重大。

表2　印尼各类规模企业就业人数（2015~2019年）

单位：万人，%

企业类型	2015年		2016年		2017年		2018年		2019年	
	人数	占比	人数	占比	人数	占比	人数	占比	人数	占比
微型企业	11080.8	87.0	10383.9	89.3	10551.0	87.7	10737.7	89.0	10984.2	89.0
小型企业	730.8	5.7	540.2	4.6	654.7	5.4	583.1	4.8	593.0	4.8
中型企业	511.4	4.0	358.8	3.1	437.5	3.6	377.1	3.1	379.0	3.1
大型企业	419.4	3.3	344.5	3.0	382.9	3.2	362.0	3.0	380.6	3.1

资料来源：笔者据2021年印尼中小企业与合作社国务部数据整理。

中小微企业发展同样对印尼国内生产总值（GDP）做出了重要贡献。如表3所示，2015～2019年，印尼中小微企业合计对 GDP 的贡献率为60.5%～78.5%，除2016年之外，多数年份维持在60%左右。

表3　印尼各类规模企业对国内生产总值的贡献（2015～2019 年）

单位：万亿印尼盾，%

企业类型	2015 年		2016 年		2017 年		2018 年		2019 年	
	GDP	占比	GDP	占比	GDP	占比	GDP	占比	GDP	占比
中小微企业合计	6.23	61.4	17.16	78.5	7.82	60.9	8.57	61.1	9.58	60.5
微型企业	3.84	37.9	4.29	19.6	4.83	37.6	5.30	37.8	5.91	37.3
小型企业	0.98	9.7	11.28	51.6	1.23	9.6	1.35	9.6	1.51	9.5
中型企业	1.40	13.8	1.59	7.3	1.76	13.7	1.92	13.7	2.16	13.6
大型企业	3.91	38.6	4.70	21.5	5.02	39.1	5.46	38.9	6.25	39.5

资料来源：笔者据 2021 年印尼中小企业与合作社国务部数据整理。

2020 年全球新冠肺炎疫情的出现，对印尼工商业企业产生了重大影响，尤其对中小微企业的冲击非常巨大。一项由印尼大学经济和社会研究所（LPEM UI）进行的调查显示，77% 的中小微企业收入明显减少，35% 的中小微企业收入下降了 40%。如何支持中小微企业恢复和发展成为摆在印尼当局面前的一项重要课题。金融服务不仅涉及为中小微企业提供短期资金支持，助力企业纾困，更涉及企业长远发展环境的改善问题，因而研究印尼金融发展的包容性问题对支持中小微企业发展意义重大。

二　印尼金融包容性的发展现状

金融包容性意指金融体系能够保障经济社会所有成员能够获得正规金融服务的程度。[1] 金融包容性是经济包容性增长中的一个重要维度，它强调对

---

[1]　Sarma M., Pais J., "Financial Inclusion and Development," *Journal of International Development* 23 (2011): 613-628.

弱势群体如失业者、低收入群体、小微企业等提供可及的、实惠的金融服务，以达到促进减贫、社区发展和经济增长的目的。从供应方角度看，决定金融包容性的因素主要是金融体系的结构要素、工具和渠道要素，由这些要素共同决定企业或个人获取金融产品和服务的简易度、使用成本和效益。

印尼金融服务管理局（OJK）2019年开展的第三次全国金融普惠性调查显示，印尼2019年金融普惠性指数为76.19%，该指数主要从金融服务可得性和使用率角度度量印尼金融服务的覆盖率，说明印尼现有金融体系大体覆盖七成左右的经济主体。纵向来看，2019年的数据与2016年调查的67.8%以及2013年的59.74%相比，这一指标已有了较大幅度的上升，较2016年提高了8.39个百分点，较2013年则提高了16.45个百分点（详见图1），说明印尼金融服务普及程度已得到显著提高。

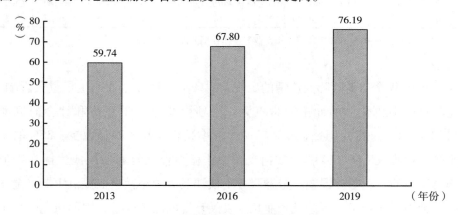

图1 印尼金融普惠性指数（2013~2019年）

资料来源：OJK。

（一）金融账户普及率和存贷款拥有率

报告基于世界银行全球金融包容性数据库① 2011~2021年的数据，从居

---

① 世界银行全球金融包容性数据库自2011年启动，涉及148个经济体，数据每3年更新一次，目前最新数据为2021年数据。

民拥有正式金融账户、拥有储蓄存款、借贷记录等方面对印尼金融包容性水平进行分析评价，并与邻国菲律宾、马来西亚进行横向比较。

图 2 列示了菲律宾、印尼、马来西亚三国成年居民拥有正规金融机构账户的比重。纵向来看，2011～2021 年，三个国家成年居民拥有正规金融机构账户的比重持续上升，说明金融服务的覆盖范围在不断扩大，总体而言，印尼的扩张速度快于菲律宾但慢于马来西亚，尤其是在 2011～2014 年印尼增速较快，增加了 16.48 个百分点，由低于菲律宾为变为超过菲律宾。横向来看，目前印尼与马来西亚的差距仍然较大，2021 年，印尼成年居民拥有正规金融账户的比重为 51.76%，而马来西亚为 88.37%。

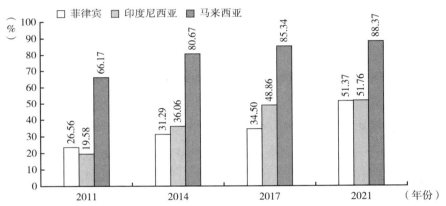

图 2　菲律宾、印尼、马来西亚三国成年居民拥有正规金融机构账户的
比重对比（2011～2021 年）

资料来源：世界银行。

储蓄存款是居民最为常见的一类金融资产，储蓄存款保有率高低在一定程度上能反映居民财富水平及使用银行服务管理资产的倾向。如图 3 所示，2017～2021 年印尼成年居民储蓄存款保有率在 20% 左右波动，在三个国家中处于中间位置，明显落后于马来西亚，略高于菲律宾。动态来看，2011～2014 年，印尼成年居民拥有储蓄存款比重提升了 11.27 个百分点，但 2021 年又回落至 19.56% 的水平，而同期菲律宾、马来西亚成年居民储蓄存款保有率均有大幅提升。

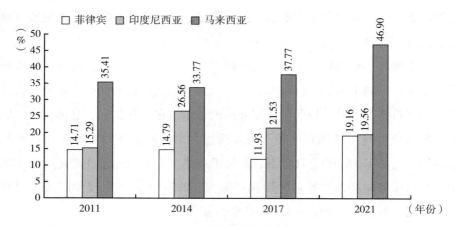

图3 菲律宾、印尼、马来西亚三国成年居民储蓄存款保有率对比（2011～2021年）

资料来源：世界银行。

居民从正规金融机构贷款的比重反映信贷机构为居民提供融资服务的覆盖率，是反映金融包容性的一个关键指标。如图4所示，在2011～2017年，印尼成年居民从正规金融机构获得借贷的比重持续提高，在2014年超过菲律宾，在2017年接近马来西亚，2021年因经济下行导致该比重明显下降，降至12.86%的水平，是三个国家中最低的。同期，马来西亚成年居民从正规金融机构获得借贷的比重也显著降低，由2017年的23.36%下降至2021年的13.48%，大体与印尼持平，反映两国商业银行体系对居民贷款的收缩政策。

综合以上分析可知，目前印尼金融体系的服务覆盖率仍然偏低，究其原因，一方面是因为印尼商业银行拓展中低端客户的积极性不高，银行往往以加强风险控制为由，放弃中低端客户，尤其是那些边远地区的居民。另一方面是因为印尼成年人口中农业就业人口较多，约占全部就业人口的三成，他们的收入普遍较低，居住多分散在农村地区，金融知识缺乏，对金融服务的需求较低。

小微企业占据企业数量的绝对主体地位，这些企业通常以家庭为组织单位，甚至由家庭主妇操持，小微企业的生存和发展离不开金融服务的支持，例如小额贷款、交易结算等金融服务。上述金融普及率较低的状况在一定程

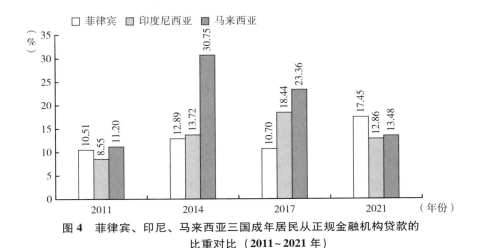

**图4　菲律宾、印尼、马来西亚三国成年居民从正规金融机构贷款的
比重对比（2011~2021年）**

资料来源：世界银行。

度上反映出印尼金融体系对小微企业的支持力度有限，这将制约小微企业获
得必要的流动资金，也不利于提高企业业务的结算效率。一项对西努沙登加
拉省中小微企业经营现状的调查显示，当地中小微企业经营出现的困难，除
了营业收入不足这类业务因素外，还有相当部分的原因是财务资源的不足，
例如获得流动资金贷款困难，导致周转困难。

（二）印尼数字金融发展现状

数字金融被认为是现代经济中提高金融包容性的重要渠道。所谓数字金
融，被定义为使用线上方式获得的金融服务，它涉及线上金融产品、后台技
术和网络基础设施等一整套软硬件支撑条件。数字金融服务的具体内容包
括：①线上融资，即人们利用互联网获得所需的资金；②线上投资，通过线
上经纪人或直接借助第三方平台进行在线投资交易活动；③数字货币，指具
有数字交换媒介或价值储存功能的线上交易流通工具；④数字支付，即利用
线上平台完成对交易对手的支付的相关服务；⑤线上保险，即开展保险合同
销售或其他保险服务的线上平台；⑥线上金融咨询服务，如借助线上平台对
金融产品进行价值评估、投资顾问服务等。数字金融服务之所以被认为是一

种促进金融普惠性的有效工具，是因为通过数字金融服务，金融服务提供者不必再设置办公网点来提供服务，可以在一定程度上突破金融服务的时空限制，从而降低金融交易成本，提高金融服务的灵活性。

信息技术和互联网的发展是推动数字金融发展的驱动力。2014 年，印尼成年人口中互联网的渗透率为 34.9%，到 2016 年的两年时间，网民数量增长了 16.9%，互联网的渗透率达到 51.8%，其中 47.6% 的印尼人通过智能手机来使用互联网。印尼互联网普及率仍在增长，图 5 显示了 2016~2019 年印尼智能手机用户数量增长情况。2016~2019 年，印尼智能手机用户年平均增长了 12%，其中，2019 年智能手机用户数达到 9200 万，较 2016 年增加了 41%。智能手机的大量普及，为数字金融的发展奠定了良好基础。

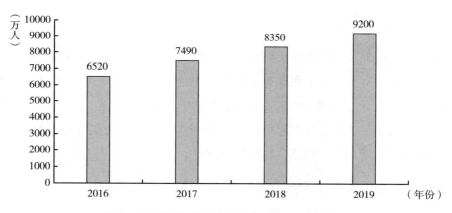

图 5　印尼智能手机用户数量（2016~2019 年）

资料来源：eMarketer，2021。

在新冠肺炎疫情期间，人们居家办公或学习的情况急剧增加，商业和金融服务方式相应发生改变，有些改变使中小微企业能够更便利地获得服务和拓展业务。例如，对雅茂德丹勿地区中小微企业的一项调查结果显示，疫情期间中小微企业大量使用互联网来营销产品，利用社交媒体拓展业务。[1] 据

---

①　Antara News，"Digitalization Has Helped MSMEs Survive Pandemic，" November 2，2021，https：//en. antaranews. com/news/197361.

印尼金融服务管理局称，疫情期间，网上银行使用率激增，使用频率约翻了三番。两者的关联性一定程度上说明数字金融的普及将有助于支持中小微企业的发展，尤其是应对疫情带来的冲击。

三 基于西爪哇省案例的金融包容性
与中小微企业发展分析

（一）西爪哇省中小微企业现状

西爪哇省是印尼最大省份之一，面积约为 35377.76 平方公里。西爪哇经济相对富有活力，重要因素之一是其中小微企业群体较为庞大。根据西爪哇统计局 2016 年数据，西爪哇省中小微企业数量约为 450 万家，吸纳了大约 970 万就业人口。西爪哇省政府也将中小微企业发展作为优先事项之一，下辖各地都大力鼓励中小微企业发展，以改善地区就业和经济发展，如表 4 所示，2021 年西爪哇省前四大市县的中小微企业数量均在 34 万~51 万家，且近 6 年均在显著增长，例如茂物市的中小微企业数量由 2016 年的 37.5 万家增长到 2021 年的 50.6 万家，增长了 35%。从中小微企业的行业分布来看，西爪哇省中小微企业以餐饮服务和服装鞋帽行业为主，其次是运输、手工艺品等行业。

表 4 印尼西爪哇省前五大市县中小微企业数量（2016~2021 年）

单位：家

市　县	2016 年	2017 年	2018 年	2019 年	2020 年	2021 年
茂物市	375048	398253	422894	449059	476844	506347
万隆市	343938	365218	387815	411810	437290	464346
苏加武眉市	269002	285646	303319	322086	342015	363176
加鲁特市	259141	275175	292200	310279	329477	349863

资料来源：西爪哇省中小微企业办公室。

（二）西爪哇省金融包容性现状

2021 年，我们对西爪哇省的 100 家小微企业进行了问卷调查，调查对象企业涉及手工业企业 22 家、服装及运输行业 18 家、食品酒水企业 45 家、生活服务企业及其他企业 15 家。根据政府 2021 年确定的中小微企业分类标准，本次调查对象属于微型企业的有 89 家，属于小规模企业的有 11 家。问卷调查涉及的问题和指标包括以下方面。（1）企业绩效指标，包括业务增长情况、订单情况、产品盈利能力和业务多样化能力等。（2）小微企业获得金融服务的情况，一是服务可及性，如开设和使用银行账户是否存在障碍，使用不同金融设施如银行柜台、自动取款机、电子支付平台等是否存在使用障碍；二是服务满意度，即金融产品和服务满足客户需求的程度；三是服务为客户创造价值的程度，即金融产品和服务以怎样的成本和效率支持企业的经营活动。（3）数字金融服务情况，即小微企业是否借助线上渠道获得金融服务，以及获得何种金融服务。调查的主要结果如下所述。

（1）银行账户及线上银行服务普及率较高，但借贷率低。在本次调查中 98% 的受访企业拥有银行账户（详见图 6），其中 78% 的受访企业仅拥有银行账户，未获得银行授信，20% 的受访企业拥有银行账户并获得过银行的贷款支持，具体贷款方式既有普通的信用贷款，也有在政府信贷计划援助下的贷款。

（2）使用保险和金融投资服务的比例很低。如图 7 所示，在 100 家受访小微企业中，只有 6% 的受访对象购买了有关个人或企业的保险服务，因此可以说对于西爪哇省的小微企业而言，拥有保险仍然是一件罕见的事情。另外，这群企业中，进行过金融投资的比例也较低，如图 8 所示，仅 27% 的企业拥有金融投资经历，具体投资方式包括存款、股票、非上市企业股权投资等。受访企业也表示，拥有一定的金融投资经历对他们的企业经营非常重要。

（3）对金融服务可及性和多样性评价较高，但对服务的价值性评价较低。如图 9 所示，86% 的调查对象认为在西爪哇省非常容易获得基本的金融服务，8% 的调查对象认为容易获得，只有 2% 的调查对象认为难以获得。这

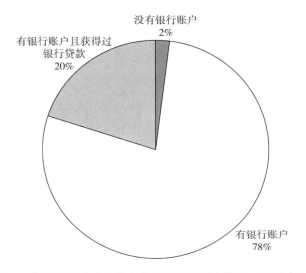

有银行账户且获得过
银行贷款
20%

没有银行账户
2%

有银行账户
78%

图6 印尼西爪哇省小微企业使用银行账户情况（2021年）

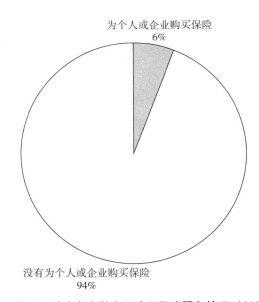

为个人或企业购买保险
6%

没有为个人或企业购买保险
94%

图7 印尼西爪哇省小微企业购买保险服务情况（2021年）

些基本金融服务是指至少可以方便地开设一个银行账户。在金融服务多样性
方面，如图10所示，大多数受访者认为目前金融部门提供了较丰富的金融

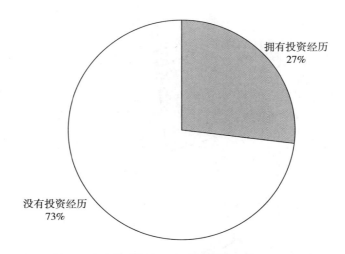

图 8　印尼西爪哇省小微企业金融投资经历情况（2021 年）

产品或服务可供使用，包括来自银行系统的或非银行金融机构的，如储蓄存款、结算账户、电话银行服务、数字钱包等，小微企业可以轻松地选择使用这些金融产品。

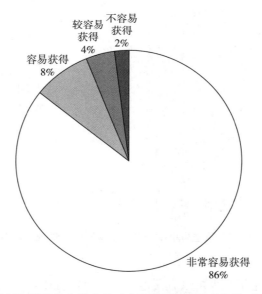

图 9　印尼西爪哇省小微企业对金融服务可及性的评价（2021 年）

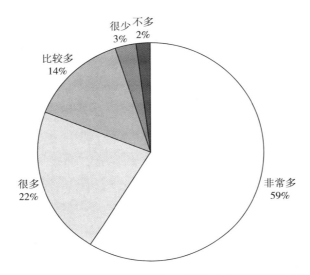

图 10　印尼西爪哇省小微企业样本对金融服务多样性的评价（2021 年）

　　然而，受访企业对现有金融服务的价值水平总体上满意度不高。如图 11 所示，有 4% 的受访者认为当前金融产品或服务对他们企业价值并没有任何影响，即用与不用这些金融服务，企业价值没有任何变化；有 12% 的受访者认为很少有影响；有 38% 的受访者认为只有有限影响，对现有金融服务的效果持较为消极的看法。

　　（4）数字金融覆盖程度较高，企业评价积极。在受访企业中，92% 的企业表示他们可通过移动网络和固定网络获得银行的线上服务，如图 12 所示，在新冠疫情期间，他们使用线上银行服务的频次更高，业务范围更广。如图 13 所示，有 33% 的受访对象表示总是使用线上金融服务，例如线上支付，另有 47% 的受访对象经常使用，两者合计占到受访对象的八成。

　　在使用的服务内容方面，企业目前主要使用的是线上银行交易结算方面的服务，例如电子钱包和电子支付、网上银行交易结算和账户管理等。随着数字金融产品和服务种类越来越多，多数受访者对数字金融服务给予积极评价，他们相信数字金融将使他们的业务拓展和交易结算更方便，如图 14 所示，合计有 80% 的受访企业认为数字金融发展使其交易变得非常容易或简单。

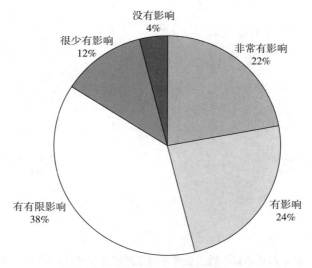

图 11　印尼西爪哇省小微企业对金融服务的价值评价（2021 年）

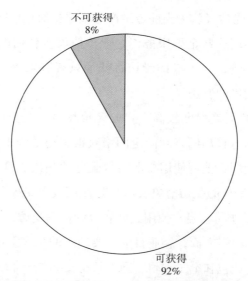

图 12　印尼西爪哇省小微企业使用线上银行服务情况（2021 年）

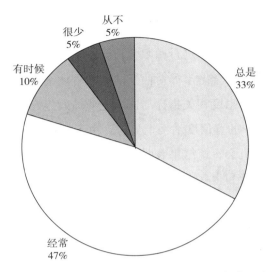

图 13　印尼西爪哇省小微企业使用数字金融服务频次（2021 年）

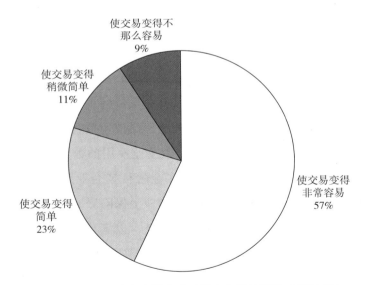

图 14　印尼西爪哇省小微企业对数字金融的评价（2021 年）

（三）金融包容性对中小微企业绩效的影响

我们对调查获得的数据进行回归分析，结果显示，金融普惠度、使用数字金融服务以及企业的金融素养对西爪哇小微企业绩效存在一定程度的积极影响。首先，金融普惠度相关指标与样本企业绩效指标显著正相关，相关系数为0.348，在95%的置信度水平上显著。由于金融普惠度关系到小微企业从外部获得融资的机会，该结果表明近年印尼提升金融普惠度的努力能够起到支持小微企业融资和生存发展的作用。当前，印尼金融服务管理局和印尼银行等机构将推动金融包容性发展作为服务印尼中小微企业重要方向，致力于使中小微企业融资可得性、融资渠道多样性的提升，促进商业银行、风险投资甚至众筹融资等融资渠道对中小微企业的支持。

其次，数字金融的发展也能对小微企业绩效产生正面影响，回归结果显示数字金融哑变量与样本企业财务绩效正相关，相关系数为0.249，在95%的置信度水平上显著。该结果既有短期的现实意义，也对政府有长期参考价值。短期而言，在新冠肺炎疫情背景下，发展数字金融，为中小微企业提供更多金融支持是助企纾困的重要抓手。从长远趋势来看，在一个日益数字化的社会中，数字金融是数字社会发展的重要维度，通过数字金融实现金融服务创新，鼓励中小微企业更广泛使用数字金融服务，有利于提升金融体系的包容性。[1] 目前，中小微企业使用的数字金融服务主要是电子支付方面的平台和工具，也有很多金融科技企业致力于该领域的创新，但数字金融包括更广泛的内容，例如线上保险服务、融资服务和投资理财服务等，还需要加强这方面的金融创新，以满足中小微企业多样化的金融需求。另外，还应注意到，本报告调查的西爪哇省属于网络基础条件较好的地区，印尼外岛区域（指爪哇岛以外的区域）网络普及率相对较低，如图15所示，2020年，爪哇岛互联网的普及率56.4%，而其他区域

---

[1] Ozili P. K. , "Impact of Digital Finance on Financial Inclusion and Stability," *Borsa Istanbul Review* 18 （2018）：329.

的互联网普及率远达不到这一水平。由于互联网是数字金融发展的硬件支撑条件之一，因此网络基础设施水平的区域差异将对数字金融的普及形成制约。

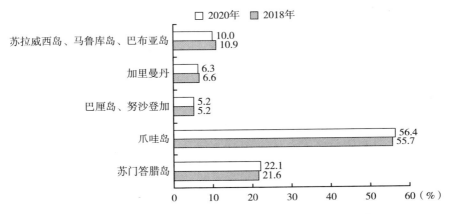

图15 印尼部分区域互联网普及率对比（2018年，2020年）

资料来源：印尼互联网服务商协会。

再次，回归结果显示企业业主的金融素养高低对小微企业绩效也存在正向影响，相关系数为0.337，同样在95%的置信度上显著。所谓金融素养是指客户对金融知识的了解程度以及正确使用金融工具的能力。居民金融素养的高低是影响金融普及程度的重要社会因素，因此，印尼金融当局也将金融知识的宣传普及作为支持中小微企业获得更多金融服务的重要工作之一。上述结果与Lumenta的研究结果一致，[①] 即金融知识能够在中小微企业经营中发挥重要作用，因为金融知识与企业对资金的管理控制有关，拥有充足的金融知识可提高企业财务管理水平，例如根据经营预测优化资金分配，以及更有效地通过债务融资或权益融资获得资金。

---

① Lumenta U. Z. , Worang F. G. , Program M. , "The Influence of Financial Inclusion on the Performance of Micro Small and Medium Enterprises in North Sulawesi," *Journal EMBA*: *Jurnal Riset Ekonomi*, *Manajemen*, *Bisnis Dan Akuntansi* 7 （2019）: 2910.

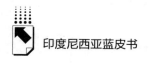
印度尼西亚蓝皮书

四 政府提升金融包容性的努力及相关建议

（一）提升金融包容性的现有政策

1. 颁布国家战略规划，明确发展路径

印尼中央政府近期颁布了 2021～2025 年国家金融知识普及和普惠金融发展战略框架，提出了提升金融体系包容性的战略目标，并规划通过三个方面的努力来实现印尼金融体系包容性的提升，以服务低收入群体和中小微企业发展。一是利用数字技术提高居民的金融意识和金融服务使用范围；二是通过多方合作，加强金融教育，普及金融知识；三是扩大普惠性金融产品和金融服务的发展力度。为落实该战略规划，印尼金融服务管理局制订了一系列实施计划，包括以下几点。（1）进一步提升金融服务的可及性，鼓励金融机构开发普惠性金融产品，加强金融机构与国家金融普惠战略的对接，鼓励开发符合伊斯兰教义的金融产品。（2）加强金融知识普及教育，根据客户的经济实力、年龄等特征，有针对性地采用多种形式开展金融教育活动，例如发展在线金融教育设施，开发在线开放课程，普及伊斯兰金融知识，通过宗教领袖开展金融教育等。（3）加强金融风险防范和客户权益保护，引导和鼓励理性投资行为。近年印尼出现不少金融欺诈和非法金融活动，受害者众多。政府的投资预警特别工作组（SWI）的统计数据显示，2020～2021年，政府共查处了 390 个非法投融活动和 1200 个非法网络金融公司，投资者遭受的损失高达 114.9 万亿印尼盾。（4）支持数字金融服务创新。印尼金融服务管理局制定了专门的发展路线图支持数字金融服务创新，包括设计平衡的监管框架、灵活的监管制度和清晰的监管准则。数字金融服务具有成本和效率优势，可以突破时间和空间限制，尤其适合印尼地理上分散的特征，是提升金融包容性的重要手段，但另一方面，数字金融服务对客户的金融素养要求相对较高，被利用作为金融欺诈工具的情形相对较多，因此加强数字金融知识宣传，增强客户权益保护是发展数字金融服务的重要方面。

2. 为中小微企业贷款提供支持

在新冠肺炎疫情期间，印尼政府把信贷支持作为帮助中小微企业纾困的重要手段，具体政策包括允许贷款展期、给予财政贴息、利息豁免、鼓励商业银行向中小微企业发放贷款等，例如小微企业可通过指定银行获得最高100亿印尼盾（约合694400美元）的低息贷款；从2020年7月开始，未取得金融机构贷款的小微企业可从政府获得240万印尼盾（约合170美元）的补贴等。截至2021年9月，经济事务协调部部长表示，已有52.9万亿印尼盾援助基金分配至27.39万家中小微企业。除此之外，政府推动银行业对中小企业放贷的门槛下调，以及在营业活动许可等商事管理、业务人员培训等方面给予扶持；政府还为中小微企业的产品出口、参与政府采购市场等提供便利。目前，中小微企业复工复产情况总体良好。

（二）推动印尼金融包容性发展的相关建议

1. 以数字化建设提升金融服务的可及性

此轮新冠肺炎疫情暴露出印尼中小微企业在数字化建设方面的短板，绝大多数中小微企业商业模式单一，内部管理落后，不具备线上经营能力，无法将经营积累的信誉转化为线上信用价值。印尼当局应多方面努力，加快数字社会建设，为中小微企业更多借助线上资源开展经营活动，金融机构更好地借助线上平台为其提供金融服务。具体措施包括：调动金融科技公司积极性，为中小微企业开发更多有针对性的线上服务平台。调动商业银行、财务公司、信用卡公司等金融服务商更多地与科技公司合作，开发线上的金融服务产品。此外，还应重视加强对中小微企业主的电子商务和金融知识培训，提高金融素养和线上经营能力，加快自身数字化建设，主动对接数字金融服务，拓宽融资渠道，提高资金管理效率。

2. 大力发展小额信贷以增加对中小微企业的金融供给

在完善现有的各类金融扶持政策基础上，要把推动小额信贷市场发展作为重点。小额信贷经营模式与中小微企业的资金需求特征以及资信特征耦合度较高，能够以灵活方式响应中小微企业的融资需求。此外，中小微企业在

231

国民经济中份额较大，也是商业银行扩大经营规模时应当开发的市场。目前印尼市场提供小额信贷服务的金融机构十分有限，因此，印尼当局应当采取措施鼓励商业银行、政策性银行更多地开展小额信贷服务，也可引导中小微企业群体内部组建金融互助组织，还应当鼓励专门的小额信贷机构发展，政策性银行或中央银行应当为符合条件的小额信贷机构提供再贷款支持，同时加强利率和经营活动监管，限制小额信贷利率水平，防范小额信贷中暴力催收现象的发生。

B.9
媒体报道情绪对印度尼西亚吸引外资的影响

常 亮 黄雨露*

摘 要: 基于 2000～2020 年全球舆情数据和双边外商直接投资数据,本报告考察了印尼媒体对 7 个外资来源国的报道情绪指数波动趋势,及它对印尼吸引外资的影响。指数分析显示:印尼媒体对主要外资来源国的报道数量逐年增加,但报道的情绪指数在 2010 年以后呈下降态势。基于中国样本的事件分析显示,高层互动、战略协同、金融对接和基础设施建设合作等对印尼媒体报道情绪有积极影响。情绪指数与外资流入关系的回归分析显示,媒体报道情绪对外资流入有显著的反作用力,媒体对某国的报道情绪越积极,该国流入印尼的直接投资就越多,这一关系还受到印尼金融开放度、金融竞争力和科技创新水平等技术经济变量的调节影响。

关键词: 印度尼西亚 媒体报道 情绪指数 外商直接投资

引 言

近年来,受逆全球化思潮的影响,国际经贸合作和人文交流受到一定的阻碍,尤其是在经贸合作方面,保护主义抬头和新冠肺炎疫情的发生使得全球贸易和投资发展停滞,甚至产生倒退的现象。外商直接投资(FDI)是推

---

* 常亮,博士,广东外语外贸大学会计学院副教授,研究方向为公司财务与资本市场;黄雨露,广东外语外贸大学会计学院硕士研究生。

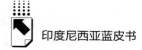

动印尼经济发展的重要力量，印尼政府也高度重视引进外商投资，据印尼官方统计数据，2021年流入印尼的外商直接投资合计310.9亿美元，较2020年的286.7亿美元增长了8.4%，除西爪哇省等传统的外商投资热点区域位，流入东南苏拉威西省、中苏拉威西省、廖内省等的FDI也在不断增多。

作为东南亚人口最多的国家，印尼凭借其庞大的市场成为东盟十国中最具吸引力的投资目的地之一，同时，营商环境的不断改进和完善也成为印尼吸引外商投资者的重要因素之一。印尼近年来大大缩减了《投资负面清单》，对外商投资者开放了更多投资领域，印尼工业部、财政部也出台了多项税收优惠以吸引外商投资。媒体舆论环境也是营商环境的一个重要方面，对吸引外资有重要影响。媒体既是外商投资者了解印尼的主要途径之一，媒体形成的舆论效应也是左右政府政策和民众态度的重要力量。例如，印尼媒体舆论曾要求贸易部对外商资本主导的钢铁投资项目以及钢铁进口实施更严格的管控，以保护国内产业利益。对外国投资者来说，这类舆论显然是一个负面信号，势必影响其投资目标地选择。基于此，本报告采用媒体报道情绪指数来衡量媒体舆论环境，深入讨论印尼的外资流入是否会受到媒体报道情绪指数的影响，及其影响范围和影响程度。

本研究在媒体报道情绪指数构建过程中，使用的是"全球事件、语言和音调数据库"（Global Database of Events, Language, and Tone, GDELT），首先我们搜集和整理了印尼媒体中出现的有关"中国""美国""英国"等主要印尼外资来源国的媒体报道，并基于此构造了印尼国内对于不同国家的媒体报道情绪指数（AveTone）。GDELT数据库是目前全球最大的新闻文本数据库，每日从世界上超过100种语言的媒体中对全球新闻报道进行自动抓取，并通过文本分析技术从不同维度提取信息，基本涵盖了所有已公开的事件。因此，基于GDELT数据库中2004~2020年的印尼媒体报道，我们能准确地对媒体舆论情况做出测算。

媒体报道情绪指数具体构造方法如下。首先，在GDELT网站中对涉及某国家的所有印尼媒体的新闻报道进行数据挖掘。GDELT数据库利用自然语言处理技术给每一篇新闻的情绪赋值，即每篇新闻的情绪指数（Tone），该指数来自该新闻提及该事件时的"语气"的平均值，取值范围从-100（极其消极）到100（极其积极），中性则为0。其次，对搜集到的新闻情绪数据进行年度加权平均，计算公式如下：$AveTon \ e_i = \sum_{j=1}^{n} Ton \ e_{ij}/n$，其中，$AveTon \ e_i$ 为印尼对第 i 国的年度媒体报道情绪指数，$Ton \ e_{ij}$ 为该年度有关 i 国的第 j 篇新闻的情绪赋值，n 为该年度印尼媒体的有关第 i 国的新闻报道数量。

一　典型事实分析

（一）印尼对主要外资来源国的媒体报道情绪总体分析

印尼的主要外资来源国包括新加坡、中国、美国、法国、韩国、英国、日本、马来西亚、印度等，本报告主要关注东盟以外的外资来源国。如表1所示，印尼媒体对不同的外资来源国的媒体报道情绪指数有一定差异，并且，2020年的数据与2014年、2011年相比，总体呈下降趋势，2014年印尼媒体较2011年对各主要FDI来源国的媒体报道情绪指数均下降3个单位以上，说明媒体对FDI投资的负面报道增多，而2020年该指数则进一步地下降，例如，印尼对法国的媒体报道情绪指数从2011年的5.45下降到2014年的2.35，再下降到2020年的-3.19，是所分析的七个样本国家中下跌程度最严重的国家。对中国、韩国等其他主要FDI来源国的媒体报道情绪指数也有类似下降。

表1　印尼对部分 FDI 来源国的媒体报道情绪指数（2011 年，2014 年，2020 年）

国　　家	2011 年	2014 年	2020 年
中　　国	6.17	2.33	-1.64
法　　国	5.45	2.35	-3.19
韩　　国	5.48	2.45	-1.55
美　　国	5.65	2.22	-1.30
英　　国	5.28	2.18	-1.59
日　　本	5.09	1.95	-0.59
印　　度	5.72	2.44	0.18

资料来源：笔者自制。

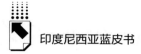

　　图 1 则进一步展示了 2000～2020 年印尼对上述主要外资来源国的媒体报道数量和情绪指数的总体变化趋势。图中可以看出，印尼媒体对主要外资来源国的报道数量总体呈现出增加的趋势，尤其是在 2016 年达到高峰。具体而言，印尼主要媒体对样本国家的报道数量在 2000 年为 224 篇，到 2016 年达到峰值 2869 篇，增加了 11.8 倍，此后报道数量增速趋缓。在报道增多的同时，报道的情绪指数发生明显变化，印尼主要媒体对样本国家的 FDI 有关报道情绪指数出现递减趋势，报道由积极转为消极，即指数由正值转为负值。其中，2000～2010 年，媒体报道情绪指数相对较高，平均值维持在 5 以上；2011～2014 年，媒体报道情绪指数迅速下降，下跌幅度为 60% 左右；2015～2020 年，媒体报道情绪指数基本处于负值区间，意味着负面报道数量超过正面报道数量，应当引起外国投资者的重视。

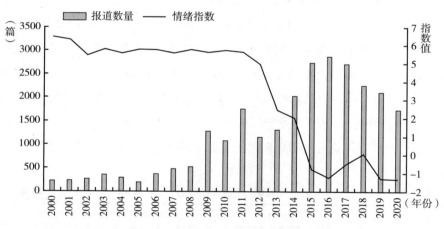

图 1　印尼媒体对主要外资来源国的总体情绪指数（2000～2020 年）

资料来源：笔者自制。

（二）印尼对中国的媒体报道情绪分析

　　如前文所述，印尼媒体对中国的报道与其他国家相似，报道数量增多，但媒体报道情绪指数趋于下降，因此，本部分我们将着重分析上述趋势背后的事件因素。图 2 描绘了 2000~2020 年印尼媒体有关中国报道的年均情绪指数详细波动情况。由图中可以看出，媒体报道情绪指数在不同年份波动幅度较大，报道数量增多的同时，总体情绪指数有下降态势，与印尼媒体对其他外资来源国报道的情绪指数总体趋势相同，提示印尼在对外开放程度加大背景下，媒体环境也日趋复杂。

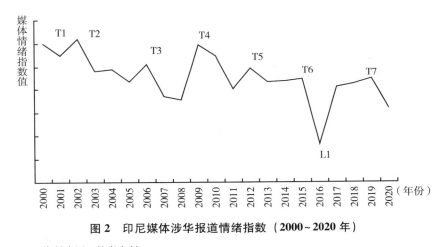

图 2　印尼媒体涉华报道情绪指数（2000~2020 年）

资料来源：笔者自制。

本报告选择了 2000~2020 年印尼媒体涉华报道情绪指数的 7 个波峰期（图中 T1~T7）和 1 个波谷期（图中 L1）进行解析，了解驱动媒体情绪变动的具体原因，以总结经验和教训。

（1）T1 所示的 2000 年，印尼媒体对华报道的积极度明显提升，其主要受到 5 月时任印尼外长阿尔维·谢哈布访华，双方签署《中华人民共和国和印度尼西亚共和国关于未来双边合作方向的联合声明》的事件驱动。声明表示，中印尼之间发展互利合作的潜力巨大，希望双方抓住机遇，密切配合，全面落实两国领导人达成的共识，加强经贸、农业、科技等各个领域的合作，继续推动中印尼睦邻友好合作关系健康发展，为此还成立了双边合作联合委员会。同时，2000 年是印尼和中国建交 50 周年，对媒体报道的积极情绪也产生了正面影响。

（2）T2 所示的 2002 年，媒体报道的积极情绪主要受到 11 月第六次东盟与中国领导人会议的影响。时任中国国务院总理朱镕基和东盟十国领导人签署了《中国与东盟全面经济合作框架协议》，决定到 2010 年建成中国-东盟自由贸易区，这是中国与东盟全面经济合作的里程碑，它的签署标志着中国与东盟的经贸合作进入了崭新的历史阶段。同年，中国与东盟领导人发表了《中国与东盟关于非传统安全领域合作联合宣言》，签署《农业合作谅解备忘录》，尤其是签署了《南海各方行为宣言》，该宣言确认中国与东盟致力于加强睦邻互信伙伴关系，共同维护南海地区的和平与稳定，宣言强调通过友好协商和谈判，以和平方式解决南海有关争议。这些事件对印尼涉华报道情绪指数均产生了显著的正向影响。

（3）T3 所示的 2006 年是短期波谷中的一个高点，当年，印尼时任总统苏西洛、外长哈桑、政治法律安全统筹部长佐科·维多多先后访华，两国领导人年内实现互访。此外，两国建立了副总理级对话机制，确立了具体的合作制度体系，进入了中印尼外交新发展阶段。双边高层的频繁互动是驱动当年印尼媒体报道情绪指数提升的关键因素。

（4）T4 所示的 2009 年印尼媒体对华情绪指数重回 2002 年的高点，其驱动因素主要是在 2008 年的金融危机之后，中印尼两国全面深化的经贸合作关系，为印尼经济恢复提供了有力支持。例如，3 月 23 日，两国央行签署了双边本币互换协议，互换规模为 1000 亿元人民币和 175 万亿印尼盾；5 月 18 日，中国海航集团和国际环球（印尼）集团有限公司在雅加达签订合作协议；6 月 10 日，由中国交通建设股份有限公司设计、施工的东南亚最大跨度双塔斜拉式跨海大桥——泗水-马都拉大桥经过 3 年多建设，实现通车，时任印尼总统苏西洛亲自主持了通车仪式。此外，7 月 1 日，两国外长在京举行会谈，并签署了《中华人民共和国和印度尼西亚共和国引渡条约》，深化了政治与法律合作。

（5）T5 所示的 2012 年的媒体报道情绪指数上升主要受益于时任印尼总统苏西洛 3 月 22 日至 24 日对中国的国事访问，苏西洛总统高度评价了深化中印尼战略伙伴关系的重要意义。时任中国主席胡锦涛与苏西洛会谈后，双方承诺将中印尼战略伙伴关系提升到更高水平，联合发表《中华人民共和国和印度尼西亚共和国联合声明》。

（6）T6所示的2013~2015年期间，中国国家主席习近平与印尼总统多次进行互动，2013年10月习近平主席对印尼进行国事访问，中国与印尼关系提升为全面战略伙伴关系。2015年3月，印尼总统佐科对中国进行国事访问并出席博鳌亚洲论坛，双方联合发表了《中华人民共和国和印度尼西亚共和国关于加强两国全面战略伙伴关系的联合声明》。中印尼建立全面战略伙伴关系以来，政治互信不断加深，务实合作成果丰硕，人文交流日益密切，推动印尼媒体对华报道情绪维持乐观。

（7）T7所示2019年是佐科开启第二任期的年份，中印尼高层互动频繁。3月印尼副总统卡拉来华出席第二届"一带一路"国际合作高峰论坛，4月习近平主席与其会见；6月，习近平主席在日本大阪出席二十国集团领导人第十四次峰会期间会见佐科总统；9月，佐科总统特使、海洋统筹部长卢胡特来华出席第十六届中国-东盟博览会，韩正副总理同其会见；10月，国家主席习近平特使、国家副主席王岐山出席佐科总统连任就职仪式；11月，佐科总统特使、海洋与投资统筹部长卢胡特来华出席第二届中国国际进口博览会。这些互动对印尼媒体的中国媒体报道情绪指数产生了积极影响。

（8）L1所示的2016年，印尼媒体对华报道情绪指数急剧下降，相关事件因素主要是海洋渔业产生的冲突，引发了印尼媒体对中国的消极报道。

以上印尼媒体涉华报道情绪指数波动背后的事件因素表明，政治、经济和文化因素都可能影响印尼投资的媒体环境。政治上，两国领导人把握两国关系发展方向，在重大问题上相互支持，加强战略互信，是两国投资合作的重要基础。上述事件中，两国高层的互动，发展全面战略伙伴关系，起到了促进两国互信、引导媒体积极报道双边合作的作用。经济上，金融体系的相互对接和开放，基础设施建设合作、农业和投融资领域的合

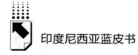
作，中国的"一带一路"倡议与印尼海洋支轴战略及"六大经济走廊"区域发展战略的对接起到了非常积极的作用，而加强海上合作、建立政府间渔业合作机制等也是对媒体情绪有重大影响的方面，需要予以关注和重视。

二　实证分析

媒体报道情绪是营商环境的一个重要方面，印尼媒体报道情绪指数的变化是否对印尼吸引外商直接投资产生了显著反作用？在前述分析印尼媒体报道情绪变化情况的基础上，本报告进一步地对印尼媒体报道情绪指数与FDI之间关系进行了回归分析。

（一）待检验假设

理论研究认为，媒介舆论可以通过不同的传导路径，对政府决策及国家经济发展产生重要影响。卢梭在《社会契约论》中不但肯定了舆论的强大作用，也认为民众可以自发地形成正确观念，相应做出正确选择。[1] 但美国新闻评论家李普曼在《公众舆论》中对舆论的理想化结果进行了质疑，在他看来，当下群众并不可能自发地产生正确的公意（即理性的舆论），更不能主导政府决策，由此提出政府应该加强引导媒介舆论。[2]

已有研究表明，负面媒体舆论会对国际关系和贸易产生显著的负面影响。反之，若政府能积极引导国内舆论的健康发展，就能在一定程度上减少贸易冲突，成为各国友好合作的润滑剂。由此，我们提出以下待检验假设。

在其他条件相同的情况下，印尼媒体对某国的媒体报道情绪越积极，则该国对印尼的直接投资就越多。

①　卢梭：《社会契约论》，黄小彦译，中国法制出版社，2016。
②　Price V. , *Public Opinion* , Sage, 1992.

（二）实证数据与变量说明

本报告对外直接投资资料来源于 UNCTAD 数据库，即联合国贸易与发展数据库。该数据库进行了全球双边对外直接投资统计，覆盖了 2009 ~ 2019 年间全球双边 FDI 数据。数据表明，即使受到逆全球化浪潮的影响，印尼吸引外资能力仍然不断提高，近年流入印尼的外商直接投资保持在一个较高水平，2019 年印尼吸收的外商直接投资达到 282 亿美元，同比增长 7.7%。

我们将通过以下实证模型检验印尼对一国的媒介舆论与该国外资流入印尼的关系：

$$FDI_{it} = \delta_0 + \alpha\, Sentiment_{it} + \beta'\, Controls_t + \lambda_t + \mu_i + \varepsilon_{it}$$

其中，被解释变量 FDI_{it} 是 i 国第 t 年对印尼的直接投资，解释变量 $Sentiment_{it}$ 是印尼媒体第 t 年对 i 国报道的平均情绪指数。控制变量（Controls）为印尼不同年份的经济社会发展水平变量，包括金融开放度（Kaopen）、金融竞争力（Finc）、创新能力（Tech）以及基础设施水平（Infrastructure）。其中，金融开放度（Kaopen）数据来源于 Chinn 和 Ito（Chinn and Ito, 2006, 2008）的研究，金融竞争力（Finc）、创新能力（Tech）和基础设施水平（Infrastructure）数据则来源于全球竞争力报告。我们关心的系数为 α，若 $\alpha > 0$，则说明积极的媒体报道情绪指数会促进外资流入印尼，从而验证了前文的假说。

（三）实证结果

1. 印尼媒体报道情绪对印尼吸引外资有显著影响

我们首先分析了印尼媒体对一国的媒体报道情绪指数（Sentiment）对该国当年流入印尼的直接投资的影响，模型回归结果见表 2。表中第（1）列为未包含控制变量的基础模型回归结果，Sentiment 的系数为 0.274 且在 1%的水平下显著，表明印尼国内媒体对投资国的积极情绪会提升该国对印尼的直接投资水平，更加积极的媒体报道情绪可以推动外资营商环境优化，增强外国投资者的信心和印尼市场的吸引力，进而增加了外商直接投资流入。表中第（2）列进一步控制了印尼的经济发展水平等因素，即加入了金融开放度、金融竞争力、创新能力以及基础设施水平等一系列控制变量，Sentiment 的系数为 0.263 且在 5%的水平下显著。表中第（3）列、第（4）列则进一步控制了国家固定效应，Sentiment 的系数仍然显著为正，进一步验证了前文检验结果的稳健性。

表 2　媒体报道情绪指数对印尼吸引外资的影响

变量	（1）	（2）	（3）	（4）
Sentiment	0.274 ***	0.263 **	0.051 **	0.058 **
	（0.093）	（0.108）	（0.022）	（0.026）
Kaopen		0.120		0.233 *
		（0.673）		（0.136）
Finc		−0.229		−0.151
		（1.895）		（0.381）
Tech		−0.650		−0.435
		（1.536）		（0.309）
Infrastructure		0.437		0.355
		（1.155）		（0.232）
系数(α)	−0.013	0.962	0.016	0.065
	（0.223）	（4.992）	（0.091）	（1.006）
国家固定效应	否	否	是	是
年度固定效应	是	是	是	是
N	81	81	81	81
R^2	0.081	0.078	0.967	0.967

注：*、**、*** 分别表示 10%、5%和 1%的显著性水平，下同。

2. 金融和创新水平的调节效应

本部分我们进一步考察印尼的金融开放度（Kaopen）、金融竞争力（Finc）以及创新能力（Tech）的调节效应，旨在检验是否金融开放度越高、金融竞争力越强，则媒体报道情绪对吸引外资的影响越大；以及是否印尼本国的创新能力越强，媒体报道情绪对吸引外资的影响越小。实证结果如表 3 所示：首先，表中第（1）列交乘项 Sentiment * Finance 的系数为 2.539 且在 1% 的水平下显著，表明更完善的金融体系是市场环境更为友善的信号，能够更进一步提高正面的媒体报道情绪吸引外资的效果，即媒体报道情绪与金融市场在吸引外资方面有相互强化作用，一个相对发达的金融市场会增加投资者的流动性，减小资本成本和市场信息摩擦，提高市场的资源配置效率，增强外国投资者信心，从而使得媒体正面报道对外商直接投资的促进效应更为明显。其次，表中第（2）列交乘项 Sentiment * Kaopen 的系数为

表 3　印尼金融和创新水平的调节效应

变量	（1）	（2）	（3）
Sentiment * Finance	2.539 ***		
	(0.887)		
Sentiment * Kaopen		0.410 **	
		(0.177)	
Sentiment * Technology			−0.911 *
			(0.542)
Sentiment	−10.491 ***	0.113	3.385 *
	(3.760)	(0.124)	(1.860)
Kaopen	0.010	−0.696	0.149
	(0.644)	(0.742)	(0.665)
Finc	−5.397 **	−0.196	0.003
	(2.557)	(1.842)	(1.877)
Tech	−1.591	−0.463	1.389
	(1.502)	(1.494)	(1.942)
Infrastructure	0.801	0.385	0.307
	(1.110)	(1.123)	(1.144)
系数(α)	24.946 **	0.427	−6.964
	(9.642)	(4.856)	(6.821)
国家固定效应	是	是	是
年度固定效应	是	是	是
N	81	81	81
R^2	0.171	0.141	0.113

0.410 且在 5% 的水平下显著，表明如果减少金融领域对外国资本的限制，采取更多措施鼓励国际资本流入，将强化媒体报道情绪吸引外资的效果。两者交互影响的机理在于，媒体报道情绪影响外国投资者对印尼市场的信心，当媒体报道情绪积极度上升时，外国投资者流入印尼市场的动因变强，而金融开放度则影响这种流入的便利性，从而对媒体报道情绪对外资流入的影响效应产生调节作用。最后，表中第（3）列 Sentiment * Technology 的相关系数为 -0.911 且在 10% 的水平下显著，表明随着印尼科技创新能力的发展，媒体报道情绪对外商直接投资的影响力被削弱了，即如果印尼本国的科技创新水平越高，吸引外资的能力就越强，此时，媒体报道情绪的重要性相对下降。

三　结论

本报告在系统梳理印尼媒体对各主要外资来源国报道的基础上，结合双边 FDI 数据，系统分析了媒体报道情绪对印尼吸引外资的影响，得出如下主要结论。

首先，通过典型事实分析发现，印尼媒体对主要外资来源国的历年报道数量总体呈现增加的趋势，但对各投资国的报道情绪指数有所下降，媒体报道的总体情绪在 2020 年已转为消极，表明随着印尼吸引外资力度的不断加大，外商在印尼经营种类和地域范围不断扩大，印尼社会对外资的关注度提高，舆论环境也变得更加复杂，提示赴印尼经营企业不仅要做好经济技术方面的安排，更要注意文化沟通，注意树立良好社会责任形象。对近 20 年印尼涉华报道情绪指数波动事件进行的考察，进一步表明政治、经济和文化因素都可能影响印尼投资的舆论环境，两国高层互动，在重大问题上相互支持，加强战略对接，增强政治互信，是形成良好投资舆论环境的重要驱动力。其次，本报告通过实证研究发现，印尼国内媒体报道情绪指数对 FDI 流入有显著的反作用，即情绪积极时，FDI 流入的积极性上升，反之则下降；并且，印尼本国的金融开放度越高、金融竞争力越强，上述关系则更显著，而印尼本国的创新能力越强，上述关系则弱化，说明媒体报道情绪对 FDI 的影响力受到经济技术因素的调节。

B.10
印度尼西亚农业农村发展
及中印尼农业合作分析

许 倩 杨家豪*

摘　要： 本报告分析了印尼农业农村发展的基本情况和面临的主要问题，并介绍了中印尼农业合作情况。印尼政府通过《农民保护和赋权法》和《乡村法》确定了农村治理基础，并通过"五年计划"、专项计划和扶持合作社来推动农业农村发展和农民脱贫。近年来，印尼农业农村发展取得成就的同时，仍面临一系列挑战，包括欠发达村庄比重过高、农村基础设施落后、农业劳动力转移困难等。为支持印尼农业农村发展，中国积极开展了与印尼的农业技术和农业产业合作，促进了印尼水稻、玉米和花生种植技术提高，也支持了印尼农村发展和减贫工作。

关键词： 印度尼西亚　农村治理　农业发展　中印尼合作

印尼作为人口大国和农业大国，农业农村的发展具有举足轻重的地位。农业农村领域的合作也是中印尼合作的传统领域和新时代下两国政府重点关注的领域，对深化两国全面战略伙伴关系有重大意义。

---

* 许倩，博士，河北师范大学印度尼西亚研究中心执行主任，国际文化交流学院副院长；杨家豪，河北师范大学硕士研究生。

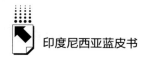

一 印度尼西亚农村概况及其治理特征

（一）印尼农村概况

印尼的行政区划分为省和特别行政区、县市、乡、村四级。村庄属于第四级行政单位，有两种类型的村级行政单位：克鲁拉汉（Kelurahan）和德萨（Desa），克鲁拉汉是城市中的城中村，由具有公务员身份的卢拉（Lurah）领导，对区长负责。德萨（Desa）是传统意义上的村庄。根据印尼 2014 年第 6 号法案，德萨是具有领土边界的合法社区单位，被授权规范和管理社区公共事务、维护社区利益、保有法律承认的村庄部落传统权利。① 德萨的领导人由村民选举选出，不具有公务员身份。印尼中央统计局（Badan Pusat Statistik，BPS）的数据显示，2021 年印尼共有 83843 个村庄，约 1.17 亿人生活在农村地区，占全国人口总数的 43%，绝大部分村庄仍以农业为主要收入来源。

印尼农村的基础设施条件和公共服务近年虽有明显改善，但仍存在巨大缺口。根据印尼中央统计局发布的《2018 年印尼村庄潜力统计》，截至2018 年，在电力方面，59222 个（70.5%）的村庄已接通电力；在通信方面，90%以上的村庄已有手机和网络信号覆盖，93%的村庄能够观看电视节目，75%的村庄能接收广播信号；在交通方面，60994 个（72.7%）村庄连通了硬化道路，仍有 22937 个村庄在使用鹅卵石路、土路等，甚至没有对外道路；在居民燃料供应方面，59106 个（70.4%）村庄以液化石油气作为主要燃料，仍有 21710 个村庄使用木柴作为家庭燃料；在饮用水方面，59350个（70.7%）村庄能够使用较为卫生的饮用水，但有 24574 个（29.28%）的村庄仍以泉水、河流和湖泊、雨水等作为日常饮用水来源；在教育方面，

---

① Presiden Republic Indonesia，"Undang-Undang Republik Indonesia Nomor 6 Tahun 2014 Tentang Desa," January 29，2022，https：//www.dpr.go.id/dokjdih/document/uu/UU_ 2014_ 6.pdf.

72237 个（86.1%）村庄有小学，37307 个（44.4%）村庄有初中，仅有
27105 个（32.3%）村庄有高中或职业中学；在卫生健康方面，仅有 35750
个（42.6%）村庄有村卫生站，21590 个（25.7%）村庄有医院、公共卫生
中心或综合诊所等正规医疗机构；在金融服务方面，33886 个（40.4%）村
庄有各种类型的信用合作社，有银行网点覆盖的村庄仅有 16336 个，意味着
大部分村庄没有得到任何正规金融机构的服务覆盖。

　　印尼政府依据经济发展程度对村庄进行了三级分类，其中德萨类型的村
庄由高到低分为"发展村"、"独立村"和"欠发达村"三种发展水平。据
印尼中央统计局《2018 年乡村发展指数》（Indeks Pembangunan Desa 2018，
IPD 2018），印尼全国乡村发展指数（IPD）平均值为 59.36（详见表1），
但不同岛屿之间的差距明显。在全国按主要岛屿划分的七大片区中，爪哇岛
和巴厘岛、苏拉威西岛和苏门答腊岛三岛的村庄综合发展指数明显高于全国
的平均值，而加里曼丹岛、努沙登加拉群岛、马鲁古群岛和巴布亚岛四个片
区则低于全国平均水平，尤其是巴布亚岛的乡村发展水平明显较低。

表1　印尼七大片区村庄数量及发展程度（2018 年）

岛屿名称	乡村发展指数	分类发展指数					各级发展水平村庄数量占比（%）			村庄数量（个）
		基本服务	生活基础设施	交通设施	公共服务	政府行政	欠发达村	发展村	独立村	
爪哇岛和巴厘岛	67.82	68.31	54.78	81.15	59.14	80.34	0.26	25.28	5.09	23108
苏拉威西岛	60.63	57.81	44.77	83.04	51.81	72.78	1.46	9.83	0.38	8804
苏门答腊岛	60.02	59.09	46.15	77.72	54.01	67.85	4.11	25.28	1.48	23241
加里曼丹岛	56.66	55.41	40.90	71.01	55.35	71.36	2.24	6.26	0.28	8804
努沙登加拉群岛	56.25	53.86	34.41	82.55	45.78	75.25	1.46	3.77	0.13	4043
马鲁古群岛	52.00	49.08	34.68	73.39	46.30	66.55	1.28	1.66	0.07	2268
巴布亚岛	35.57	26.15	19.76	57.86	40.02	52.24	8.36	1.37	0.02	7348
全　国	59.36	57.65	44.63	77.00	53.00	71.40	19.17	73.40	7.43	75436

资料来源：印尼中央统计局。

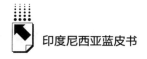

（二）印尼农村发展与治理的基本特征

1. 通过专门立法确立了农村发展与治理的基本框架

如何促进农村地区的可持续发展一直是印尼政府面临的重要挑战之一，政府为此制定了一系列法律和政策，其中较为重要的有 2013 年第 19 号法案《农民保护和赋权法》及 2014 年第 6 号法案《乡村法》，两项法案确定了乡村治理的基本权力架构和政府促进农村发展的基本路径。

《农民保护和赋权法》旨在保障农民的自主权与发展权，以此推动农村发展。主要内容有以下几个方面。一是根据农产品收获上市的季节波动或国内消费需求情况对农产品的进口进行监管，以防止外国农产品对印尼农业的冲击；二是为农民提供合适的农业生产设施，并给予生产设施补贴；三是农产品进口关税的规定，以及关于农产品进口地的规定；四是根据资源条件和潜力设立农业开发区；五是发展农业保险，以减少农民因受因自然灾害造成的损失；六是可根据国家财政能力对因特殊事件造成的农作物歉收提供补偿。

《乡村法》旨在改善农村治理和增强发展能力，主要内容有以下几个方面。第一，政府赋予乡村机构较大的自治权力，村长由原先向区长负责改为向当地的村代表机构和村民代表委员会负责；第二，印尼的所有村庄每年都会得到中央村镇拨付的村庄基金。法律规定从 2015 年起，中央政府应当将10%的财政转移支付预算资金用于村庄，每个村庄每年平均能得到大约 10亿印尼盾或 10 万美元的资金。

2. 国家实施专项计划助力农村内生发展

自 2007 年起，印尼政府一直在实施一项名为独立农村社区专项计划（Program Nasional Pemberdayaan Masyarakat Mandiri Perdesaan, PNPM Mandiri），目的在于加速农村减贫进程和扩大就业。该计划主要内容包括：一是将部分发展自主权下放农村社区；二是对当地机构进行指导、培训；三是向农村社区提供直接援助基金（Bantuan Langsung untuk Masyarakat, BLM），旨在提高农村基础设施和公共服务水平，扩大就业。PNPM Mandiri 从规划过程开始会邀请社区成员参与，根据他们村庄的优先需求安排资金支出，到 2010 年，该计划已经覆盖了大部分的农村地区。

根据多年的运作，PNPM Mandiri 在农村地区已经取得了不错的成效：一是资金的注入支持了当地基础设施建设，创造了许多就业岗位，并对当地的经济发展起到支撑作用，许多商人、中小企业家和家庭通过参与 PNPM Mandiri 项目的农村储蓄和贷款活动，获得了发展资金，促进了当地经济的繁荣。二是该计划针对农村社区最贫困的群体提供援助，并给予妇女更大帮助，从而减少了贫困、促进了性别平等。三是提高农村社区的治理水平，完善资金监管和问责机制，促进了村级机构管理的规范化。

3. 农村合作组织

合作社在印尼经济中被认为是与国有企业、私营企业并重的经济组织，[①] 而且它还享有政府扶持的特殊地位。印尼农村地区存在许多合作社，如村级合作社（KUD）和农民小组（Koperasi Tani，简称 Koptan）等，这些合作社在促进农业经济和农村发展方面发挥了重要作用。村级合作社是一种带有官方性质的多元业务农业合作组织，曾经是印尼乡村中最主要的基层农村组织，它在历史上被政府赋予了许多职能，被视为农业发展的基本公会。目前地位已不复往日，但是村级合作社仍是印尼农村经济和农产品销售网络的一个重要组成部分。农民小组则是印尼农村一种最为广泛的农民自发合作组织形式，其性质是社会组织性质而非官方组织。

村级合作社的出现与印尼政府为了实现粮食自给的计划密不可分。20 世纪 60 年代，为实现农业增产，政府对当时较为松散的农村农民的组织形式进行了一定变革，即以政令的形式建立了一些代表官方的农业相关机构来更好地组织农业生产和经济活动并为农村社区提供服务，如村级商业委员会（Badan Usaha Unit Desa，BUUD）、农业信贷组织（Kredit Usaha Tani，KUT）。在 20 世纪 70 年代印尼"绿色革命"期间，村级商业委员会逐渐发

---

① Muhammad Halilintar, "Cooperatives and Economic Growth in Indonesia," *European Research Studies Journal* 21（2018）：614.

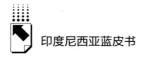

展为村级合作社，村级合作社也在后来兼并了农业信贷组织的职能。

同一时期，印尼官方大量建立村级合作社引发了大规模合作化运动浪潮，推动了农民小组的出现。一个农民小组由 25~50 名农民组成，涉及土地 15~25 公顷。2004~2009 年，在政府引导下，一些农民小组逐渐联合起来组成较大的农民团体联合会，称为"Gapoktan"。一个农民团体联合会由 10 到 20 个农民小组组成，涉及 250~500 公顷稻田和 250~500 名农民成员。

村级合作社和农民小组虽然都具有农业合作组织性质，但是他们在以下方面有所区别。一是组建动机和自由程度不同。作为政府直接支持的农村合作经济组织，村级合作社是官方为更好地组织农业生产活动以实现粮食增产目标的产物，具有明显的体制内特征，其经营管理受到政府的严格控制，并严重依赖政府支持，自由化程度很低。农民小组是由农民自愿联合起来以满足他们共同经济和生活需求的自治性组织，虽受到政府的一定管制，但自由化程度相对较高。二是职能与业务范围有所不同。历史上，村级合作社除了吸收原有村级商业委员会和农业信贷组织的职能外，还被政府赋予了其他职能，包括提供农业投入的资金、作为农产品分销商、为农民提供信贷服务等。当前村级合作社职能和核心业务已经发生了较大转变，其核心业务已经离开了农业领域，以储蓄和贷款的信用业务、商品批发和零售的商业业务、畜牧业发展等相关业务为主，同时也作为电费收缴、网上银行基层代理的服务点。农民小组最初主要是一个农业生产协作组织，但随着村级合作社的去官方化进程，政府转而开始扶持农民小组，使其承担了村级合作社原先在农业生产领域方面的一定职能，这些职能目前主要包括农资供应合作、农业技术信息推广、农业生产设施共享等。

1973~1990 年，全国合作社的总数从 19975 个增加至 36502 个，其中村级合作社的数量从 2361 个增加至 8334 个。21 世纪逐渐开放和自由化的市场，使合作社的总数呈现下降趋势，尤其是村级合作社数量下降明显。自由程度较高的非官方合作社或农民小组都较快地适应了市场，并在业务和绩效方面得到提高。据印尼中小企业与合作社国务部统计，2016~2019 年，印尼合作社的数量由 151170 家下降至 123048 家，但业务量由 67.5 万亿印尼盾增加至 154. 72 万亿印尼盾，净利润由 2. 71 万亿印尼盾提升至 6. 27 万亿印尼盾（详见图 1），合作社对印尼乡村发展做出了显著贡献。

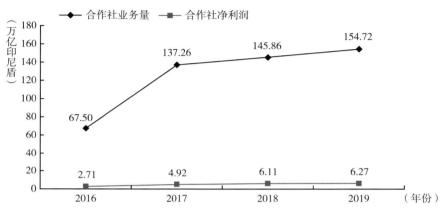

图 1　印尼合作社业务量和净利润（2016~2019 年）

资料来源：印度尼西亚中小企业与合作社国务部。

村级合作社和农民小组对农村发展的积极作用体现在以下几个方面。一是通过集体经营活动提高农民收入。合作组合相较于单个农户有更高的市场竞争力、更多的市场参与机会，更好地把握市场信息，批量采购农资可以降低农业生产成本，因而集体协作经营在一定程度上提高了农业活动的经济效益，合作组织还将集体经营利润（SHU）分配给成员直接增加了农民收入。二是作为政府与农村社区之间的纽带，帮助推广相关政策与技术，为合作农户提供相关技能和商业知识方面的培训。三是提高了农村社区的服务水平。当前的大部分农村合作组织还扮演着信贷、电费缴纳、网上银行等服务基层网点的角色。

（三）印尼农村发展仍然面临的主要挑战

1. 贫困问题仍是农村地区最突出的问题

印尼的减贫工作已取得一定成就，根据世界银行数据，印尼绝对贫困率已经从 2000 年的 19. 10% 降低至 2019 年的 9. 4%（详见图 2），但相对贫困人口数量仍有 2514 万，尤其是农村贫困人口数量为 1515 万，占据总贫困人口的 60%。2018 年，印度尼西亚的村庄数量为 83931 个，其中仍有 25%属于欠发达村。城乡之间贫困问题的差距较大，据统计，2018 年农村地区贫困率为 13.2%，城市地区仅为 7%。另根据亚洲开发银行的数据，按照国际贫困线标准，2020 年在印尼仍有 9.8%的人口生活在贫困线之下，按购买力平价计算的日收入低于 1.90 美元的就业人口比例为 3.5%，多数为农村地区就业人口。①

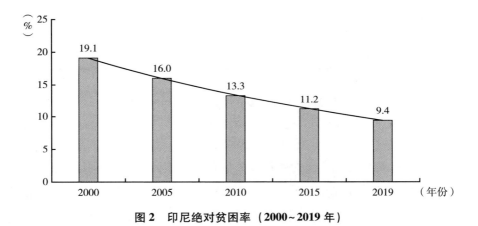

图 2　印尼绝对贫困率（2000~2019 年）

资料来源：世界银行。

　　基础设施的欠缺与基本公共服务体系不完善是印尼农村发展的主要障碍。佐科政府积极开展农村基础设施建设，第一届任期内，政府为各地农村提供 187 万亿印尼盾的"农村建设基金"。但印尼政府扶贫模式多以救济保障式为主，扶贫开发式等长效扶贫较少见，容易出现返贫现象。受全球新冠肺炎疫情的影响，印尼贫困率一度出现反弹趋势，一方面是政府为应对疫情而导致的财政压力增大，扶贫资金投入减少，另一方面是印尼低收入人群在疫情背景下，收入减少，而生活成本上升，保守估计疫情将使印尼人口贫困

---

① "Indonesia," ADB, April 30, 2021, https：//www.adb.org/countries/indonesia/poverty # accordion-0-3.

率从 2019 年 9 月的 9.2% 上升到 2020 年底的 9.7%，这意味着将有 130 万人重新陷入贫困。[①]

印尼农村贫困问题与地区发展不平衡有很大关系。2020 年，印尼 61.64% 的人口居住在仅占国土面积 7% 的爪哇岛和巴厘岛上（详见表 2）。[②] 在人口密集的爪哇岛和巴厘岛上，许多农民面临无地可耕的境地，与此形成鲜明对比的是，苏拉威西、巴布亚等岛屿的地区有超过 1000 万公顷的土地无人耕种。各岛之间在公路、电力、通信和饮用水等基础设施和公共服务方面存在巨大差距，在较为偏远的欠发达地区，甚至连一条完整的双向公路都没有。[③]

表 2 印尼各大岛屿人口分布（2020 年）

	人口（百万）	所占比例（%）
爪哇岛	151.6	56.10
苏门答腊岛	58.6	21.68
苏拉威西岛	19.9	7.36
加里曼丹岛	16.6	6.15
巴厘岛和努沙登加拉群岛	15.0	5.54
马鲁古群岛和巴布亚岛	8.6	3.17

资料来源：BPS。

2. 农业用地明显减少

印尼曾经是一个以农业为主的国家，至今农业在国民经济中仍然占有非常重要的比重。但目前农业用土不断流失，自 20 世纪 90 年代政府取消了私人购买土地的一些限制，大量农业用土被收购用于经济开发。据 BPS 统计，

---

① Asep Suryahadi, Ridho Al Izzati, Daniel Suryadarma, "The Impact of COVID-19 Outbreak on Poverty: An Estimation for Indonesia," *SMERU Working Paper* (2020): 11.

② BPS - Statistics Indonesia, "The Indonesian Population Census 2020 Highlights" (paper represented at United Nations Expert Group Meeting, Online Event, February 9-12, 2021), pp. 10-13.

③ 林秀敏：《印尼基建领域亟待加大投资以激发巨大潜力》，中国经济网，2016 年 1 月 17 日，http://intl.ce.cn/specials/zxgjzh/201601/17/t20160117_8327425.shtml。

在 1994~1999 年期间，爪哇岛 340 万公顷可用耕地中每年改为其他用途的达到 5 万公顷，这意味着每年减少 60 万吨稻米产量。[①] 农业用地征用中的冲突纠纷也屡见不鲜。农村土地的征用，在未相应解决好失地农民生计的情况下，也容易产生新的贫困问题。

3. 提升农村劳动力素质任重道远

当前，一些因素制约了农村劳动力素质的提升：一是基础设施建设不足，很多农村地区尚未接通电力、电信和互联网等；二是农村教育水平落后。据经合组织 2018 年的评估，印尼农村地区教育水平与城市相比差距巨大。农村地区约 50% 的 15 岁及以上人口未完成或仅完成基础教育，而城市地区这一比例为 35%。2020 年，印尼仅有 86.19% 的村庄拥有小学；农村地区的条件与工资待遇水平低下导致农村中小学教师严重不足，且教师素质急待提高，乡村教师未受过高等教育的情况十分普遍，其中 34% 的教师和 18% 的校长只有高中学历。

4. 抗御自然灾害的能力较弱

根据 BPS 统计，2018 年印尼共有 62705 个村庄遭受了各种类型的自然灾害，这些自然灾害包括洪水、山体滑坡、地震和台风等（详见表3）。尽管印尼自然灾害频发，但设有防灾与救急系统或准备措施的村庄数量仅有 16388 个，这表明大部分印尼村庄缺乏防灾减灾的相关手段，政府相关投入也较少，很大程度制约了农村地区抵御自然灾害的能力。

表3 印尼遭受自然灾害类型村庄数量（2018 年）

单位：个

灾害类型	山体滑坡	洪水	地震	海啸	浪潮	台风	火山爆发	森林火灾	干旱	无灾害
	10246	19675	10115	12	1806	7251	619	4394	8587	43344

资料来源：BPS。

---

① Sediono M. P. Tjondronegoro, "Land Policies in Indonesia," *World Bank Document* (2003): 21.

一些古老文化习俗也困扰着农村的发展。印尼部分边远村庄的传统文化中仍保留着一些较为古老的文化习俗，例如某些村庄仍由部落族长统领，而不是完全遵循政府的行政管制，这在很大程度上影响国家相关政策和知识技术在农村社区和农民之间的推广。有报道称"万丹的巴杜伊人、中爪哇北部的萨满人、苏门答腊的阿纳达兰姆人千百年来偏安一隅，以保护部族传统为由拒绝接受印尼政府的管理"。[①] 一些传统村庄还经常出现宗族、社区之间的械斗现象，对社会治安产生严重不利影响。2022 年 1 月，巴布亚省 Nduga 和 Lanny Jaya 社区的村民发生了多次大规模械斗，双方的社区领袖与部族首领纠集了近 300 人使用传统武器如长矛、弓箭等互相攻击。这些消极因素对农村的发展产生了极大的不利影响。

二 印度尼西亚农业发展情况

（一）印尼农业概况

1. 农业资源丰富

印尼地处赤道，属于典型的热带雨林气候，高温多雨的气候使其享有充沛的雨水和阳光，适宜农产品生长，是众多热带农产品的全球主要生产国。印尼享有充沛的土地资源，2019 年，印尼可用耕地面积超过 2935 万公顷。印尼林业资源也非常丰富，印尼热带雨林是世界第三大热带雨林，是 3000 多种已知动物和 29000 多种植物的家园。近几十年来，国内人口快速增长引发全国土地利用的变化，一些森林、泥炭地和沿海地区转变为农田，印尼森林面积从 1990 年的 1.1854 亿公顷减少至 2020 年的 9213 万公顷，减少了 22.3%。

印尼是世界最大的群岛国家，也是世界上海洋生物多样性最高的国家之

---

① 杨晓强、卢李倩倩：《印度尼西亚的贫困问题与中国-印度尼西亚减贫合作》，载《中国与印度尼西亚人文交流发展报告（2021）》，社会科学文献出版社，2021，第 191 页。

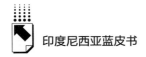

一。其海域孕育了3000多种硬骨鱼类和850多种鲨鱼、鳐鱼等，渔业资源十分丰富，是世界第二大鱼类生产国，有超过1200万人在渔业部门工作，为数百万人尤其是低收入人群提供了重要的食物来源。据印尼海洋事务和渔业部统计，2018年印尼的人均鱼类消费量达50.68千克，但一些地区的过度捕捞也导致了部分区域渔业资源难以恢复。

2. 农业经济规模和效率提升缓慢

近几十年来，印尼农业部门在国内生产总值中的占比逐渐下降，目前仅占国内生产总值的13%左右。2016~2021年，农业部门生产总值增速始终低于国内生产总值增速。然而，农业部门对印尼解决就业问题非常重要，目前，从事农业的劳动力约为4000万人，占全国劳动力的29%。

2018~2021年印尼农业的效率提升较为缓慢，以粮食种植为例，2021年印尼稻谷产量为5526万吨，与2018年的5920万吨相比，下降了6.7%；实际上，2019年和2020年的单位面积产量均低于2018年的水平（详见表4）。在当前印尼国内人口持续增长压力下，如果粮食作物种植面积和产量不能保持增长，将面临较大的粮食供应压力。

表4 印尼稻谷种植面积和产量（2018~2021年）

年份	2018年	2019年	2020年	2021年
种植面积（万公顷）	1137	1067	1065	1051
稻谷产量（万吨）	5920	5460	5464	5526
生产力（吨/公顷）	52.03	51.14	51.28	52.56

资料来源：BPS。

3. 农业是相关产业的重要支撑

尽管农业产值仅占国内生产总值的13%左右，但是农业部门是相关产业的重要原料来源，也是印尼创汇的重要来源。

印尼是世界上第二大棕榈油生产国，占全球棕榈油总产量的41%，棕榈油也是印尼最重要的出口商品之一。根据印尼棕榈油协会（Indonesia

Palm Oil Association，IPOA）的数据，2020 年印尼国内的棕榈油产量达 5158 万吨，其国内的棕榈油产品消费也已达到 1735 万吨，出口量达 3400 万吨，虽然比 2019 年的出口量下降 9%，但由于国际棕榈油价格的上涨，棕榈油的出口额同比上涨了 13.6%，达到 229.7 亿美元。

在林业方面，印尼是世界上最大的热带木材出口国之一。除了直接出口原木外，印尼还出口各种下游产品，如胶合板、纸浆和纸张、木质家具和手工艺品等。截至 2020 年，印尼的木材产量为 4648 万立方米，出口总额超过 110 亿美元。

在渔业方面，印尼是全球最大的海产品出口国。2018 年印尼收获鱼类总量为 2313 万吨。2020 年印尼的海产品出口总额为 52 亿美元，美国与中国分别为其第一和第二大出口对象国，印尼对美国的出口额为 5.09 亿美元，对中国的出口额为 1.73 亿美元。

（二）农业发展基本政策框架

1. 五年计划中对农业发展的总体规划

（1）2015~2019 年发展规划

"国家中期发展规划 2015~2019" 是印尼在 2014 年制订的国家未来五年的发展规划，关键目标包括国内生产总值年均增长 8%，贫困率从 11% 降至 7%~8%，100% 的人口获得营养食品，以及鼓励、促进农村和偏远欠发达地区经济的发展，并将粮食自主和海洋开发作为最高优先事项。

农业发展的总体目标包括实现农业、渔业和林业年均增长率至 4.5%，实现粮食自给和增进农民福利等，并规定了以下主要措施。

一是严厉打击非法砍伐、非法捕捞。通过建立一套立体的森林管理监控体系，提高司法效率保护森林资源；并通过建立海上综合管理和提高执法系统，保护国家海洋权益和海洋资源。二是增加主粮产量以加强粮食安全。通过提高土地利用效率建立可持续的粮食农业区，完善水利设施建设，改进农业技术应用和振兴育种科研以提高生产能力；增加其他食品配料的产量替代部分主粮，如蔗糖、牛肉、玉米、大豆等；通过发展水产养殖中心和完善渔业基础设施，扩大渔业生产；通过建设新的灌溉网络与水稻集约化系统，最大限度地改善粮食的生产条件。三是建立保障国家粮食安全的制度，特别是对自然灾害的预测与病虫侵害的应对；为小农生产者提供资金支持和灾害补偿；试点对小农生产者的农业保险；开发能应对气候变化与病虫侵害的新作物与鱼类品种。四是增加农民收入。通过土地改革和农业土地使用权计划向农民分配土地权利，增加农民、渔民获得土地的机会和资产。

（2）2020~2024年发展规划

"国家中期发展规划2020~2024"是印尼最新的五年计划，该计划的发展目标是通过提高生产力、持续投资、改善劳动力市场和提高人力资源质量，实现GDP年均增长5.7%~6.0%。在农业方面，该计划明确提出农业转型目标，即提高土地生产力并增加农业附加值，农业生产总值实现3.8%~3.9%的年均增长目标。

规划中设立的主要政策措施有：一是加强商业保险并增加350家农渔企业，此项目预计每年能增加5%的农民收入和10%的渔民收入，并提高5%的生产力；二是增强以棕榈油为基础的燃料能源开发，通过提高棕榈油产量，改善国家能源结构，使其占据约23%的份额；三是振兴虾和鱼类等水产养殖中心和国际标准的渔港一体化建设，到2024年养殖鱼类产量增加1032万吨，捕捞渔业产量增加1010万吨，虾类出口每年增长8%，水产出口额增至80亿美元；四是新建18个多用途水库，利用新技术将51个优质灌溉渠供水区供水可用性提高20%并增加70%的灌溉效率，以支持粮食安全；五是强化灾害预警系统，提高灾害预警效率，进一步减少因此产生的人财物损失。

与上一个五年计划相比，除了在促进粮食安全、保障公平发展、基础设施建设等方面继续发力外，新的五年计划更加强调农业转型的重要性，即利用工业4.0和数字信息技术提高农业生产力，延伸农业产业链以增加下游产业价值，增加农业生产者收入，并减少气候变化与自然灾害对农业的影响，推进农业部门的集约化和可持续发展。

2. 农产品市场调控政策

（1）政府采购政策

政府采购价格政策是印尼政府在农业方面实施的一项重要政策，旨在保护农民免受农产品价格大幅下跌时的影响。具体措施是政府通过国家物资和粮食储备局（Badan Urusan Logistik，BULOG）以高于特定时期的市场价格从农民手中直接收购农产品，以稳定价格。BULOG 是一家大型国有企业，也是政府实行农产品市场调节的重要工具之一，它集收购、储备和分销职能为一体。2019 年，BULOG 从农民手中收购并储备了近 150 万吨大米。

（2）粮食补贴政策

当市场出现异常高粮价时，会损害广大消费者尤其是低收入人群利益，因此，政府设立了粮食补贴计划——"贫民大米计划"（Beras untuk Rakyat Miskin，Raskin）和"非现金食品援助计划"（Bantuan Pangan Non Tunai，BPNT）。Raskin 于 2002 年开始实施，是由政府财政提供资金，以 20%～30% 的市场价格向贫困家庭每个月提供 15 千克大米。但由于运作中存在大米质量差、目标人群定位不准等一系列问题，该计划逐渐被 BPNT、食品券和其他现金转移计划所取代。BPNT 通过对目标家庭发放繁荣家庭卡（KKS），使其能够以补贴价格购买优质大米和糖等食品。国家物资和粮食储备局从农民手中收购的粮食很大一部分通过这些计划低价分销至这些家庭中。2019 年，国家物资和粮食储备局将 75 万吨大米用于 BPNT 计划。

3. 农业投入相关政策

（1）加大对农业部门的财政投入

政府的农业投入主要体现在：一是化肥、种子和农药的价格补贴。自 20 世纪 70 年代开始，印尼政府为鼓励农民购买和使用化肥和农药，向农民提供相关购买的价格补贴。由于化肥能够促进农业生产力的提高，增加农作物产量，进而提高农民收入水平，因此向农民提供大量化肥补贴是印尼最大的农业支持计划，也是农业部门最大的支出项目之一，约占农业预算的一半。2020 年，政府补贴化肥 890 万吨，资金超过 29.76 万亿印尼盾。二是兴修水利设施。由于大坝老化、运维不足和沉积作用，水库蓄水量出现显著下降。在

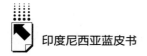

RPJMN 2020-2024 中，政府计划投入 96.9 万亿印尼盾（国家财政拨款 12.9 万亿印尼盾、政企合作融资 24 万亿印尼盾和私人投资 60 万亿印尼盾）新修建 18 个水库以改善灌溉条件。三是提供农业信贷支持。印尼政府设立了人民商业信贷计划（Kredit Usaha Rakyat，KUR），为农业部门提供信贷贴息，并给予了农民和中小企业较宽松的信贷条件。根据印尼经济事务协调部统计，2020年印尼政府用于 KUR 的资金达到 198.53 万亿印尼盾。

（2）吸引外资流入

近年来，印尼政府对吸引外资持积极态度，并鼓励私人资本直接投资农业领域。2002 年，印尼政府将一些经营不善的国有种植园私有化，并大力发展农业产业园，即将部分土地划为工业园区，以优惠政策吸引企业投资建厂并形成农业产业链。2009 年，政府启动了"粮食产区计划"，该计划在马老奇和巴布亚地区的 160 万公顷土地上建立经济特区，进行种植园区和畜牧业项目招商引资，除了粮食生产外，还从事生物能源开发等。农业产业园项目吸引了大量资本进入，2014 年外商直接投资（FDI）进入印尼农业部门的资金超过 22.38 亿美元（详见图 3）。但总体来看，相比于其他产业，外资对于印尼农业部门的关注并不是很高，农业 FDI 仅占全部 FDI 的小部分。2015~2019 年，印尼的农业 FDI 仅占 FDI 实现总额的 3%~7%，且大部分流向了棕榈油产业。

（3）寻求国际合作

为争取国际组织的资金支持，2002 年，印尼政府向国际货币基金组织（IMF）提交了意向书，承诺进行相关改革，大幅降低农业税。此后，政府还降低了超过 500 种食品的关税和农业出口税，取消省际商品贸易限制，取消了对棕榈油产品的出口限制和限定种植作物的土地使用规定。

印尼也与许多国家在农产品贸易和农业技术方面开展合作。例如，在农产品贸易方面，印尼与日本在农产品收获后的虫害处理方面合作，因为想要进入日本市场的产品必须满足无虫害条款和条件；印尼与美国在可可生产方面达成协议与合作，使得本国的可可产品能达到更高标准；印尼与澳大利亚、新西兰、巴西和阿根廷等畜牧业领域较为发达的国家则进行牲畜养殖经

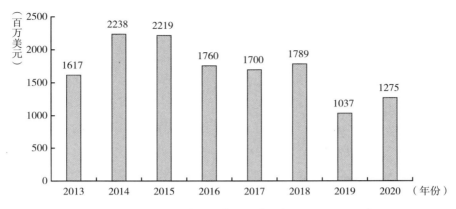

图3　印尼农业部门的外商直接投资金额（2013～2020年）

资料来源：Statista。

验交流。印尼也与中国建立了广泛的农业合作，例如与中国专家进行杂交水稻等高产农作物经验交流，并派出考察团前往中国学习参观。

三　中印尼农业合作问题

（一）中印尼农业合作的不断推进

2001年，双方签署了《中华人民共和国和印度尼西亚共和国农业部关于农业合作的谅解备忘录》，提出在主要粮食作物、农业机械、园艺、农业企业管理、农业研究与开发、畜牧业及相关产业、种子业、生物技术等领域开展合作。[①] 这是中印尼两国开展农业合作的纲领性文件，标志着中印尼农业合作进入到新发展阶段。2013年9月中国国家主席习近平提出的"一带一路"倡议，得到了众多国家的积极响应，并与印尼佐科总统提出的"全

[①] 《中华人民共和国农业部和印度尼西亚共和国农业部关于农业合作的谅解备忘录》，中华人民共和国外交部官网，2004年4月21日，https://www.fmprc.gov.cn/web/ziliao_ 674904/tytj_ 674911/tyfg_ 674913/t6124. shtml。

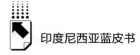

球海洋支点"战略相契合，也为两国开展农业合作打下坚实基础。近年来，两国农业合作主要包括以下内容。

一是中国-印尼杂交水稻合作项目。2002年，印尼普世家公司与隆平高科签订在印尼开发杂交水稻项目的合作协定，开启了中印尼农业技术合作交流先河。协定签订后，中国杂交水稻在印尼多个省份试种和开展本土化实验，为杂交水稻在印尼进行播种与后续项目的开展开打下坚实的基础。2010年12月29日，项目全面启动，由中国商务部提供资金支持，由中国袁隆平农业高科技股份有限公司和印尼国家农业科学院共同实施，旨在通过帮助印尼发展杂交水稻技术，提高水稻产量，共同为提高亚太地区粮食安全保障能力，为消除贫困而努力。

二是玉米和花生育种合作。2017年，"印尼优异玉米新品种选育合作研究与示范"项目正式启动，该项目旨在以中国科研专家为核心，在印尼建立研发基地，开展玉米"本土化"育种，提高印尼本土的玉米产量。2018年6月，中国山东省农科院玉米研究所和花生研究所与印尼东爪哇省谏义里县合作，利用中国玉米和花生种质资源，帮助印尼进行本土化育种、试验、推广，为印尼粮食增产、农民增收做出贡献。

三是农业产业园合作建设。2013年，在中国"一带一路"倡议提出之际，中国聚龙集团在原有种植园基础上开始大力推进"中国-印度尼西亚聚龙农业产业合作区"建设，旨在成为以油棕种植、精深加工、收购、仓储物流为主导的农业产业园区，打造海外棕榈全产业链。2016年8月，合作区正式获批为国家级境外经贸合作区。2016年，中国吉打邦农林产业控股集团在印尼成立了"苏州-印尼吉打邦产业合作园"，旨在通过农林产业链的上下游整合，打造农林产品研发—种苗培育—农林种植—智能制造—创意展示—互联网平台销售模式，形成"从一棵树苗到一个新家"的可持续发展农林全产业链。秉持互利共赢原则，农业产业园不仅保障了中国进口印尼农林产品的稳定，而且促进了对印尼欠发达地区的开发与基础设施建设，为当地提供了更多的就业岗位和税收。

四是有关印尼农业人力资源开发和培训的合作。中国在乡村振兴、脱贫减贫等方面具有丰富经验，印尼多次组织了基层干部前往中国考察交流。2019 年，印尼派遣村长、村企经理和农村协调员组成研修班来中国，先后在北京、江苏、上海等地参观考察，学习中国在乡村发展、治理和乡镇企业建设方面的经验和做法。

（二）中印尼农业合作成效显著

1. 农业技术合作提高了印尼粮食产量

2010~2013 年，中国-印尼杂交水稻技术合作项目，通过选育和推广品质优秀、更适合当地土壤和气候条件的杂交水稻新品种，项目取得了累累硕果，实现了粮食的增产，并培训了印尼本地的技术人才。截至 2015 年，中国杂交水稻技术推广至印尼 13 个省份，每公顷平均产量为 9.76 吨，高出本地品种 2 倍有余。

对其他农业作物如玉米、花生等进行本土化培育合作方面，2018 年，"优异玉米新品种选育合作研究与示范"项目取得数项关键成果，经过 2019~2020 年审定，该项目中研发的 4 个品种通过了印尼国家玉米审定要求，并被分别命名为印尼-中国（IDCHN）4 号、7 号、9 号和 10 号，其中，最优秀的 7 号品种平均亩产 793.34 千克，比印尼当前主要玉米品种的产量增加 7.31%，并能有效抵御玉米病害如高抗玉米霜霉病等的侵害。

2. 农业产业合作促进了印尼欠发达地区开发

中印尼农业产业合作以亚投行资金为依托，致力于改善印尼农村基础设施，提高农村公共服务水平。2017 年，亚投行与世界银行宣布进行联合融资，为印尼水坝运行改善与安全项目提供贷款。2020 年，亚投行向印尼卫星运营商贷款，用于建造一颗多功能卫星，为 14.94 万多个网络未覆盖的地区提供宽带互联网服务，其中包含许多欠发达和偏远地区。再如，中国-印度尼西亚聚龙农业产业合作区和苏州-印尼吉打邦产业合作园，除了建设种植园、加工厂、仓储物流中心外，还配套建设了相应的交通、供电供水基础设施，为当地人民提供了大批就业岗位和良好的基础设施服务。

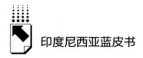
3. 带动了农村减贫合作交流和人才培养

中印尼双方借助中国-东盟多边减贫论坛、研修班等渠道进行农村扶贫经验交流。呈现政府主导、多元主体参与的特征。2019 年，印尼农村、落后地区发展和移民部率第一期印尼村长研修班 20 余人赴上海金山考察中国乡村振兴实施成果，就我国乡村振兴战略、乡村发展与治理、减贫政策等内容进行了学习交流。①

（三）中印尼农业合作前景展望

农业合作和农村减贫交流是中印尼全面战略伙伴关系的有机组成部分，有利于深化两国政治经济关系。中国乡村振兴战略和脱贫攻坚的卓越成效，农村改革和乡村建设的扎实推进，对印尼政府解决其农业问题和实现农村脱贫提供了一些思路和办法，具有深刻的借鉴意义。

1. 树立国际农业与减贫合作典范，提升区域合作水平

2020 年中国-东盟领导人会议发表《落实中国-东盟面向和平与繁荣的战略伙伴关系联合宣言的行动计划（2021~2025）》，计划指出中国与东盟国家将在经济合作领域加强粮食与农业合作，在社会人文合作领域加强社会保障和减贫合作。在此框架下，中印尼进一步增强农业合作和农村减贫合作，是双方秉持互利共赢原则，积极参与"一带一路"建设，共享发展成果的有力响应，一方面有利于印尼借助中国先进的农业技术与农村脱贫经验促进其农村发展，实现脱贫目标，另一方面构建了秉持互利共赢原则的地区农业与减贫合作典范，有助于增强政治互信，提升区域合作水平，是典型的新南南合作方式。

2. 农业产业园与农村基础设施建设合作应成为未来合作重点

增加公共基础设施投资可以在短期和中期内促进经济增长，根据国际货币基金组织的一份研究报告，当投资支出占 GDP 的比重每增加 1 个百分点，

---

① 欧阳蕾昵：《印尼"洋村长"来沪取经分享振兴乡村经验成果》，中国农业信息网，2019 年 9 月 19 日，http：//www. agri. cn/V20/ZX/qgxxlb_ 1/sh/201909/t20190919_ 7197660. htm。

当年的经济产出将增加 0.4%，并在四年后增加 1.5%。[①] 印尼政府充分认识到基础设施建设经济发展的重要性，印尼希望继续借助亚投行等中方参与的金融平台筹措资金，推动农村地区基础设施建设。此外，印尼也非常重视引进中方企业资本，开展农业产业园区建设，引导企业资源投入到贫困地区的基础设施建设，并提升当地劳动者技能、创造就业、培育新兴产业。两类合作协力进行，既可扩大资金来源，也可实现与中国产业链的更好对接，实现合作的可持续性。

---

① Abdul Biad, David Furceri, Petia Topalova, " IMF Survey: The Time Is Right for an Infrastructure Push," September 30, 2014, https://www.imf.org/en/News/Articles/2015/09/28/04/53/soreso93014a.

附　　录

Appendix

B.11
印度尼西亚大事记（2020年
10月至2022年6月）

2020年10~12月

10月5日　印尼国会正式批准《创造就业法》。其后几天，首都雅加达及其他地区发生一些抗议性的游行示威和罢工活动。

10月23日　佐科总统宣布印尼将不再出口原矿，必须由印尼国内企业进行加工，提高产品附加值之后再出口。

10月29日　印尼外长蕾特诺与到访的美国务卿蓬佩奥进行会谈。翌日，佐科总统会见蓬佩奥，希望两国加强国防合作，并期望美国能够理解发展中国家和伊斯兰国家的利益。

11月15日　包括印尼在内的东盟十国与中国、日本、韩国、澳大利亚以及新西兰共15个亚太国家正式签署《区域全面经济伙伴关系协定》（RCEP）。

12月9日　因疫情，印尼原定2020年4月举行的地方首脑选举推迟到了12月9日。此次选举在9省37市224县共计270个地区同时进行，多个政府部门通力合作确保了此次选举的顺利开展。

12月16日 印尼政府宣布免费为民众提供疫苗接种。佐科总统提出在2021财政年度至少为67%的人口提供免费疫苗接种。

12月22日 政府内阁改组，6名部长被更换，分别是卫生部长、宗教部长、海洋渔业部长、旅游和创意经济部长、贸易部长以及社会部长。其中，海洋渔业部长和社会部长早前因涉嫌贪腐被肃贪委拘捕。

12月30日 印尼政府宣布取缔激进组织"伊斯兰捍卫者阵线"（FPI）。该组织头目里齐克2017年以来流亡沙特，11月10日返回印尼后一度挑起事端，12月13日被警方拘押。

2021年1~12月

1月9日 印尼三佛齐航空公司（Sriwijaya Air）一架波音客机失事，于爪哇海域坠毁，机上62人全部遇难。

1月12日 中国国务委员兼外长王毅访问印尼。中印尼双方就携手抗击疫情、深化各领域务实合作、推动东亚区域合作、维护南海和平稳定、共同维护和促进多边主义达成五点共识。双方共同签署了《中国和印尼"两国双园"项目合作备忘录》等多个文件。

1月13日 佐科总统接受第一针中国科兴新冠疫苗注射，网络平台同步直播。

1月15日 印尼西苏拉威西省发生6.2级地震，造成近百人死亡，250多人重伤。

3月28日 印尼南苏拉威西省首府望加锡市一所天主教堂发生自杀式炸弹袭击，事件造成2人死亡，20人受伤。警方确认为暴恐事件。

4月24日 印尼军方宣布，失联潜艇"南伽拉"402号在巴厘岛附近水域沉没，舰上53人全部遇难。其后，印尼和中国合作打捞失事潜艇，至6月2日结束。

4月25日 东盟缅甸危机特别峰会在雅加达召开，会议就缅甸局势达成五点共识。这是自 2021 年 2 月初缅甸政局突变以来东盟为缓解缅甸危机而做出的重要努力。此前，印尼外长蕾特诺为此展开了一系列的穿梭外交活动。

5 月 8 日 印尼海军和中国海军在雅加达附近海域举行海上联合演练，内容包括编队通信演练、联合搜救、编队运动等。

6 月 5 日 中国国务委员兼外长王毅同印尼总统特使、对华合作牵头人卢胡特在贵阳共同主持中国印尼高级别对话合作机制首次会议，双方达成五点重要共识。

6 月 21 日 印尼卫生部公布的数据显示，印尼新冠肺炎疫情累计确诊病例超过 200 万。印尼政府同日宣布将进一步收紧社区活动限制措施。

8 月 1 日 印尼劳工部宣布将向深受疫情影响的 870 万名劳工发放本年度第二轮薪酬补贴，每人 100 万印尼盾（约合人民币 500 元），分两个月发放。此前 2020 年 9~10 月和 11~12 月分别发放了 120 万印尼盾。

10 月 2 日 印尼第 20 届全运会在巴布亚省召开。此次全运会原定在 2020 年举行，因疫情推迟至 2021 年。

11 月 15 日 印尼最高法院以量刑过重为由，将"伊斯兰捍卫者阵线"头目里齐克的刑期由原来的四年减至两年。

11 月 17 日 佐科总统正式任命陆军参谋长安迪卡将军为印尼国军总司令，国防部长普拉博沃和国会议长普安等出席了就职仪式。

12 月 4 日 印尼东爪哇省塞梅鲁火山喷发，造成 51 人死亡，近百人受伤，4000 多居民被迫疏散至安全地带。

12 月 13 日 佐科总统会见来访的美国国务卿布林肯，提出希望优先加强两国在经济、投资和卫生领域的合作。

12 月 24 日 在第 34 届伊斯兰教士联合会（NU）理事会领导人选举大会上，雅赫亚成功当选为 2021~2026 年 NU 总主席。

12 月 31 日 印尼颁布煤炭出口禁令，暂停一个月的煤炭对外出口业务，以缓解国内煤炭发电短缺情况。

2022年1~6月

1月18日 印尼国会正式批准国家新首都法案。佐科总统将新首都命名为努山塔拉（Nusantara，意指群岛，常用来指代祖国），计划2024年在新首都庆祝国庆。

2月10日 佐科会见到访的法国国防部长，与法国达成42架阵风战斗机订购协议。此外，印尼还向美国订购36架F-15战斗机。印尼计划在2022年实现85%的最低限度必要军事能力的目标。

2月10日 印尼警方向1042个在网络散布种族、宗教和族群间仇恨言论的社交媒体账号发出警告。警方称将通过设立网警来敦促社交媒体用户发表负责任的内容。

2月16日 印尼经济统筹部长称，2021年印尼经济增长率为3.7%，人均收入为6220万印尼盾（相当于4349美元），超过了2019年的5930万印尼盾，表明印尼已经恢复到中等偏上收入国家水平。财政部官员称印尼经济已然恢复到疫情前的水平。

2月17日 荷兰首相就1945~1950年荷兰军队对印尼人民实施的系统而广泛的极端暴力行为表示道歉。此前2020年荷兰国王访问印尼时也曾表达歉意。

2月28日 印尼常驻联合国代表就乌克兰局势发表声明，呼吁立即恢复和平。

3月21日 印尼国防部长普拉博沃和印尼政府军总司令安迪卡先后接见来访的美国印太司令部司令约翰·阿奎利诺，讨论两国国防合作以及联合军演问题。

3月31日 印尼政府军司令安迪卡下令撤销印尼共产党后代不得参军的禁令。

4月5日 佐科总统要求内阁成员不得就推迟总统大选、延长总统任期等话题继续发表言论，以免引发争议。此前佐科总统曾多次否认此类传闻。

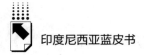

4月14日　印尼政府官员称，作为 G20 轮值主席国，印尼已邀请所有成员国出席巴厘 G20 峰会。4 月 29 日佐科总统表示，已确认俄罗斯总统普京将出席 11 月巴厘 G20 峰会。

5月23日　佐科总统宣布撤销自 4 月 28 日开始实施的印尼食用油及其原材料的出口禁令。

6月15日　佐科总统再次改组内阁，2 名部长被更换，另外新任命 3 名副部长。更换的两名部长分别是贸易部长、土地改革和空间规划部长；3 名副部长为内政部副部长、劳工部副部长、土地改革和空间规划部副部长。

6月30日　印尼国会批准在巴布亚设立 3 个新省的法案，分别为南巴布亚省、中巴布亚省以及山地巴布亚省。

Abstract

Report on Economic and Social Development of Indonesia (2021–2022) consists of four parts: general report, topical reports, special reports and appendix. It comprehensively analyzes Indonesia's development achievements in economy, society and politics since 2020, including major challenges that Indonesia is still facing, as well as the cooperation between China and Indonesia. The main points are as follows.

About the economy, the sudden outbreak of COVID-19 pandemic in 2020 had caused a huge blow to Indonesian economy, resulting a negative economic growth of - 2.07% in that year, which is the largest decline since the 1998 financial crisis. From the second quarter of 2021, Indonesian economy has been recovery, driven by a series of factors, such as the ease of pandemic, the continuous efforts of government finance support, and the remarkable rebound of export. The GDP growth rate in 2021 reached 3.69%. The biggest driving force for the economic recovery comes from the extraordinary growth of foreign trade. In 2021, Indonesia's export growth rate reached 41.9% and created the largest trade surplus in 14 years. With the recovery of the economy, the net inflow of foreign capital has also resumed, and the fiscal system and financial market are relatively stable, but the scale of external debt and the government's fiscal deficit have increased significantly.

The trend of economic recovery continues in the first quarter of 2022, but for the economic prospects of second half of 2022 and farther future, uncertainty has increase significantly due to the economic downturn in Europe and the United States, and the continuing high prices in international commodity market. A coexist of high unemployment rate and high inflation rate will probably happen for Indonesia's economy in the coming year. Furthermore, some long-term challenges

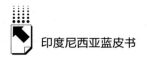

to Indonesia's economic development also need to be addressed, including the problem of de-industrialization, the issue of energy structure optimization and energy efficiency improvement. The continuous advancement of infrastructure construction, and the ratification and implementation of RCEP will provide favorable conditions for solving these long-term challenges.

About the politics and government governance, the "Advance Cabinet" has consolidated the political foundation of governance with an inclusive strategy. The cabinet members are more diverse than the previous government. The Jokowi government has also taken a series of measures to strengthen social tolerance and national security, including measures to counter-terrorism and counter-extremism such as launching the digital platform of the Information and Collaboration Center for Combating Terrorism and Violent Extremism, eradicating jihadist organizations in East Indonesia, and inviting leaders from Islamic organizations to participate in counter-extremism ideological education, etc. The election of local government was held in a harmonious atmosphere, avoiding the ethnic conflicts that had occurred in the past. In the area of national defense, the defense budget has been increased and the third five-year plan for building basic national defense forces is underway.

In government governance and reform, Jokowi has generally maintained the coherence and consistency of the established reform goals in his second term. Jokowi's five development strategies, namely developing human resources, strengthening infrastructure construction, simplifying investment laws and regulations, reforming bureaucratic systems, and economic structural upgrading, are generally consistent with the policy framework of his first term. A milestone of the reform is the introducing of the Job Creation Law (UU Cipta Kerja), which is an important pillar for the systemic institutional reform to promote investment and economic development, involving 11 aspects such as government administrative licensing, employment, land acquisition, and innovation. In the area of diplomacy, the Indonesian government adheres to a balanced and pragmatic foreign policy, and focuses on economic and public health cooperation issues. However, Indonesia's balanced foreign policy is now facing pressure from the "Cold War" mentality of Western countries led by the United States. The United

States frequently attracts Indonesia and other ASEAN countries to choose sides, and invites seven ASEAN countries including Indonesia, Malaysia, and Singapore to join the so-called Indo-Pacific economic framework.

About the social and people's livelihood development, Indonesia has achieved progress in infrastructure construction and people's living improvement during the past two years, despite difficulties from pandemic and economic downturn. In 2020, for the need of pandemic containing, Indonesian government had to transfer some budget to public health sector, causing some infrastructure projects delayed. In 2021, the government had made great efforts to make up the gap in infrastructure construction. The fiscal funds used for infrastructure construction in 2021 exceed IDR 400 trillion for the first time in Indonesia fiscal history. After long-term efforts, a total of 128 National Strategic Priority (PSN) projects have been completed from 2016 to 2021.

Indonesia is rich in human resources. According to the data of Indonesia's seventh national census in 2020, the total population of Indonesia has reached 270. 2 million, and the proportion of the working-age population has exceeded 70% , which means it is in the peak period of demographic dividend. However, to fully realize the potential of abundant human resources in Indonesia, it is necessary to deal with the problems of uneven distribution of labor force, low average educational level, slow transfer of agricultural population, and insufficient investment in education and scientific research. The outbreak of COVID – 19 pandemic has worsened the unemployment and poverty problems that brings new challenges to Indonesia social development.

About China-Indonesia cooperation, the mutually beneficial cooperative relationship between China and Indonesia has been further strengthened, even under the background of double shocks of pandemic and deglobalization waves. In 2021, the total import and export trade volume between China and Indonesia exceeds 100 billion US dollars, reaching a record high. China's status as the largest trading partner of Indonesia becomes more prominent. Meanwhile, the bilateral trade becomes more balanced, with a remarkable shrink of Indonesian trade deficit to China to 2. 45 billion US dollars. By term of trade deficit ratio, the proportion of trade deficit to total trade value dropped from 23% in 2019 to 2. 2% in 2021.

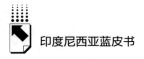

For China, Indonesia is the trade partner with the fastest growth rate, and now is the fourth largest trade partner in ASEAN countries. In addition, China is Indonesia's second largest source of foreign direct investment. At the same time, the public health cooperation between China and Indonesia is also a model for building a community with a shared future. China has not provided a large amount of pandemic containing material assistance to Indonesia, but also help Indonesian companies to build capacity in COVID - 19 vaccine production. China has also cooperated with Indonesia in the area of poverty alleviation, agricultural and rural development, by providing fund, technical assistance and experience sharing. For international affairs, both China and Indonesia are staunch supporters of multilateralism and have called for the strengthening of multilateral and mutually beneficial cooperation on different occasions.

Keywords: Indonesia; Economy; Society; Development Dynamics

Contents

I General Report

Abstract: This report evaluates the major progress and challenges of Indonesia's economic and social development since 2020. Firstly, on macroeconomics, Indonesia experienced a deep "V–shaped" economic fluctuations. Since 2021 to the first half of 2022, Indonesia's economy has shown a promising recovery, driven by a remarkable high, two-way growth in international trade, by net inflow of foreign capital, and supported by relatively stable finance system. Nonetheless, the prospect of further recovery in economy faces some serious challenges, such as the coexistence of high unemployment and high inflation rates, de-industrialization trend, energy supply pressure, and high external uncertainty exacerbated by the drastic changes in global geopolitics. Secondly, on politics and government governance, the "Forward Cabinet" has strengthened its political foundation through a series of inclusive action, and has taken measures to strengthen social tolerance and national security. Meanwhile, the reform on bureaucratic system has been continuously moving forward, which is marked by the introducing of the Job Creation Law (UU Cipta Kerja). In the Diplomatic area, Indonesia insists its balance and pragmatic foreign policy, even under circumstance of drastic geopolitics shaking. Thirdly, on social development,

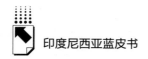

Indonesia has achieved progress in infrastructure construction and people's living improvement during the past two years, but some problems still remain unsolved, such as relatively low quality in education system, slow speed of agricultural population transfer, lagged development in technology, unemployment and poverty issues that even worsen due to the COVID-19 shock. Finally, the report points out, under the background of pandemic and anti-globalization wave, economic and trade cooperation between China and Indonesia has been furtherly deepened, with strategic cohesion strengthening and cooperation fields expanding.

Keywords: Indonesia; Economic Dynamics; Social Development; Political Situation

II   Topical Reports

B.2   Report on Indonesian Economic Development

and Dynamics   *Zuo Zhigang* / 030

Abstract: This report analyzes Indonesia's economic development in the past two years from four aspects: macroeconomy, foreign trade, industrial economy and regional development. Firstly, the report points out the outbreak of COVID-19 has caused severe shocks on Indonesian macroeconomy that shows a deep "V"-shaped fluctuation. Secondly, the report finds that Indonesian economy is currently on rebounding stage as a whole, but the extent of economic recovery is different for different regions or different sectors. North Maluku and other mineral rich provinces are experiencing more rapid economic recovery then other regions, due to the soaring prices in international commodities market. As for different sectors, export-oriented industries have been rebounding faster than other sectors. However, the coexistence of high-speed inflation and high rate of unemployment, and rapid changing external environment increase the uncertainty of Indonesia macroeconomy prospect. The monetary and fiscal policies in Indonesia remains easing in order to support the economic recovery, but meanwhile triggered a notable fiscal deficit. The strong export growth has resulted a highest trade surplus in past 14 years. But for the long run, Indonesian economy needs to deal with two major issues for getting solidary growth. One is to optimize the export structure by expanding high-value industrial commodity export, and the second is to spur the manufacture sector then can reverse the de-industrialization trend. The report also suggests implementing the RCEP will help Indonesia's manufacture sector and export structure upgrade.

Keywords: Indonesia; Macroeconomy; Foreign Trade; Industrial Development; Regional Development

B.3 Report on Indonesian Political and Diplomatic Development and Dynamics   *Zhang Yan* / 074

Abstract: This report analyzes the development and dynamics of Indonesian political issues in the past two years, from the aspects of government improvement, rule of law construction, political party landscape, national security and defense construction, foreign policies and diplomatic affairs. The report points out that Indonesian government generally maintains the consistency of its goals and policy framework in Jokowi's second term, meanwhile, actively responds to severe challenges from the outbreak of COVID-19 pandemic, and economic downturn. The basic strategy Indonesian government dealing with these shocks is Indonesian-called "Gas & Rem" strategy, which tries to balance the pandemic containing and economic recovering. As for foreign affairs, Indonesia prioritizes economic and health cooperation, and commits to strengthen consular protection and national sovereignty, to balance relations with major powers, and to play an influential role in regional and global affairs.

Keywords: Indonesia; State Governance; National Security; Diplomatic Cooperation; Party Politics

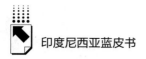
印度尼西亚蓝皮书

B.4   Report on Indonesian Social Development and Dynamics

Yuan Haiguang / 119

Abstract: This paper analyzes the social development of Indonesia since 2020 from three aspects: population and employment, education and technology, infrastructure and people's livelihood. This report points out that Indonesian population is on the stage of high-level of demographic bonus which labor participation rate has been continuously rising. But on the other hand, the highly uneven distribution of the population, the low-level average years of education of the labor force, and the slow transferring of agricultural labor limits the realization of such demographic bonus. Under the impact of COVID−19 outbreak, the unemployment problem goes worsened, especially for the new generation of labor force, which leads to an increasing reliance on informal employment. As for education development, Indonesia has made some progresses in recent years, but some long-standing problems remains unsolved, such as unbalance in educational resources distribution, insufficiency of teachers and funds, poor quality in some aspects of teaching. As for science and technology development, Indonesia is still facing the problem of R&D investment shortage and scientific talents shortage. At the aspects of infrastructure development, Indonesian government has attached great priority to infrastructure construction in order to strengthen economic development base and to improve people's livelihood. Recently, government has increased budget for infrastructure investment, and has set up a number of PSN projects among which 128 projects has completed in the past 5 years, but still facing some difficulty in fund raising and land acquisition.

Keywords: Indonesia; Population and Employment; Education and Technology; Infrastructure Construction

Ⅲ   Special Reports

Abstract: The outbreak of COVID−19 pandemic has had a huge impact on Indonesian economy and society. During the peaks of the pandemic, the maximum daily confirmed cases exceeded 60000. Indonesian government has made great efforts to control the pandemic, including the social distancing policy called PSBB, PPKM, the "3T" policy that aimed to strengthen Indonesia's capabilities of virus testing, tracking and treatment, as well as expanding vaccination policy in the later period. In the meantime, Indonesia actively participated in bilateral or multilateral cooperation in containing COVID−19 pandemic, many on the import of vaccines and supplies, as well as joint efforts in cross-border virus containing. China's vaccine assistance to Indonesia, particularly in helping Indonesia build its own capacity of vaccine production, sets a model for collaboratively constructing a community with a shared future.

Keywords: Indonesia; COVID − 19 Pandemic; Epidemic Control; International Cooperation; Public Health

Abstract: To alleviate poverty in Indonesia, government has set up the National Accelerated Poverty Reduction Team and other governmental institutions, introduced policies such as energy subsidies, poverty alleviation projects. Indonesia government also carried out poverty alleviation cooperation with other countries and international organizations, which has achieved positive

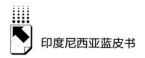

results. In recent years, China－Indonesia have gradually increased cooperation in the poverty reduction area and achieved good results, meanwhile, the cooperation in infrastructure construction and investment from China to Indonesia has also helped to reduce the poverty incidence in Indonesia. Finally, the report puts forward some suggestions for make better cooperation between the two countries in the poverty alleviation area, namely improving policy communication, risk assessment and utilizing e-commerce tools to do poverty alleviation.

Keywords: Indonesia; Poverty Status; Poverty Issue Governance; Poverty Alleviation Cooperation

B.7 Study on the Quality of Economic Growth in Indonesia

Lin Chuangwei, Gao Feng and Tan Na / 198

Abstract: Based on the panel data of 81 major countries in the world from 2009 to 2020, this paper uses the principal component analysis method to construct the economic growth quality index and investigate the economic growth quality of Indonesia. The study finds that although Indonesia is the largest economy in ASEAN, its performance in terms of economic growth quality is not satisfactory, which is lower than the average level of 81 sample countries and ranks low among the major ASEAN economies, especially at the aspect of efficiency index. Compared with the BRICs, it is significantly behind China, but close to the other four countries, and performance better than some ASEAN and BRICs countries at the specific aspect of economic growth stability. Regarding the trend, Indonesia's economic growth efficiency has improved since 2016, which is mainly driven by the industrial development and decline in the proportion of primary product exports, meanwhile, the sustainability of Indonesian economic growth has decreased in the past five years due to insufficient investment in R&D and human capital and excessive dependence on natural resources.

Keywords: Indonesia; Quality of Economic Growth; ASEAN; Empirical Research

B . 8   Research on Financial Inclusion and the Development of MSMEs
in Indonesia—Based on the Case of West Java

Atang Hermawan , Budi Septiawan and Tan Na / 212

Abstract: This paper analyzes the development of financial inclusion in Indonesia and its impacts on Indonesian micro, small and medium enterprises (MSMEs) development using data covering 2011−2021 from World Bank and questionnaire survey. We find that the level of financial inclusion in Indonesia is still standing significantly behind the neighboring country-Malaysia. The penetration rate of adults with formal financial institution accounts is only about 50% and the rate of those with loan records is even lower than 20%. However, the trend has been improving, with the financial inclusion index increasing by nearly 10 percentage points in the past five years and digital banking services being vigorously promoted. The survey in West Java province shows that the penetration rate of bank accounts and online banking services among MSMEs is high, but the borrowing rate is low. The interviewed MSMEs have a low evaluation of the value of existing financial services, but evaluate the online financial services positive. The regression analysis shows that the financial inclusion has a significantly positive impact on the performance of MSMEs. The paper concludes with a brief discussion on government policies to promote financial inclusion development.

Keywords: Indonesia; Financial Inclusion Development; Micro, Small and Medium Enterprises; Digital Finance; The Case of West Java

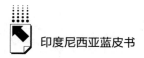

B.9 A Study on the Impact of Media Sentiment on Foreign
Investment to Indonesia

Chang Liang, *Huang Yulu* / 233

Abstract: Based on a global event, language and intonation database, and bilateral foreign direct investment (FDI) data from 2000 to 2020, this paper examines the fluctuating trend of sentiment index of Indonesian media coverage on seven countries and its impact on attracting FDI from these countries. The results show that the number of Indonesian media reports on major FDI source countries has been increasing, but the average sentiment index of these reports shows a decreasing trend after 2010. The analysis based on Chinese samples shows that high-level official interaction, strategic synergy, financial and infrastructure cooperation have a positive impact on Indonesian media sentiment. Regression analysis of the relationship between sentiment index and FDI flows shows that media sentiment has a significant impact on FDI inflows, which is more positive media sentiment associated with more FDI flows. Furthermore, above relationship is moderated by Indonesia's financial openness, financial competitiveness and level of technological innovation.

Keywords: Indonesia; Media Coverage; Sentiment Index; Foreign Direct Investment

B.10 An Analysis of Indonesian Agricultural and Rural Development
and Its Cooperation with China   *Xu Qian*, *Yang Jiahao* / 245

Abstract: This paper analyzes the satus and problems of rural area and agriculture development in Indonesia, and introduces the agricultural cooperation between China and Indonesia. Indonesia determines its rural governance basis through Farmers Protection and Empowerment Act and Rural Law, and promotes agricultural and rural development by national five-year plan, special plans and cooperatives. In recent years, Indonesia has made notable achievements in agricultural and rural development, but also faces a series of challenges, including the high proportion of underdeveloped villages, shortage of rural infrastructure, and difficulties in agricultural labor transferring. In order to support Indonesia's agricultural and rural development, China has actively carried out cooperation with Indonesia on agricultural technology and agricultural industry, which improved the planting technology of rice, corn and peanut in Indonesian, also supported Indonesia's rural development and poverty alleviation.

Keywords: Indonesia; Rural Governance; Agricultural Development; Cooperation Between China and Indonesia

Ⅳ Appendix

皮 书

智库成果出版与传播平台

❖ 皮书定义 ❖

皮书是对中国与世界发展状况和热点问题进行年度监测，以专业的角度、专家的视野和实证研究方法，针对某一领域或区域现状与发展态势展开分析和预测，具备前沿性、原创性、实证性、连续性、时效性等特点的公开出版物，由一系列权威研究报告组成。

❖ 皮书作者 ❖

皮书系列报告作者以国内外一流研究机构、知名高校等重点智库的研究人员为主，多为相关领域一流专家学者，他们的观点代表了当下学界对中国与世界的现实和未来最高水平的解读与分析。截至 2022 年底，皮书研创机构逾千家，报告作者累计超过 10 万人。

❖ 皮书荣誉 ❖

皮书作为中国社会科学院基础理论研究与应用对策研究融合发展的代表性成果，不仅是哲学社会科学工作者服务中国特色社会主义现代化建设的重要成果，更是助力中国特色新型智库建设、构建中国特色哲学社会科学"三大体系"的重要平台。皮书系列先后被列入"十二五""十三五"" 十四五"时期国家重点出版物出版专项规划项目；2013~2023 年，重点皮书列入中国社会科学院国家哲学社会科学创新工程项目。

皮书网

（网址：www.pishu.cn）

发布皮书研创资讯，传播皮书精彩内容
引领皮书出版潮流，打造皮书服务平台

栏目设置

◆ **关于皮书**

何谓皮书、皮书分类、皮书大事记、
皮书荣誉、皮书出版第一人、皮书编辑部

◆ **最新资讯**

通知公告、新闻动态、媒体聚焦、
网站专题、视频直播、下载专区

◆ **皮书研创**

皮书规范、皮书选题、皮书出版、
皮书研究、研创团队

◆ **皮书评奖评价**

指标体系、皮书评价、皮书评奖

◆ **皮书研究院理事会**

理事会章程、理事单位、个人理事、高级
研究员、理事会秘书处、入会指南

所获荣誉

◆ 2008 年、2011 年、2014 年，皮书网均
在全国新闻出版业网站荣誉评选中获得
"最具商业价值网站"称号；

◆ 2012 年，获得"出版业网站百强"称号。

网库合一

2014年，皮书网与皮书数据库端口合
一，实现资源共享，搭建智库成果融合创
新平台。

皮书网

"皮书说"
微信公众号

皮书微博

权威报告·连续出版·独家资源

皮书数据库
ANNUAL REPORT(YEARBOOK) DATABASE

分析解读当下中国发展变迁的高端智库平台

所获荣誉

- 2020年，入选全国新闻出版深度融合发展创新案例
- 2019年，入选国家新闻出版署数字出版精品遴选推荐计划
- 2016年，入选"十三五"国家重点电子出版物出版规划骨干工程
- 2013年，荣获"中国出版政府奖·网络出版物奖"提名奖
- 连续多年荣获中国数字出版博览会"数字出版·优秀品牌"奖

皮书数据库

"社科数托邦"
微信公众号

成为用户

登录网址www.pishu.com.cn访问皮书数据库网站或下载皮书数据库APP，通过手机号码验证或邮箱验证即可成为皮书数据库用户。

用户福利

- 已注册用户购书后可免费获赠100元皮书数据库充值卡。刮开充值卡涂层获取充值密码，登录并进入"会员中心"—"在线充值"—"充值卡充值"，充值成功即可购买和查看数据库内容。
- 用户福利最终解释权归社会科学文献出版社所有。

社会科学文献出版社 皮书系列
SOCIAL SCIENCES ACADEMIC PRESS (CHINA)

卡号：192946197689
密码：

数据库服务热线：400-008-6695
数据库服务QQ：2475522410
数据库服务邮箱：database@ssap.cn
图书销售热线：010-59367070/7028
图书服务QQ：1265056568
图书服务邮箱：duzhe@ssap.cn

中国社会发展数据库（下设 12 个专题子库）

紧扣人口、政治、外交、法律、教育、医疗卫生、资源环境等 12 个社会发展领域的前沿和热点，全面整合专业著作、智库报告、学术资讯、调研数据等类型资源，帮助用户追踪中国社会发展动态、研究社会发展战略与政策、了解社会热点问题、分析社会发展趋势。

中国经济发展数据库（下设 12 专题子库）

内容涵盖宏观经济、产业经济、工业经济、农业经济、财政金融、房地产经济、城市经济、商业贸易等 12 个重点经济领域，为把握经济运行态势、洞察经济发展规律、研判经济发展趋势、进行经济调控决策提供参考和依据。

中国行业发展数据库（下设 17 个专题子库）

以中国国民经济行业分类为依据，覆盖金融业、旅游业、交通运输业、能源矿产业、制造业等 100 多个行业，跟踪分析国民经济相关行业市场运行状况和政策导向，汇集行业发展前沿资讯，为投资、从业及各种经济决策提供理论支撑和实践指导。

中国区域发展数据库（下设 4 个专题子库）

对中国特定区域内的经济、社会、文化等领域现状与发展情况进行深度分析和预测，涉及省级行政区、城市群、城市、农村等不同维度，研究层级至县及县以下行政区，为学者研究地方经济社会宏观态势、经验模式、发展案例提供支撑，为地方政府决策提供参考。

中国文化传媒数据库（下设 18 个专题子库）

内容覆盖文化产业、新闻传播、电影娱乐、文学艺术、群众文化、图书情报等 18 个重点研究领域，聚焦文化传媒领域发展前沿、热点话题、行业实践，服务用户的教学科研、文化投资、企业规划等需要。

世界经济与国际关系数据库（下设 6 个专题子库）

整合世界经济、国际政治、世界文化与科技、全球性问题、国际组织与国际法、区域研究 6 大领域研究成果，对世界经济形势、国际形势进行连续性深度分析，对年度热点问题进行专题解读，为研判全球发展趋势提供事实和数据支持。

法律声明

　　"皮书系列"（含蓝皮书、绿皮书、黄皮书）之品牌由社会科学文献出版社最早使用并持续至今，现已被中国图书行业所熟知。"皮书系列"的相关商标已在国家商标管理部门商标局注册，包括但不限于LOGO（▉）、皮书、Pishu、经济蓝皮书、社会蓝皮书等。"皮书系列"图书的注册商标专用权及封面设计、版式设计的著作权均为社会科学文献出版社所有。未经社会科学文献出版社书面授权许可，任何使用与"皮书系列"图书注册商标、封面设计、版式设计相同或者近似的文字、图形或其组合的行为均系侵权行为。

　　经作者授权，本书的专有出版权及信息网络传播权等为社会科学文献出版社享有。未经社会科学文献出版社书面授权许可，任何就本书内容的复制、发行或以数字形式进行网络传播的行为均系侵权行为。

　　社会科学文献出版社将通过法律途径追究上述侵权行为的法律责任，维护自身合法权益。

　　欢迎社会各界人士对侵犯社会科学文献出版社上述权利的侵权行为进行举报。电话：010-59367121，电子邮箱：fawubu@ssap.cn。

社会科学文献出版社